21世纪高职高专财经类专业核心课程教材

投资学概论 （第五版）

李焕林 主 编

曲 岚 副主编

TOUZIXUE GAILUN

东北财经大学出版社
Dongbei University of Finance & Economics Press

大连

图书在版编目（CIP）数据

投资学概论 / 李焕林主编. —5版. —大连：东北财经大学出版社，
2021.3

（21世纪高职高专财经类专业核心课程教材）

ISBN 978-7-5654-4126-4

Ⅰ. 投…　Ⅱ. 李…　Ⅲ. 投资学-高等职业教育-教材　Ⅳ. F830.59

中国版本图书馆CIP数据核字（2021）第030191号

东北财经大学出版社出版

（大连市黑石礁尖山街217号　邮政编码　116025）

网　　址：http://www.dufep.cn

读者信箱：dufep@dufe.edu.cn

大连图腾彩色印刷有限公司印刷　　东北财经大学出版社发行

幅面尺寸：185mm×260mm　　　字数：301千字　　　印张：14

2021年3月第5版　　　　　　　2021年3月第1次印刷

责任编辑：张晓鹏　田玉海　　　　　　责任校对：陈　炜

封面设计：原　皓　　　　　　　　　　版式设计：钟福建

定价：35.00元

第五版前言

在国际政治、经济形势动荡不安的当下，构建"双循环"经济发展格局是维护经济安全、增强经济发展韧性的重要举措。外部需求萎缩，迫使我国必须积极扩大内需，加大投资力度，构建供需内循环。与此同时，为了避免出现新一轮的产能过剩，要注意转变投资方式和慎选投资领域。

众所周知，投资学是建立在经济学和现代金融理论基础之上，与经济学、金融学、统计学、管理学等学科密切结合的一门综合性、基础性、实践性学科。"投资学"这门课程的教学目的，是使学生通过学习基本投资理论，研究社会主义市场经济条件下投资主体、投资客体、投资市场、投资管理，以及投资的理论问题和实践问题，从而提高学生分析、研究和解决投资问题的能力及水平。

本教材自2005年出版以来，深受广大院校师生的好评，多次改版加印以满足读者的需要。为了更好地体现我国投资领域的现状和发展趋势，满足我国高职高专院校财经类专业的教学需要，我们组织了此次修订。

修订后的教材由投资概述、投资环境、投资风险、投资监管、投资资金筹集、实业投资、风险投资、并购投资、证券投资和国际投资共10章构成。在延续前四版整体风格的基础上，我们对部分内容进行了修改、补充和更新：

一是在章前的学习目标栏目中新增设了"思政目标"，阐释课程思政元素，以便提高专业教育教学的成效。

二是对每章中出现的案例和引用的数据进行了更新，以保证教材的时效性。

三是调整了供课堂讨论使用的"小思考"栏目的内容，使本书具有更强的可读性，有利于强化学生对相关投资原理和分析方法的理解，并有助于提高其解决实际投资问题的能力。

四是特别新设了"思政专栏"，以润物无声的形式将正确的价值观传导给学生，使课堂教学过程成为引导学生学习知识、锤炼心志、涵养品行的过程，实现育人效果的最大化。该栏目从家国情怀、诚信意识、科学精神与进取精神、财富观与价值观、风险意识与金融素养、社会责任感等方面深入挖掘课程中蕴含的思政元素，实现"显性教育"与"隐性教育"的结合，将专业课程"知识传授"与"价值引领"相统一，使德育与智育相统一，推动实现全员、全程、全方位育人。

本教材由李焕林任主编，曲岚（齐齐哈尔高等师范专科学校）任副主编。具体分工如下：李焕林修订编写第一章至第四章，并负责统稿；曲岚修订编写第五章至第八章及第十章；岳刚修订编写第九章。本次修订是在前四版的基础之上进行的，在此衷心感谢参与前四版教材编写的老师的辛苦付出，我们希望此次修订能够真正反映时代变化，做到与时俱进、常修常新，更好地服务教学工作。

由于编者水平有限，本书难免有不妥和错漏之处，恳请广大读者指正。

编　者
2021年1月

目 录

第一章

投资概述

学习目标

知识目标：全面了解基本的投资理论，掌握投资的概念、投资的分类、投资环境的构成内容，理解不同的投资主体各自的投资特点，以及投资环境的具体内容及对投资活动的影响，理解投资与经济增长的密切关系和在我国社会经济生活中的现实意义。

思政目标：深刻理解投资作为拉动经济增长的"三驾马车"之一对于经济增长、国家经济建设等的重要意义，以及在改善民生、脱贫攻坚中的积极作用，进一步感受我国集中力量办大事的制度优势，培养民族自豪感。

导引　　　　　　《2020世界投资报告》概要

在新冠肺炎疫情的影响下，全球FDI（外商直接投资）大幅下滑。预计2020年全球FDI流量将从2019年的1.54万亿美元下降40%，是自2005年以来首次低于1万亿美元。预计2021年FDI将进一步减少5%～10%，在2022年开始复苏。在最乐观的情况下，2022年FDI可能恢复到疫情前的状态。

全球投资前景存在高度不确定性。这取决于疫情持续时间以及经济干预政策的有效性。同时，地缘政治风险、金融风险、贸易紧张局势增加了不确定性。

疫情对FDI造成供给冲击、需求冲击和政策冲击。具体而言，封闭隔离措施减缓了现有投资项目，严重衰退的经济前景使跨国公司重新评估新项目，部分国家在危机期间采取了新的投资限制政策。从2022年开始，受到旨在提高弹性的全球价值链重构、股本补充和全球经济复苏的拉动，投资流量将缓慢恢复。

跨国公司收益下降是早期预警信号。占全球FDI最多的前5 000家跨国公司预计全年收益平均下降40%，部分行业陷入亏损。这将严重损害再投资收益，因为其占FDI的平均份额在50%以上。

早期指标反映了疫情对FDI影响的即时性。2020年前几个月，新的绿地投资项目和跨境并购（M&A）同比均下降了50%以上。作为基础设施项目投资的重要来源，全球项目融资领域的新交易下降了40%以上。

疫情对所有地区都造成严重影响，但在不同地区存在差异。预计发展中经济体FDI

下降幅度最大,因为其对全球价值链(GVC)密集型和采掘业的投资依赖度更高,这些产业受到严重打击,而且发展中经济体无法采取与发达经济体相同的经济支持措施。

● 在发达国家中,2020年流入欧洲的FDI预计减少30%~45%,下降幅度明显高于流向北美和其他发达经济体的FDI(平均下降20%~35%),因为在危机前欧洲的经济基础相对薄弱。2019年,流向发达经济体的资金增加了5%,达到8 000亿美元。

● 2020年流入非洲的FDI预计下降25%~40%,较低的商品价格将加剧这种下降趋势。2019年,流入非洲的FDI已经减少了10%,为450亿美元。

● 流向亚洲发展中国家的FDI受到严重影响,2020年FDI预计减少30%~45%。主要原因是这些国家更易受到供应链中断的影响,全球价值链密集型FDI的权重较高,以及生产地点多样化的全球压力。2019年,尽管流入东南亚、中国和印度的FDI有所增长,但总体上流入该区域的FDI下降了5%,为4 740亿美元。

● 2020年流入拉丁美洲和加勒比地区的FDI预计减半。疫情加剧了部分经济体的政治动荡和结构性弱点,该地区投资前景黯淡。2019年,流入拉丁美洲和加勒比地区的FDI增长10%,达到1 640亿美元。

● 流入转型经济体的FDI预计减少30%~45%。这将在很大程度上抵消2019年流入该地区的FDI的回升(增长59%,达到550亿美元),此前几年FDI流入一直较低。

● 对结构性脆弱的经济体来说,FDI的前景极为消极。许多最不发达国家依赖采掘业的FDI,许多小岛屿发展中国家依赖对旅游业的投资,内陆发展中国家受到供应链中断的影响。2019年,流入最不发达国家的FDI减少了6%,为210亿美元,仅占全球FDI的1.4%。

尽管疫情期间全球FDI流量急剧下降,但国际生产体系将继续在经济增长和发展方面发挥重要作用。全球FDI流量将保持正数,继续增加现有的FDI存量,截至2019年年底,FDI存量为36万亿美元。

资料来源 葛顺奇.联合国贸发组织《2020世界投资报告》[EB/OL].[2020-10-01].http://www.cciip.org.cn/contents/679/13353.html.

第一节 投资的概念及分类

一、投资的概念与含义

(一)投资的概念

在市场经济社会中,投资是一种普遍存在的经济现象,是现代市场经济环境中各经济实体经常发生的经济业务。在大多数情况下，人们往往将能在未来创造报酬的支出行为称为投资。这里的"支出"行为，实际上是投资人牺牲或暂时推延其一定的现时消费，这里的"报酬"则是投资人预计可能的消费增加。美国投资学家、诺贝尔经济学奖获得者威廉·夏普在其所著的《投资学》一书中将投资做了如下的简要定义：投资就是为了获得可能的和不确定的未来值而作出的确定的现在值的牺牲。因此，我们可以这样通俗地定义投资：投资是指各个经济主体（个人、企业和机构等）为了将来的收益而对目前现实资金进行运作的经济行为，其资金来源于延期消费或筹措所得及暂时闲置部分，其手段是购置实体资产或金融资产及取得某些权利，其目的是在未来获得与风险成正比例的预期收益或资本的升值，并保持现有财富的价值。

（二）投资的含义

对投资定义的理解，可以从这样几方面来深入认识：

第一，投资是现在支出一定价值的经济活动，它具有时间性，即投资的价值或将牺牲的消费是现时的，而获得的价值或消费的增加是将来的，就是说投资必须经历一定的时间间隔，这个过程越长，未来值将越不稳定且风险越大。因此，从静态来讲，投资仅仅是现时垫付一定量的资金；从动态角度看，投资则是为了获得未来增加值所采取的经济行为。

第二，投资概念作为一种专业术语与日常生活中所用的投资概念有很大区别。在日常生活中，人们对"投资"一词的使用较为宽泛和模糊，如人们常讲的"感情投资"、"健康投资"和"教育投资"等。虽然这种宽泛的投资概念同样具有时间性，并且也期望未来的报酬，具有高度的不确定性，但它与专业术语中的投资概念有明显区别，主要在于它的未来值是无法用货币来计量的，这种不可计量性决定了它不可能成为投资学研究的对象。

第三，从经济学角度看，投资是资本的形成及动态化。投资是一种流量的变量，它所对应的存量的变量就是资本，所以，社会的投资总量越大，全社会的资本总额就越大。但要注意的是，投资理论与资本理论是有很大区别的，只有当投资者感到其资本结构未达到均衡状态时，即他们所有的资本比最适度状态或多或少时，投资才会进行。投资理论研究的是怎样的投资最有效，而资本理论研究的是怎样的资本结构是最合理的及应在怎样的结构下进行投资。

第四，投资的目的是获取未来各种形式的报酬。投资报酬具有多种表现形式，它可以是市场价格的变动所引起的资本利得，也可以是资本本身的增值，或是各种财富的保值及各种相应的权利等。

第五，投资报酬是有风险的，这种风险主要来自未来各种报酬的不确定性，投资的总量越大和投资的时间越长，投资的风险也就越大。

第六，投资与投机的异同。投资与投机都有同样的目的，二者的主要区别在于其行为方式的不同。通常所讲的投机概念是指某些资金操作者在商业或金融交易业务中，并不是以获取长远资本收益为目的，而是以获取短期差价为目的，甘冒特殊的交易风险以图获取短期差额利润的行为。投机的显著特征是期望通过市场价格波动来获利，这在商品、证券、外汇或期货等交易中都普遍存在，除了那些正常经营业务必须持有外汇和商品之外，市场上其他的交易行为都具有一定的投机性目的。

因此，投机是市场经济的常态，是理性的经济人寻求其利益最大化的行为过程，并在不同的制度背景和组织环境下具有不同的表现形式。投资和投机两者的界限是很难划清的，有人试图从投资的动机、投资的期限或风险的大小等角度来进行划分，最终都是徒劳无功的。

二、投资的分类

投资行为按不同的投资主体、目的、形式和管理过程等分为许多种类。全面理解和把握各种投资的类型和特征，对于进行深入的投资研究和实施有效的投资管理是十分重要的。投资有不同的分类：按投资主体的不同可分为个人投资、金融机构投资、工商企业投资、政府投资及国外投资五大类；按投资概念范畴的大小可分为广义投资和狭义投资、宏观投资和微观投资等；按投资的目的可分为营利性投资、保值性投资和权利性投资等；按投资形式与管理要求的不同，可分为实业投资和金融投资、直接投资和间接投资、长期投资和短期投资、生产投资和非生产投资等。下面我们就经济生活中几种常用的投资概念的类型加以说明：

（一）广义投资和狭义投资

这是根据投资概念范畴的不同来划分的。广义投资是指为了获取未来报酬或权利而垫付一定资本的所有经济行为——无论是投资于实物资产还是购买有价证券等。而狭义投资主要是指购买金融资产的投资行为，最主要的是指证券投资。

（二）实业投资和金融投资

这是按投资对象存在形式的不同来划分的。实业投资是指投资人购买有形资产或无形资产等的投资行为。这种投资大多为了满足从事具体生产经营活动的要求，所以有时也称为生产性投资。金融投资是指投资人将资金投资于各类金融资产的投资行为。金融资产的种类繁多，对投资人来讲是一种虚拟资本，并不具有实体资产形态，而且也不增加投资人的生产经营资金，故属于非生产性投资。当然非生产性投资还包括各种社会福利、教育和服务方面等的投资。

（三）直接投资和间接投资

这是按投资人能否直接控制其投资资金的运用来划分的。直接投资是指投资人用于开办企业、购置设备、收购和兼并其他企业等的投资行为，其主要特征是投资人能有效地控制各类投资资金的使用，并能实施全过程的管理。直接投资的形式多种多样，如较高比例地投入资本、开设子公司、收购和兼并现有企业及开办合资企业等。间接投资主要是指投资人购买金融资产的投资行为，其特点是投资人在资本市场上可以灵活地购入各种有价证券和期货期权等，并能随时进行调整和转移，有利于避免各类风险，但投资人一般不能直接干预和有效控制其投放资金的运用状况。

（四）长期投资和短期投资

这是按投资期限或投资回收期长短来划分的。简单地讲，长期投资是指投资期在一年以上的各类投资事项，如对企业厂矿资产和设备等的投资及对长期金融资产的投资等。长期投资耗资多、回收期长、短期变现能力较差，故风险较高，但其长期的盈利能力强。短期投资是指预期在一年内收回的各种投资业务，如企业的各种流动资产及各类短期证券等。短期投资周转快、流动性较强、风险也较低，从长远来讲，其盈利能力低于长期投资。

（五）对内投资和对外投资

这是按投资方向的不同来划分的。对内投资是指将资金投放到企业内部或投放到总公司下属的子公司等的投资行为。对内投资能加强投资人自身的经营实力，也便于投资人的有效控制。对外投资是指投资人将资金投放于其他企业或用于购买各类金融资产。一般来讲，对外投资的盈利能力应大于对内投资，只有这样，投资人才有理由进行对外投资，但大部分对外投资不受投资人直接控制，不确定性较大，故其投资风险较高。

小思考1-1

按投资人能否直接控制其投资资金的运用，可将投资划分为（　　）。

A.对内投资和对外投资　　　　　　B.广义投资和狭义投资

C.实业投资和金融投资　　　　　　D.直接投资和间接投资

E.投资和投机

小思考1-1

答案

案例分析1-1　　　　　　　　　央地多举措力促战略性新兴产业投资

《经济参考报》记者获悉，有关部门和地方正酝酿更大力度的财政金融投融资举措，部署战略性新兴产业投资，包括提供数千万至数亿元的财政项目资金，大幅增加信贷、保险等中长期资金支持等，产业引导基金也面向新一代信息技术、高端装备制造等重点领域加速集结。业内预计，在多方加码投资系列利好下，未来五年，战略性新兴产业增加值占GDP比重将达到20%左右，成为"十四五"时期推动经济高质量发展的支柱性产业。

※央地加码战略性新兴产业投资

四季度伊始，多地战略性新兴产业投资项目迎来密集开工。10月17日，安徽省第十批贯彻"六稳"重大项目集中开工现场推进会举行，220个项目集中开工，总投资1 159.4亿元，其中战略性新兴产业项目有84个，占比超过三成，总投资403.5亿元。10月16日，重庆江津区举行招商引资项目集中签约活动，81个签约项目总投资207亿元，其中战略性新兴产业项目27个。山西日前聚焦"六新"项目，围绕电子信息、大数据等战略性新兴产业，新开工项目435个，计划总投资1 986亿元。

项目加快开工的背后，是多方集中发力，加码战略性新兴产业投资。9月，国家发改委等四部门联合印发了《关于扩大战略性新兴产业投资　培育壮大新增长点增长极的指导意见》，将有效推动资金、人才等各种资源向新一代信息技术、生物医药、高端装备制造、新材料、新能源等行业聚集。

地方上，9月28日，广东举行培育发展战略性支柱产业集群和战略性新兴产业集群新闻发布会，明确布局十大战略性支柱产业集群和十大战略性新兴产业集群，针对半导体与集成电路产业等领域给予省科技创新战略专项资金、产业基金等支持保障。山东日前提出，力争到2021年培育认定15个省级战略性新兴产业集群，在土地、资金等方面予以重点保障。另外，深圳、天津、宁波等地也展开了相关布局。

"当前中国面临的内外部环境发生了深刻变革，战略性新兴产业的发展将成为中国实现经济转型的重要战略支撑。"中国银行研究院研究员范若滢对《经济参考报》记者表示，未来战略性新兴产业将获得更大的支持力度，包括芯片、集成电路等面临"卡脖子"问题的关键领域，以及信息技术、新材料、高端装备制造业等代表产业链升级大方向的重点领域有望成为投资热点。

※多路资金加速涌入

一揽子政策利好下，更大力度的财政金融投融资举措正在加速落地。财政支持方面，深圳日前下达战略性新兴产业发展专项资金2020年第三批新兴产业扶持计划，计划项目合计118个，涉及政府资助资金总额12 649万元。新疆设立2 000万元自治区技术创新和战略性新兴产业专项资金，对13个项目给予重点支持。江苏省财政厅下发2020年省级战略性新兴产业专项资金6.88亿元，支持战略性新兴产业领域的41个重点项目。

金融业支持力度也将加大。银保监会党委委员、副主席梁涛22日在2020年金融街论坛上表示，下一步银保监会将更好地服务经济结构调整和转型升级，大幅增加制造业和战略性新兴产业中长期资金支持。广西、安徽等地银保监局近日均明确，从银行信贷、保险等多方面入手，支持战略性新兴产业融资。

直接融资支持方面，产业投资基金持续发挥重要作用。9月28日，众邦基金联合长江产业基金设立了100亿元规模的长江卓尔产业投资基金，重点投向智能制造、医疗大健康等战略性新兴产业。中国石化也成立50亿元基金，投资布局高端智能制造、人工智能等，助力科技成果转化。

※多元融资方式需进一步完善

业内指出，战略性新兴产业相关技术升级和更新换代快，对技术研发、人才储备的融资需求期限长，需进一步完善多元融资渠道。

范若滢表示，一方面，以商业银行为代表的传统金融机构的金融供给与战略性新兴产业的需求不匹配，对新兴产业发展的支持力度不足。另一方面，创投市场发展不够规范、成熟，中国创投资本存在明显的短期逐利特点。此外，多层次资本市场建设仍不够完善，这导致前期大量国内新经济公司选择到境外上市进行融资。

资料来源　郭倩. 央地多举措力促战略性新兴产业投资［N］. 经济参考报，2020-10-27.

问题：

（1）现阶段央地加码战略性新兴产业投资有哪些具体表现？

（2）如何进一步建立和完善战略性新兴产业多元投融资渠道？

第二节　投资主体与投资客体

一、投资主体

（一）投资主体的概念

所谓投资主体，是指具有独立经济行为能力，有完整的投资决策权，并自负投资盈亏的各类经济主体。一般来讲，投资主体应该具备以下几个基本条件：首先，在经济事务和其发展过程中具有相对独立的投资决策权；其次，能对投资盈亏的后果负全部责任，同时投资者对投资所形成的各类资产拥有所有权和支配权；最后，必须拥有足够的资金，包括投资决策者以各种形式筹集所得的资金。

（二）投资主体的分类

投资主体有许多种分类，但其中最常用的分类是按投资者的本身特性来分类，包括以下四类：

1.社会公众投资者

这里主要指个人和家庭投资者，不包括企业法人，他们以个人或家庭的名义，将自己拥有或筹措所得的合法财产用于实施各种投资行为。个人和家庭投资者的投资资金，主要来源于其本人或整个家庭收入的积累、合法继承的财产及依据个人信誉筹措所得的各项资金。在投资市场开放的条件下，社会公众投资者是投资市场的主力军。

（1）社会公众投资的特点

社会公众投资一般数额较小，但投资范围广泛，灵活性强，既可以投资开办实业，也可以投资于各类金融资产。但对个人投资者来讲，其最广泛涉及和最活跃的投资领域是证券投资。因为这种投资方式最灵活，资金的流动性较强，也不要求很大的资金量，这就决定了个人投资具有如下特点：

第一，目标简单，就是追求盈利的最大化，不像政府、企业和机构投资者那样，具有稳定与调整投资结构等多种目的，并要承担相应的社会责任。

第二，投资规模较小，投资方向分散，投资形式灵活多样，所以，一般对整个资本市场不会造成重大影响。

第三，投资活动具有一定的盲目性，由于个人投资者资金数额有限，不能采取有效的避险措施，而且他们在获取和处理各种投资信息方面的能力有限，因而使其投资的盲目性较大。

（2）社会公众投资的领域

从现阶段看，公众投资的规模较小，人们主要是用消费后的余钱来进行投资，因此，公众投资的主要领域有以下五个方面：

第一，通过资本市场进行的金融投资，即投资于股票、债券、基金等金融资产。

第二，通过银行进行储蓄。

第三，从事小规模的实业投资和生产经营活动，包括生产性经营和服务性经营。

第四，介入住宅、商铺等不动产投资。

第五，从事黄金、外汇和其他稀有资产和艺术品的投资，以及对其他具有保值、增值能力的资产的投资。

2.工商企业投资者

在市场经济中，企业是最重要的投资主体之一。一般企业的投资是以实业投资为主，但随着市场经济和社会资本市场的不断发展和成熟，企业作为独立投资主体的功能日益完善，更多的企业介入金融市场的投资已成为必然。影响企业投资的主要因素有投资报酬率、市场利率、税收、企业的投资组合和对未来需求的预测等。企业可用其经营利润、闲置资金和筹措所得的资金等进行各类长短期投资。

企业投资的目的往往是多元化的，在企业的成长发展期，特别是预期未来市场需求有较大增长时，企业会倾向通过实业投资来获取未来的经营利润、扩大经营规模和新建子公司等。当企业处于稳定发展时期，企业会将部分资金投放于金融市场。现代企业特别强调多元化投资的合理组合，以有效地规避各类投资风险，并试图通过各项投资的有效组合来提高企业的综合报酬率，享受相关的税收优惠政策等。因此，金融资产的投资已成为现代企业投资的重要内容。

（1）工商企业投资的特点

工商企业投资有非常明显的特点，主要表现在以下几方面：

第一，投资对象的选择与企业的发展状况和成长周期紧密相关，一般企业以实业投资为主，只有规模较大和发展成熟的企业才有能力将相对较多和固定的资金介入金融资产的投资。

第二，投资目的不单单是盈利，还有进行有效资产组合、规避投资风险、控制被投资公司、相互参股建立合作关系和充分利用闲置资金等。

第三，投资的稳定性强，短期投机行为较少，即便投资各类金融资产一般也不会在短期内频繁转手，注重长期投资效益。

第四，相对于个人投资，资金规模较大，如经济前景不乐观或市场不稳定，企业的短期投资行为明显，其交易资金量增大，会对投资市场造成较大的影响。

（2）工商企业投资的领域

工商企业投资的领域与范围几乎是所有营利性的行业和部门。按照现行的市场体系与政策规定，工商企业投资领域几乎是无所不包的，从一般性的生产经营项目到服务性的经营项目；从房屋不动产开发投资到基础设施领域的投资；从实业领域的投资到金融市场和风险领域的投资；凡是政策许可的和有利可图的行业领域，都是工商企业投资可行的领域。

3.金融机构投资者

（1）金融机构投资的类型及投资方式

金融机构投资的主要方式是投资于各类金融资产，但有时也参与少量的实业投资。主要的金融机构有三类：一是各类商业银行、其他银行和保险公司等；二是各类投资中介机构，如证券公司、投资公司等；三是各类基金组织。它们在金融投资市场上发挥着重要作用。

①各类商业银行、其他银行和保险公司

商业银行等金融机构是一种存贷机构，保护储户资产安全是其首要职责，因此它的投资行为必须具有高度的安全性，其资产必须保持一定的流动性。一般来讲，金融投资的盈利往往高于贷款和实业投资的盈利，而且这种投资方式灵活多样，已成为商业银行资金运用的重要手段，但其投资风险较大。另外，商业银行在投资形式、规模等方面还会受到政府和法律的许多制约。因此，像商业银行之类的金融机构非常重视投资的多种组合，通常其投资政策是相对比较保守和较少冒险的。

②各类投资中介机构

各类投资中介机构，如证券公司、投资公司等，它们较少涉及实业投资，而是证券市场的最大投资者，各类股票、公司债券和政府债券等都是其投资对象。它们既可以长期持有证券，又可以根据需要进行短期操作。除了自营投资外，还要为投资者提供中介服务。获取盈利是其主要目的，同时也必须配合一般投资者和政府证券管理部门等，起到稳定市场的作用。由于它们资金实力雄厚、信息灵通、操作方便、交易金额巨大，能建立规模大且能良好分散风险的投资组合，并有专家进行专业化管理，所以它们对证券市场会产生重大影响。

③各类基金组织

各类基金组织能集中个人和社会的各种闲散资金，在规定的支付期到来之前投资于各种收益较高的长短期投资项目。其特点是能使小额的资金进入投资市场，把零散的资金汇成大额的、稳定的资金来源，而且规模发展迅速。这类基金投资在目前的投资市场中的作用正日益凸显。

（2）金融机构投资的特点

金融机构投资的本身特征决定了金融机构投资具有以下的特点：

第一，投资的资金量大，能充分地吸纳社会的闲散资金，聚集成庞大的资金力量，所以其投资活动会对投资市场产生重大影响。

第二，投资的专业化水平较高，十分注重投资资产的安全性，能有效地进行投资组合，分散投资风险。

第三，投资手段多样而灵活，收集和分析各类投资项目的能力强，具有应付各类复杂变化的能力。然而，金融投资机构的投资一旦失误，会造成严重的投资失控，可能给整个投资市场带来灾难性的后果。

4.政府投资者

政府投资不但投资规模大，形式多样，而且投资的目的也是多元化的。中央政府主要投资于全国性的公共建设、国防、文教和基础科学研究等，地方政府主要投资于本地区的市政工程、公路和桥梁等。为了有效地进行金融市场的控制和实施必要的政府干预，政府机构也会在必要时参与金融市场的投资和直接投资于大型生产性项目的建设。

政府投资并非简单地以营利为主要目的，加强宏观调控、促进国民经济发展、实施重点建设、改善投资环境、调整产业结构和进行必要的金融市场的干预等，都可能是政府投资多元化的目的所在。目前，我国的政府投资行为还存在许多不完善的地方，如投资所有者主体缺位，国有资产运行呈多元分散管理的格局，因而造成没有人来承担投资主体的职责，更没有人对投资效果负责。另外，也缺乏对政府投资的有效约束机制，不按市场规律办事，所谓"首长项目"时有发生，最终导致投资管理水平低下，造成国有资产损失。

从目前政府投资的功能与性质看，市场经济体制国家政府的投资一般只限于公益性和公共产品领域，一般不涉及营利性的领域。因此，政府投资的主要领域通常包括以下六个方面：

（1）大型基础设施的投资，包括铁路、港口、机场、高速公路等。

（2）大型能源基地和设施的投资建设，如油田、电站、输送管道、线路等。

（3）城市的公共设施投资建设，如公交、供电、供气、自来水等。

（4）社会事业性的投资，如基础教育、科研、文化、卫生、体育、医疗、广播电视等。

（5）有关国防安全方面的项目投资建设。

（6）对一些特殊地区的投资，如对中西部地区的重点项目投资。

二、投资客体

（一）投资客体的概念及分类

投资客体就是投资的对象，即被投资主体接受并能在未来为投资主体带来收益的，或者能满足投资主体的其他投资目的的投资对象。投资客体按照其不同性质通常可分为实业投资项目和金融投资工具两大类。实业投资项目就是投资主体通过实业投资，购买或建造有形资产以从事具体生产经营活动和其他非生产活动所形成的建设项目，包括直接用于物质生产或直接为物质生产服务的工业项目（含矿业）、建筑业、地质资源勘探及与农林渔业有关的生产项目、运输邮电项目、商业和物资供应等生产性项目，以及直接用于满足人民物质和文化生活需要的文教卫生、科学研究、社会福利等非生产性项目。金融投资是投资主体在金融市场中通过各类金融商品买卖来实现的，这些金融商品也称为金融工具，是证明信用关系存在及条件有效的合法凭证。金融工具的种类繁多，比如常见的国库券、商业票据、大额存单、债券、股票、基金等，还有期权、期货、货币互换、利率互换、对冲基金等不断创新出来的金融衍生工具。不同的金融工具，由于在偿还期、流动性、安全性以及收益率等方面各不相同，因而可以满足金融投资主体不同的金融需求。通过金融工具的不断创新，金融投资主体能够有更多的选择余地，以形成自己的资产组合，增加金融投资主体规避风险、投资盈利的机会和手段，进而吸引更多的投资者加入金融市场中，不断地扩大金融市场的规模。

（二）投资客体的属性及对投资客体的选择

投资客体通常具有以下三个属性：

1.预期收益性

预期收益是指投资主体在将来所能得到的回报。投资主体进行投资活动的目的是在将来获取一定数量的收益。预期收益越大，投资主体愿意递延的当期消费就会越多，也就是说，进行越多的投资，投资价值也会越高。可见，预期收益和投资价值之间呈同向变动关系：在其他因素不变时，预期收益越大，投资价值就越高；反之亦然。

2.收益时点性

收益时点是指投资主体取得收益的时间。依赖投资主体预期收益进行未来消费的时点离目前越远，延迟预期消费的动力就会越小。其原因在于，当投资者等待预期收益进行消费时，他们不仅放弃了当期的消费机会，而且放弃了在等待期间可能发生的其他投资机会。因此，在其他条件相同的情况下，等待预期收益的时间越长，投资价值就越小。

3.收益风险性

一般来讲，对未来的预期都是不确定的，同样，各种具体投资项目的收益过程也具有一定程度的不确定性。我们把投资预期收益的不确定性称为投资风险，不确定性越大，投资风险也就越大。通常，投资者更希望收益是确定的，而不是具有比较高的不确定性。可见，预期收益的不确定性程度，即收益风险水平，会对投资价值产生很大影响。因而，如果投资主体对于因承担风险而得到的补偿不满意，它就很可能选择收益较低、风险也较低的投资项目，而不是收益较高但风险也较高的投资项目。

因此，投资者除了从自身的资金规模、投资目的出发之外，还必须充分考虑投资客体的收益性、时点性和风险性，才能选择最恰当的投资客体，以确保投资的成功。

小思考1-2

不是以营利为其主要目的的投资主体是（　　　）。

A.企业　　　　　　　B.金融机构　　　　　C.社会公众　　　　D.政府

小思考1-2

答案

案例分析1-2　2017年大众理财认知与行为指数报告出炉：超3成投资者理财首先求稳

※33.6%的用户投资理财首选稳健型

据悉，本次用户调研覆盖全国主要城市近10万人。参与调查的用户人均使用理财类APP3.2个，平均理财时长为6.7年，理财金额为8.9万元。

报告显示，喜欢投资理财的用户，也经常使用社交网络、即时通信、支付类App，并青睐华为、OPPO、三星等安卓手机品牌。按地域来看，一线城市的用户对理财更有兴趣，上海、广州和北京是理财兴趣最高的前三大城市。省份方面，广东用户理财兴趣最高，江苏和山东分别列第二位和第三位。

在投资理财风格方面，选择稳健型的用户最多，占比达到33.6%；盲目型次之，占比达27.2%，说明有不少用户对待理财随心所欲或容易跟风从众。虽然盲目理财用户占了近3成，然而，花时间学习理财及财务知识的用户却不到4成。

随着"财商"成为理财领域的热门词汇，大众越来越关注个人财商的情况，报告显示，以5分制为标准，19%的用户给自己的财商打0分；还有4成的用户认为自己的财商水平为1分或2分；自评为5分的用户尚不足一成，显示出大多数用户自认财商处于中下水平。

※"年轻人都是月光族"的刻板印象被打破

在个人财务和金融需求日益增长的背景下，可供选择的理财渠道也日趋丰富。随手记调查显示，用户最为熟知的前三种理财渠道依次为储蓄、股票和房地产，最不了解信托、期货和债券。

在风险认知方面，在用户心目中股票、互联网理财、基金属于风险最高的投资，并认为储蓄、保险、房地产的风险最低。

同时，报告显示，不同年龄段对于理财渠道的偏好有所区别。"90后"投资金额处于前三位的理财渠道依次是互联网理财、基金、储蓄，说明"90后"在投资之余还有一定存款，打破了"年轻人都是月光族"的刻板印象；"80后"和"70后"则在股市投入的资金最多。

在进行投资理财时，用户最关注哪些方面呢？报告显示，用户在作出投资决策时，最关心平台的安全性与合规程度，其次才是理财产品的优惠力度和收益，反映出用户更青睐通过实力领先、风控严格、值得信赖的平台进行理财。

※多数人不会主动学习理财知识

对于报告结果，业内专家进行了点评。随手科技副总裁焦义刚总结道，用户关于理财和财务的指数均处于一般水平，显示出用户在接触理财的过程中存在一定误区，尤其是在行动力方面更弱。例如，超过8成的用户没有为自己及家庭制定合适的财务规划，多数人不会主动学习理财知识，甚至有一部分人觉得不需要理财或可有可无等。

易观金融行业资深分析师李子川表示，在国内财富管理服务的门槛不一，且产品、资讯分布过于分散的背景下，容易出现新生代投资群体对于理财规划认知不足、投资行动主观随意性强的情况。希望各界能共同帮助大众树立正确的理财观念与习惯。

资料来源　李冲，张琦. 超3成投资者理财首先求"稳"［N］. 扬子晚报，2017-06-13.

问题：

（1）现阶段我国居民投资理财呈现出哪些特点？

（2）面对我国居民投资理财意识和能力亟待加强的情况，你认为应该如何树立正确的理财观念与习惯？

第三节 投资的作用

一、投资与经济增长的密切关系

投资与经济增长的关系非常密切，西方和我国的经济理论界都有类似的观点，即经济增长情况主要是由投资决定的，投资是经济增长的基本推动力，是经济增长的必要前提。

投资对经济增长的影响，可以从要素投入和资源配置来分析：

从要素投入的角度看，投资对经济增长的影响表现为两个方面：一是投资需求对经济增长的拉动作用。投资需求是指投资活动所引起的社会需求。凯恩斯在分析投资需求对经济增长的影响时提出了著名的投资乘数理论，说明了投资需求对经济增长拉动作用的乘数效应。二是投资供给对经济增长的推动作用。投资供给是指交付使用的生产经营资产。这种投资供给，不论数量多少，都是向社会再生产过程注入新的生产要素，增加生产资料供给，为扩大再生产提供物质条件，是促进经济发展的要素。马克思的扩大再生产理论强调资本积累对财富增长的作用，认为积累是剩余价值的资本化，是扩大再生产的源泉。

再从资源配置角度来分析投资对经济增长的影响。资源配置最终反映经济结构，而合理的经济结构是经济发展的条件。经济结构，通过两大部类比例关系、生产流通过程、生产资料和劳动力利用、技术进步和改善经济效果影响经济发展，而投资是影响经济结构的决定性因素。所以，归根到底还是投资促进了经济的增长和平衡发展。

（一）投资需求对经济增长的拉动作用

投资需求是指由投资活动引起的对社会产品和劳务的需求。扩大投资需求，将对经济增长产生拉动作用；缩小投资需求，则会抑制经济的增长。首先对投资需求与经济增长做系统研究的是凯恩斯，他从宏观经济的角度考察了投资需求对经济增长的影响，提出了著名的投资乘数理论，其要点是增加一笔投资会带来大于这笔投资额数倍的国民收入。其计算公式为：

$$\text{投资乘数} = \frac{1}{\text{边际储蓄倾向（MPS）}}$$

$$= \frac{1}{1 - \text{边际消费倾向（MPC）}}$$

$$= \frac{\text{收入的变动}}{\text{投资的变动}}$$

（公式1-1）

式中：边际储蓄倾向是指每一收入增量中储蓄增量所占的比重。若以MPS表示边际储蓄倾向，以ΔS表示储蓄增量，以ΔY表示收入增量，则MPS=ΔS/ΔY。边际消费倾向是指每一收入增量中消费增量所占的比重。若以MPC表示边际消费倾向，以ΔC表示消费增量，以ΔY表示收入增量，则MPC=ΔC/ΔY。

投资乘数理论具有很强的理论假设性：一是假定消费支出在1年之内无穷多次地传递，从而形成无穷多次的收入，构成几何级数；二是储蓄形成无穷多次，并且每次形成之后都绝对静止不动。但是，在现实中投资需求的乘数作用会受多种因素的影响。不过无论如何，投资乘数理论十分清楚地说明投资需求对经济的影响非常大。一方面，当投资增加时，它所引起的收入的增加会大于所增加的投资；另一方面，当投资减少时，它所引起的收入的减少也会大于所减少的投资。因此，经济学家常常将乘数效应称作"一把双刃剑"，在经济萧条时增加投资可以使经济走出低谷，在经济繁荣时减少投资则可以避免经济过热。

（二）投资供给对经济增长的推动作用——哈罗德–多马模型

所谓投资供给，主要是指交付使用的固定资产，既包括生产性固定资产，也包括非生产性固定资产。生产性固定资产的交付使用，直接为社会再生产过程注入新的生产要素，增加生产资料供给，为扩大再生产提供物质条件，直接促进国民生产总值的增长。非生产性固定资产则主要通过为劳动者提供各种服务和福利设施，间接地促进经济的增长。

对于投资供给对经济增长的推动作用，古典经济学家早在18世纪就给予了充分的肯定。亚当·斯密在《国富论》中明确指出，决定国民财富增长的主要因素，一是分工引起的劳动生产率的提高，二是依存于资本总额的生产劳动数量的增加。可用于积累的资本额越大，生产劳动的数量就越多，因此国民财富的增长就越快。马克思的扩大再生产理论也强调了资本积累对财富增长的作用，认为积累是剩余价值的资本化，是扩大再生产的源泉。在19世纪40年代，出现了著名的哈罗德–多马模型，这一模型集中研究了扩大再生产过程中收入增长率、储蓄率和资本产量比率这三个变量的关系，并指出：在资本产量比率一定的前提下，收入增长率主要取决于储蓄率（积累率）。哈罗德–多马模型的基本公式为：

$$\frac{\Delta Y}{Y} = \frac{s}{v}$$

（公式1-2）

式中：$\frac{\Delta Y}{Y}$为国民收入增长率；s为储蓄比例；v为资本产量比率。

该式说明，国民收入增长率等于该社会的储蓄比例与资本产量比率之比。

哈罗德–多马模型把投资供给作为推动经济增长的唯一因素，显然具有很大的假设性，但哈罗德–多马模型毕竟从一个侧面反映了投资供给对经济增长的推动作用。

二、投资在我国社会经济生活中的现实意义

党的十九大报告指出，我国经济发展阶段已由高速增长转向高质量发展阶段。推动高质量发展是中国建设社会主义现代化的内在要求。现代化的本质要求是发展的质量要高，而不在于发展的速度要多快。2017年以来，我国先后发布了《国务院关于扩大对外开放积极利用外资若干措施的通知》（国发〔2017〕5号）、《国务院关于促进外资增长若干措施的通知》（国发〔2017〕39号）、《关于发挥民间投资作用　推进实施制造强国战略的指导意见》（工信部联规〔2017〕243号）等专门的文件，由此可见，投资对国民经济意义重大。

（一）投资可以增加新的生产力，对我国国民经济的可持续发展具有极大的推动作用

投资作为拉动我国经济增长的"三驾马车"之一，对中国经济增长的协调拉动作用马力强劲。吸收外资方面，2017年前三季度，我国实际利用外资6 186亿元，同比增长1.6%。外资更多流向高新技术产业，高技术制造业、高技术服务业利用外资分别增长27.5%和24%。与此同时，我们有效遏制非理性对外投资，引导企业聚焦投资实体经济，防范对外投资风险，通过对外投资带动国内产业转型升级。

（二）投资可以实现对经济结构的调整，优化我国的经济结构

党的十九大报告指出，现在中国社会主要矛盾已经转化为人民日益增长的美好生活需要和不平衡不充分的发展之间的矛盾。这个矛盾的主要方面是不平衡不充分发展带来的问题，即结构问题，解决这个结构问题就需要供给侧特定的、高水平的理性供给管理，就必须从制度方面改革，以制度供给的有效性带出整个问题，而整个体系的问题是不能回避的，这样才能在不断提供有效供给的过程中，使人民群众对美好生活的愿望得到供给侧的平衡和满足，所以顺理成章地就要强调供给侧结构性改革。经济结构是一个开放的系统，也是一个动态的系统，只有在国家产业政策的导向下，通过不断地调整投资领域和方向，才能优化我国的经济结构，实现国民经济的可持续发展。

（三）投资可以为社会创造更多的就业岗位，增加我国居民的工资性收入

投资在推动我国经济增长的同时，也直接为社会创造了更多的就业机会，增加了我国居民的工资性收入。收入增加可以解决人们的后顾之忧，增强人们对经济前景的信心，从而带动消费的增长，使国民经济走上良性循环的轨道。

（四）投资是我国居民财产保值增值的重要途径，能够促进我国居民财产性收入的增长

为构建和谐社会、实现全面小康的目标，可推行一个重要的措施，就是利用居民已有资产来增加财富，打开新的增加收入的环节，建设投资或财富再生渠道，使其与工资成为并行的收入渠道。目前，在我国的投资市场上已推出一些适合大众参与的投资品种，比如股票型基金等。可以想象，今后我国的投资市场上还将推出更多的适合普通居民资产规模、专业知识和风险承受能力的投资品种，让老百姓能够方便地介入各种各样的投资领域，使广大人民群众能够充分分享经济增长的成果。

案例分析1-3　　　　我国生猪产能持续恢复　投资拉动作用明显

央视网报道：农业农村部发布，前三季度我国新建投产了1.25万个规模猪场，另有1.34万个2019年空栏的规模猪场开始复养，生产恢复进程加快。

为了开展标准化养殖，从2019年下半年开始，相关企业对猪舍进行了升级改造，新配置了自动上料机和自动饮水系统，有效减少了因为人员干预、携带病毒进入的可能。

为了促进生猪产能恢复，2019年年底，农业农村部印发了《加快生猪生产恢复发

展三年行动方案》，从新建猪舍、标准化养殖、动物防疫等方面予以专项补贴，让企业得到了实惠。

通过这样一组数据可以看出前三季度我国生猪产能的恢复趋势：前三季度我国第一产业固定资产投资11 653亿元，同比增长14.5%，其中畜牧业固定资产投资额累计增长80.6%，这主要是生猪养殖投资拉动。

为了有效防控非洲猪瘟，四川绵阳从2019年开始创新建设无疫小区，三台县的一家生猪养殖无疫小区，自2020年5月正式建成使用后，目前已存栏生猪8 000头。

生猪养殖无疫小区负责人邹中友介绍说，无疫小区周边原来有200多户养殖户，防疫水平参差不齐，而无疫小区将周边的养殖户全部纳入进来，集中建设圈舍2万平方米，圈舍产权归企业、村集体经济、农户三方共有。统一标准的管理运营，将有效防控非洲猪瘟疫情风险。

农业农村部相关负责人介绍，2020年我国将加快推进非洲猪瘟无疫区和无疫小区建设，力争年底前在全国建成一批高质量的无疫小区，示范、带动、提升养殖场户生物安全防护水平。

资料来源　央视网. 我国生猪产能持续恢复 投资拉动作用明显［EB/OL］.［2020-10-28］. http://news.cctv.com/2020/10/25/ARTI0CDcOOLzpxYPJMV045s6201025.shtml.

问题：

（1）《加快生猪生产恢复发展三年行动方案》出台的历史背景是什么？

（2）生猪养殖投资拉动有哪些具体措施？

思政专栏

2020年是中国"十三五"规划的最后一年，也是"决战决胜脱贫攻坚、全面建成小康社会"收官之年。

从2015年到2019年，中国建档立卡贫困人口已经从5 575万人减少到551万人，连续7年每年减贫1 000万人以上。贫困县数量不断减少，贫困发生率从5.7%降至0.6%，脱贫攻坚取得决定性成果。

2021年2月25日，全国脱贫攻坚总结表彰大会在京隆重举行，习近平主席庄严宣告：我国脱贫攻坚战取得了全面胜利。

我国脱贫攻坚取得决定性成就，是在经受新冠肺炎疫情暴发、自然灾害频发等多重考验下得来的，创造了世界奇迹，彰显了大国担当，在中华民族发展史和世界史上具有重要的里程碑意义，为中华民族和世界人民作出了不可磨灭的伟大贡献。

点评：党的十八大以来，我国脱贫攻坚取得了举世瞩目的成就，从根本上说是因为充分发挥了党的领导和社会主义制度的政治优势。面对贫中之贫、困中之困这些最难啃的硬骨头，必须继续发挥集中力量办大事的制度优势，调动各方面的积极性，强化大扶贫格局，切实发挥政府投入的主体和主导作用，发挥金融资金的引导和协同作用。

本章小结

投资是现代市场经济环境中各经济实体经常发生的经济业务，是为了获得可能的和不确定的未来值而作出的确定的现在值的牺牲，即目的是获取未来各种形式的报酬。投资报酬具有多种表现形式，可以是市场价格的变动所引起的资本利得，也可以是资本本身的增值，或是各种财富的保值及各种相应的权利等。投资报酬风险主要来自其未来各种报酬的不确定性，投资的总量越大和投资的时间越长，这种投资的风险也就越大。

按照不同的角度，可以把投资分为广义投资和狭义投资、实业投资和金融投资、直接投资和间接投资、长期投资和短期投资等。

投资主体是指具有独立经济行为能力，有完整的投资决策权，并自负投资盈亏的各类经济主体，它包括社会公众投资者、工商企业投资者、金融机构投资者和政府投资者。其有着各自不同的行为特征，也决定了它们不同的投资领域。投资客体就是投资的对象，包括实业投资项目和金融投资工具两大类，具有预期收益性、收益时点性和收益风险性的特点，投资者要充分考虑投资客体的这些特点才能选择最恰当的投资客体，以确保投资的成功。

投资对经济增长的直接影响表现在两个方面：一是投资需求对经济增长的拉动作用；二是投资供给对经济增长的推动作用。

思考题

1.什么是投资？如何理解投资的含义？

2.什么是投资主体？有哪些主要的投资主体？它们各有哪些不同的特征？

3.什么是投资客体？投资客体有哪些基本属性？

4.投资对经济增长的直接影响表现在哪些方面？

第二章

投资环境

学习目标

知识目标：了解投资环境的概念及分类，了解投资环境的构成内容，掌握投资环境的分析评估方法。

思政目标：深刻认识优化营商环境对于激发市场主体活力，培育企业家精神，营造一个高效的、公平的、有激励性的市场环境，降低企业的开办、经营成本所具有的重要意义。

导引　国家发展改革委、商务部发布2020年版外商投资准入负面清单

经党中央、国务院同意，国家发展改革委、商务部于2020年6月23日发布第32号令和第33号令，分别发布了《外商投资准入特别管理措施（负面清单）（2020年版）》和《自由贸易试验区外商投资准入特别管理措施（负面清单）（2020年版）》，自2020年7月23日起施行。《外商投资准入特别管理措施（负面清单）（2019年版）》和《自由贸易试验区外商投资准入特别管理措施（负面清单）（2019年版）》同时废止。

2020年以来，新冠肺炎疫情给全球跨国投资带来巨大冲击，世界经济受到严重影响。发布2020年版外商投资准入负面清单，是贯彻落实党中央、国务院部署，实施更大范围、更宽领域、更深层次全面开放的重要举措，也是《中华人民共和国外商投资法》施行后，推进负面清单管理制度的最新配套文件，展示了我国坚定不移支持经济全球化和跨国投资的决心，将进一步完善外商投资环境，以更高水平开放促进经济高质量发展。

本次修订按照只减不增的原则，进一步缩减外商投资准入负面清单。其中全国外商投资准入负面清单由40条减至33条，自贸试验区外商投资准入负面清单由37条减至30条。主要变化为：

一是加快服务业重点领域开放进程。金融领域，取消证券公司、证券投资基金管理公司、期货公司、寿险公司外资股比限制。基础设施领域，取消50万人口以上城市供排水管网的建设、经营须由中方控股的规定。

二是放宽制造业、农业准入。制造业领域，放开商用车制造外资股比限制，取消禁止外商投资放射性矿产冶炼、加工和核燃料生产的规定。农业领域，将小麦新品种选育和种子生产须由中方控股放宽为中方股比不低于34%。

三是继续在自贸试验区进行开放试点。在全国开放措施基础上，自贸试验区继续先行先试。医药领域，取消禁止外商投资中药饮片的规定。教育领域，允许外商独资设立学制类职业教育机构。

国家发展改革委、商务部将会同各地区、各部门，根据《中华人民共和国外商投资法》及其实施条例的要求，落实好2020年版外商投资准入负面清单，负面清单之外给予内外资企业平等待遇，同时完善开放型经济新体制建设，在扩大开放中维护国家安全。

资料来源 外资司. 国家发展改革委、商务部发布2020年版外商投资准入负面清单［EB/OL］.［2020-10-24］. https://www.ndrc.gov.cn/xxgk/jd/jd/202006/t20200624_1231942.html.

第一节 投资环境的含义及分类

一、投资环境的含义

所谓投资环境，是指一个地区或经济体在一定时期内拥有的对投资活动产生影响的各种因素和条件的综合系统。它包括当前的以及预期的政策、制度和行为环境，或者说几乎包括一个地区的所有情况，如有形的自然资源、基础设施，无形的观念形态、制度体制、民俗民风、情报信息等。它有如下特征：

1.投资环境的综合性

企业投资活动总是在一定的时间和空间进行的，受到多种因素的制约与影响。投资环境是由诸多影响投资流量与流向的政治、经济、自然、社会、文化等因素交织而成的一个综合体。在这些众多的因素中，有的对投资的流量、流向、效益起决定作用或主要作用，有的起次要作用或补充作用，但它们都是构成完整和良好的投资环境所必需的。投资环境的综合性要求受资方在完善投资环境时，要有明确的认识、合理的组织，有效地协调各个部分之间的关系，实现最佳组合，发挥综合能力。而对投资方来说，在分析与利用投资环境时，要抓住对投资项目成败起关键作用的主要因素，兼顾次要因素，全面考察。

2.投资环境的整体性

投资环境是一个有机整体，各部分相互连接、协调、互为条件，构成了一个完整的投资环境系统。其中任何一种因素的变化，都可能使涉及投资活动的其他因素产生连锁反应，进而导致整个投资环境的变化，从而影响投资者对投资环境的评价。投资环境的整体性要求我们在研究、开发和完善投资环境时，必须立足全局，从整体出发，设计投资环境合理的时空结构，实现各个部分的最佳组合。

3.投资环境的差异性

生产力发展的层次性和空间布局的非均衡性，以及地区之间自然、地理、社会经济上的差异性，决定了地区投资环境不仅具有投资环境的一般特性，而且有其自身相对独立的特殊性，并且即使是同一投资环境，对不同项目的投资也会有不同的影响。一个既定地区的投资环境，对某些项目的投资可能极为有利，而对另外一些项目可能会不利。对受资者来说，正确把握投资环境特殊性和一般性的统一，有利于发挥各地区的优势，完善自身的投资环境，推动地方经济的发展。对投资者来说，应根据其投资项目的特点，选择适合的区域投资建设，以取得最好的投资效益。

4.投资环境的动态性

投资环境是一个动态平衡的开放系统，它总处在不停地运动之中。构成投资环境的诸因素及其评价标准都不是一成不变的，有些因素逐步改善，有些因素逐步恶化。同时，投资环境的评价标准也因经济条件的变化而变化，有些因素会变得越来越重要，有些因素的地位则相对下降。例如，早期廉价的资源与劳动力对外资最有吸引力，现在发达的社会经济环境是外商最为重视的要素，而在社会动荡的情况下，政局的稳定性和政策的连续性是外国投资者最为关心的问题。投资环境的动态性要求投资者不仅要全面考虑投资环境的现状，还要分析和预测未来若干年投资环境的可能变化，以便作出科学决策。

对投资者来说，投资环境是不可完全控制的因素，投资者要想作出正确的投资决策，就必须仔细地研究投资环境，努力认清其所处的环境，并努力适应环境，利用环境提供的有利条件，回避不利因素。因为任何投资行为总是在特定的社会环境中进行的，并且各种环境因素结合在一起，它们会相互联系、相互作用、相互促进和相互制约，从而形成一种综合的作用力，直接或间接地影响着投资的成败。

二、投资环境的分类

投资环境的本质是由多种外部因素和条件交叉重叠，但又是有机组合而构成的综合体。因此，在对投资环境进行研究和分析时，有必要从不同的角度对投资环境进行适当的分类，这样才能把握不同投资环境的特性及变化规律，理解不同投资环境之间的相互关系和作用方式，分析出哪些环境变化对目前的投资行为的影响最大，而哪些是次要的。这对于深入研究投资环境的变化和不断提高我们的投资管理水平具有重要意义。投资环境主要的分类如下：

1.按投资环境要素的特点与作用分类

按投资环境要素所具有的不同特点与作用，投资环境可分为硬环境和软环境。硬环境是指那些具有物质形态的要素组合，如能源、交通、通信设施等，是投资环境的基础部分。软环境主要是指没有具体物质形态的要素，如政治、法律、文化、观念、管理、体制、机制等，属于投资环境的高层次部分，起主导作用。如果软环境不好，那么硬环境即使很好也难以发挥应有的作用，而良好的软环境却能够在一定程度上弥补硬环境的不足。

2.按投资环境研究层次分类

按研究层次的不同，投资环境可分为宏观投资环境、中观投资环境和微观投资环境三种。宏观投资环境是指影响整个社会资本运动的宏观社会经济变量和历史文化现实，探索研究的内容是全国或大区域范围内的国民经济发展、商业周期兴衰、国家政治法律制度变革、文化传统习俗的嬗变，以及国家之间和区域之间的地缘关系等。宏观投资环境决定了整个社会投资的流向、数量和结构，同时也是外国投资者选择投资对象国时最先考虑的因素。微观投资环境则是指某个投资项目选址时考虑的具体的自然、经济和社会条件，如与企业供给或投入相关的地理位置，劳动力素质，水、电、气、交通运输以及通信设备等基础设施，与需求或产出相关的市场、竞争对手等，与企业日常经营相关的协作配套、当地法律政策、风俗习惯以及金融保障、保险等因素。中观投资环境是指产业投资环境和一般区域的投资环境，是介于上述两者之间的一个层次。该分类表明投资环境的多层次性。目前，研究多为区域综合评价，应当说综合评价是一般评价，与具体产业的特殊评价有一定关联，但并不相同。综合评价好的投资环境对具体行业有积极影响，但单个产业投资环境优的地区，综合评价未必就好。

3.按投资环境研究需要分类

根据研究需要，投资环境可分为地区投资环境和产业投资环境。前者是指一定投资区域内的自然、经济、生活条件，如地区对外开放程度、地区经济发展水平、地方政府的管理水平和办事效率、地区基础设施状况、地区技术和劳动条件、地区自然资源条件等，是从地区的角度探讨投资环境要素的定向分布、组合及变化对资本运动的影响和决定作用，解决的是投资投向区域地点的选择问题。后者是指一定行业中有关投资的外部条件，如行业发展规模及水平，行业产品的市场容量及竞争状况，行业优惠政策与限制政策，行业所需主要设备、原材料和能源的供应情况等，是从产业和行业的角度研究资本投向哪一个产业、哪一个部门。

4.按投资环境的组成要素分类

按照组成要素的不同，可以把投资环境区分为自然地理环境、基础设施环境、政治法律环境、金融环境、税务环境、制度环境等。

小思考2-1

下列各项中，属于投资软环境的是（　　）。

A.有关政策　　　　B.基础设施　　　　C.服务机构的设置

D.法律制度　　　　E.自然资源

小思考2-1

答案

案例分析2-1　　　　《优化营商环境条例》自2020年1月1日起施行

营商环境是企业等市场主体在市场经济活动中所涉及的体制机制性因素和条件，其优劣直接影响市场主体的兴衰、生产要素的聚散、发展动力的强弱。经济社会发展的动力，源于市场主体的活力和社会创造力，很大程度上取决于营商环境。党中央、国务院高度重视优化营商环境工作。2019年10月22日，国务院总理李克强签署国务院令，公布《优化营商环境条例》，自2020年1月1日起施行。

条例明确，国家坚持权利平等、机会平等、规则平等，保障各种所有制经济平等受到法律保护，着力加强对各类市场主体的平等保护，落实市场主体公平待遇。一是强调平等对待各类市场主体。明确国家依法保护各类市场主体在使用要素、享受支持政策、参与招标投标和政府采购等方面的平等待遇，为各类市场主体平等参与市场竞争强化法律支撑。二是强调为市场主体提供全方位的保护。依法保护市场主体经营自主权、财产权和其他合法权益，保护企业经营者人身和财产安全。加大对市场主体知识产权的保护力度，建立知识产权侵权惩罚性赔偿制度。三是强调为市场主体维权提供保障。推动建立全国统一的市场主体维权服务平台，为市场主体提供高效、便捷的维权服务。

在营造良好市场环境方面，条例围绕破解市场主体生产经营活动中的痛点、难点、堵点问题，着力净化市场环境，更好地激发市场主体活力，提高竞争力。一是聚焦破除市场准入和市场退出障碍。明确了通过深化商事制度改革、推进证照分离改革、压缩企业开办时间、持续放宽市场准入等措施，为市场主体进入市场和开展经营活动破除障碍。要求进一步优化市场主体注销办理流程，精简申请材料、压缩办理时间、降低注销成本，推动解决市场主体"退出难"问题。二是聚焦落实减税降费政策。明确各地区、各部门应当严格落实国家各项减税降费政策，保障减税降费政策全面、及时惠及市场主体，并对设立涉企收费作出严格限制，切实降低市场主体经营成本。三是聚焦解决"融资难、融资贵"问题。明确鼓励和支持金融机构加大对民营企业和中小企业的支持力度、降低民营企业和中小企业综合融资成本，不得对民营企业和中小企业设置歧视性要求。

问题：

（1）《优化营商环境条例》主要包括哪些内容？

（2）《优化营商环境条例》的出台对优化营商环境有何重大意义？

第二节　投资环境分析

一、投资硬环境分析

（一）投资硬环境的概念

投资硬环境主要指该地区经济发展水平、自然条件、物质资源、基础设施、交通便利、配套产业和人力资源等综合因素。投资者要充分考虑这些对投资具有直接影响的各类基础设施和运输条件等是否满足，否则会对以后投资项目的长远发展造成不可估量的损害。同时，还应该善于发现地区新的经济增长点和可能形成辐射整个地区和其他地区的经济增长要素。如果某地区确有一两个能影响全国甚至是国际经济变化的增长点，那么对该地区的投资不但有较好的安全性，而且未来也必然能取得很好的投资回报。因此，在新经济增长点上的投资，能获得其他投资所不可比拟的投资效益。另外，要注意从多方面来考核地区投资环境的相关因素，不能只简单地看某一个资源环境、基础设施环境或人力环境等，而应将所有的地区环境因素综合起来进行全面研究，还要注重地区环境与整个国家宏观环境变化的相关性和敏感程度及长远发展潜力等。

（二）投资硬环境的内容

投资硬环境是最基本的和必不可少的投资条件，它的内容主要分为以下三部分：

1.经济环境因素

经济环境因素可以分为两个主要方面：静态的经济环境因素和动态的经济环境因素。静态的经济环境因素主要有一定时期社会的经济制度、一定时期社会经济的发展水平、市场经济的发达程度、国民经济投入和产出水平、社会消费和积累的分配结构、社会的投资效率、当时社会的产业结构、经济周期的变化和人们的投资与消费的基本观念等。由于静态的经济因素会在较长一段时期内保持相对稳定，所以它对投资决策的影响是长久的和根本性的，如果不能对这些根本性的经济环境因素进行仔细分析和研究，而过于轻率地进行投资决策，将会导致投资的完全失败，并可能没有任何的挽回余地。

动态的经济环境因素主要有国民经济的增值水平、国内生产总值的增长率、社会总供给和总需求的变化状态、国民消费水平的增长、利率和税率及通货膨胀率等的变化、社会就业率和储蓄增长率等的波动、地区投资环境的改变等。由于动态的经济因素不像静态的经济因素那样会在较长时期内保持稳定，而是可能经常发生变化和上下波动，所以它对投资决策的影响可能是短期的和时效性很强的。谁能及时根据动态经济环境因素的变化，适时地调整投资战略，抓住投资机遇，引导市场消费方向，谁就能在投资中掌握主动，并能最终获得最大的投资收益。当然，静态和动态的经济环境因素，并不是完全绝对和相互孤立的，在一定条件下它们是可以相互转化的。静态的经济因素是引起动态的经济因素发生变化的前提，而动态的经济因素的变动也会促使静态的经济因素更加完善和趋于合理。因此，在进行各种投资决策时，应将各类经济因素结合起来研究，而不应割裂地来看待它们。

2.自然环境

自然环境包括地理位置、自然条件、自然资源等。地理位置是指投资地点所处的区域，距主要公路、铁路、港口、市场的远近等。地理位置的远近影响企业的运输成本、生产的布局等。一般投资者都习惯于从邻近的国家和地区开始投资，如日本的大量投资集中于东亚和东南亚地区。自然条件是指投资地点的气候、自然风光等。气候条件包括光照、气温、水分（降水、降雪）和土壤等，它对露天操作产业，特别是农、牧、渔、建筑业等的生产影响最大，从而制约着这些产业的投资行为和布局。自然资源是指投资地点及附近的农业资源、矿产资源、水资源、森林资源等。这对那些以资源为导向的投资尤为重要。

3.基础设施条件

投资的基础设施条件是投资决策的基本前提，它主要包括以下几方面内容：①投资地区的交通设施与条件，这又可分为铁路运输、航空条件、公路设施条件、港口水运能力，以及城市交通条件，其主要体现为客货运输的能力与效率；②通信设施及其能力，包括电信、网络、邮政设施等；③能源设施及供应能力，包括电力设施、供热供气、燃料动力等；④城市或地区的公共服务体系等；⑤投资地区或城市的生态环境体系条件、环境绿化要素；⑥城市的生活服务体系与服务质量等。

二、投资软环境分析

（一）投资软环境的概念

投资软环境主要指该地区的市场发展程度、有关政策、法律、政府管理水平、服务水准和地方性规定建设等软件情况，它是构成制约投资运行的综合系统的重要部分。如果投资者的市场定位是面对当地市场，那么当地的经济成长性、市场容量、市场发育程度及市场规则就将一同成为决定其是否投资的重要因素。美国及欧洲之所以能够吸引全球大部分的投资，就在于它们的投资环境，中国之所以能成为世界引资大国，也在于我们的投资环境。但是，如果我们拿同一个投资环境水平将中国与发达国家做个比较的话，我们会发现，构成这个投资环境总水平的各因素权重是不同的。美国及欧洲等发达国家的硬件水平普遍高于我国，软件环境中的法律、政府管理、国际惯例等方面按西方的观点它们也比我们强；然而，我们的投资环境能与它们相媲美的原因是，我国的经济成长性、市场前景、投资优惠政策、政府的开放政策及决心等方面比它们强。从中我们悟出一个道理：在其他条件既定的前提下，投资软环境中能为投资者带来经济效益的因素是最能吸引投资者的地方。

（二）投资软环境的内容

投资项目的成败与质量除了投资硬环境的影响外，还直接受到软环境的影响。软环境有时甚至比硬环境还要重要。投资软环境包括的内容非常广泛，这里主要从政治法律环境、金融环境、税务环境、政策制度环境和社会文化环境等方面加以分析和说明。

1.政治法律环境

（1）政治体制及政局的稳定性。这是影响海外投资活动的首要因素，因为"安全性"是海外投资的第一要求。政治体制是指有关政体的制度，即居于统治地位的一定社会阶级采取何种形式组织政权。目前，世界各国采取的政治体制主要有议会制、共和制、君主制和人民代表大会制等。政治体制不同，会影响政府的政策意图、决策方式、行为规范等的透明度。政局的稳定性主要指东道国政权是否有被颠覆的可能性，其内部等级、部族、种族间矛盾是否尖锐，是否有内战，是否有频繁的政权交替。在不同的政治体制下，国家最高权力的更迭程序、规则和透明度不同，因而其政权的稳定性也不同。如果东道国政局不稳，必然造成投资风险加大，甚至可能发生将私人或外资企业国有化或征收了的情况，导致投资人信心不足，经济萎缩。

（2）齐备的法律、法规。健全的、相对稳定的法律、法规是保护投资者权利、约束投资者行为的重要保证。法律制度不仅使现实的投资环境具体实在、可以确定，还使将来的投资环境可以预测和把握。法律、法规要公允，也就是要在合作双方平等互利的基础上，必须保护外商的合法权益，而东道国的法律、法规同时还要符合国际法律、法规和国际惯例的要求。

健全的投融资法制应该包括以下几方面的法律：银行法、票据法、证券交易法、财政（预算）法、公司法、所得税法、企业债券法等。这些法律从不同角度制约着企业的筹资活动，规范不同经济类型企业的融资渠道，规范不同组织类型企业的融资方式，规定企业采用各种融资方式所必须具备的条件，影响不同融资方式的融资成本。而投资法、招标投标法、投资公司法等法律，又从投资的角度规范着企业的行为。其他相关的经济法律、法规还有反不正当竞争法、技术转让法、专利法、商标法、破产法、反托拉斯法、劳工（劳动）法等。

一个国家的法律体系是否健全，司法是否独立公正，以及保护投资的法律是否完备，直接影响投资者的信心与投资的意愿。一国的法律体系公开透明，能够给投资者以充分的保护，也为投资者的决策选择提供了可靠的保障。比如，美国的法律体系及其对投资的保护，创造了一个透明的、公平的、宽松的投资经营环境，吸引了大量的外国投资，使其成为世界上最大的外资吸收国，并且其外资投入量已开始超过本国的投资量。

2.金融环境

企业的投融资活动离不开金融市场。一个完善高效的市场有助于企业筹资活动的顺利完成和取得较高的投资收益。金融市场的发育程度与金融机构等的运行情况密切相关。在信用高度发达的市场经济条件下，资本筹集、资金融通可以顺利进行，竞争中的资本风险能够降到最低限度，取决于完善的资本市场和运行良好的金融机构。金融环境是指金融市场上证券及投资工具的数量、市场组织的完善程度、金融工具的收益率、信息的真实完整性、市场的有效程度等。

（1）金融工具的种类与数量。金融市场上的交易工具有很多种类，根据其性质可以将其分为债权型投资工具和股权型投资工具。债权型投资工具包括国债、公司债券、金融债券；而股权型投资工具主要是公司发行的股票，包括普通股与优先股。债券型投资工具要定期支付利息，到期后必须还本付息。公司股票则是公司的股权凭证，持有人可参与公司的管理和公司利润的分配，它没有投资的期限。根据金融资产期限的长短，可以将其分为短期金融工具和长期金融工具。短期金融工具以一年期为限，主要是指货币市场工具，如短期国债、商业票据、回购协议等；长期金融工具主要是指公司股票、长期国债、公司债券以及银行债券等。根据交易方式，金融工具可以分为原生金融工具和衍生金融工具。上面提及的资产都是原生工具，而在原生工具交易基础上派生出来的交易工具则是衍生工具，主要有金融期货、指数期货、金融期权、货币利率互换等。这些金融工具往往具有不同的收益率水平，但同时也具有不同的风险。

金融市场的发展、金融工具的开发与创新将不断地丰富金融市场的投资品种，降低金融市场的投资风险，使市场投资的环境得到改善。

（2）金融市场与金融机构的组织管理。金融市场是金融工具交易的场所，它构成了投资的基本条件。金融市场的构成较为复杂，通常我们根据金融工具的性质和期限把它区分为货币市场和资本市场，货币市场是短期金融市场，而资本市场是长期金融市场。

投资活动涉及的主要是资本市场，它由债券市场和股票市场组成。参与这个市场的主体有上市公司（融资主体）、证券商和投资者。

金融市场上提供服务的中介机构即金融机构。它主要包括从事一级市场服务的投资银行（证券公司），在二级市场上提供服务的证券经纪公司、交易服务商，以及证券交易所。投资银行的业务主要是帮助公司发行证券，并从事证券的包销、代理和融资，它往往既是上市公司的证券承销商，又是公司的财务顾问。而经纪公司和证券交易商则在二级市场上代理投资人进行证券的买卖，一般的经纪商既可以代理客户买卖证券，也可以进行自营，还可以在一定的范围内提供融资服务。证券交易所是一个集中的交易场所，为它的成员提供固定的交易场所。

所有的投资银行、证券商、交易所及证券交易活动都要受到证券监督管理机构（如中国证券监督管理委员会）的监督管理。

（3）金融市场的组织及其有效性。金融市场组织与运行的有效性也是投资环境的重要因素。在有效的金融市场中，证券市场的价格变化反映了所有公开的信息和内部的信息，市场是充分竞争的，价格信息完全透明，不存在证券市场的价格垄断与暗箱操作，减少了市场本身的不确定性。从投资者的角度看，其投资策略将从赌消息、获取内部消息到进行合理的投资组合，从事真正的投资分析，以此来获得更多的投资回报。

证券市场的发展水平与发展程度是有一个过程的，并有一定的阶段性。一个证券市场的发展不可能是一步到位的，如我国目前的证券市场运行水平，还无法实现充分的有效性。因此，投资者应当客观地认识市场的发展阶段与环境，据此来确定一个合理的投资策略。

3.税务环境

税务环境对投资者来说就是投资所在地的税收制度，其中对投资者影响最为直接的因素是税率的高低和税收优惠。

（1）税率的高低。税率是影响投资的重要因素之一。从总的方面来讲，税率提高将不利于投资增长；相反，税率降低有利于投资增长。一般来说，税率变动对投资的影响主要是通过对未来投资收益的调整来实现的。提高税率意味着投资利润将有所下降；相反，降低税率就会促使投资利润增加。税率从国际资本转移角度来看，其影响是明显的，甚至是长久的，如某国长期税率较高，就较难吸引大量国际投资的流入，并可能会促使国内资本的流出。但对国内固有的投资资本来讲，税率变动对投资的影响并不是长久的，因为税率的变动在造成投资收益变动的同时，同样会使投资成本发生同向的变化，会增强投资者对低投资收益的承受能力。

（2）税收优惠。税收优惠是许多国家尤其是发展中国家普遍运用的吸引外资政策，其主要内容有：对本国落后和亟待发展的产业、行业投资者提供特别的税收优惠；对在落后地区投资的企业给予特殊的税收优惠；对出口型企业给予特别的税收优惠；对外商投资企业将利润再投资、引入先进技术、为本国提供更多的就业机会的给予税收优惠等。这些税收优惠，对于鼓励外国投资、引导外资流向起着重要的作用。

从世界范围来看，发展中国家普遍采用的税负从轻、优惠从宽的税收政策，成为外商投资的"指挥棒"，在实践上取得了吸引外资的实效，并且将外资引导到本国优先发展的行业或地区。

小思考 2-2

当地时间 2017 年 12 月 2 日凌晨，美国特朗普政府减税方案获得参议院的最终通过。根据这一税改法案，美国企业税率将大幅下降（企业所得税税率从 35% 大幅降至 20%），个人所得税也将有所减免，多项税制将被简化，现行的多数项目式减税办法将被取消，以较低税率对美国企业转移回国的海外资产进行一次性征税。请简要分析此次减税对于投资的影响。

4.政策制度环境

（1）经济体制。经济体制是一个国家的基本经济制度，它直接决定了社会经济资源的配置原则和经济运行的方式及方法等。不同经济体制的目标取向是不同的，它对整个社会的经济活动将产生根本性的影响，并直接影响投资的目标定位和管理程序及管理方法等。我国经济体制改革的目标取向是建立社会主义市场经济体制，而且现在已经初步形成。因此，要认识到市场经济体制是我国的基本经济制度，按市场规律办事，深入研究和分析引起市场变化的各种因素，正确预测市场变化的主要趋势，才能在千变万化的市场环境中找到最佳的投资时机，获得最大的投资效益。市场决定投资，投资反作用于市场，这是永恒的法则。但要充分注意的是，我国目前正处在经济体制的转轨时期，市场经济虽然已初步形成，但市场运行规则的建立尚不完善，除了经济因素之外，还会有许多人为因素。但随着我国改革开放的深入发展，高效和规范的市场环境的建立是大势所趋，这个特定的经济环境必然要求我们要以全新的概念和有效的方法来搞好各项投资管理工作。目前我国经济体制下的特定环境既充满了风险，又蕴藏了无限的投资机遇，如何把握十分重要。

（2）政策因素。政策因素表现在政策制定的合理性和合法性、政策制定的透明度，以及政策的稳定性等方面。就体制结构及其运行而言，政策因素比法律体系具有更短期的特点，调整也更为频繁，也更多地体现了当时政府决策者的意志。但是，政策也绝不是随意性的，更不是以个人意志为转移的，它当然不能突破法律的基本框架，更不能表现出朝令夕改的随意性，而且政策还必须具有透明度，这些要素可使投资者对来自政策层面的影响作出较准确的估计。如果一项政策没有稳定性，执政者推行的政策前后不一致，甚至相互抵触，会给投资者造成损失，而政策缺少透明度，更会影响投资者的信心。

（3）政府的经济政策。国家的财政政策、货币政策、产业政策等，对企业的投融资活动有重大影响。当国家实行宽松的财政政策和货币政策时，往往会放松银根，降低贷款利率和法定存款准备金率，减少外汇储备，这样就会扩大投资资金的来源，降低企业融资成本，有利于企业扩大投资规模，提高投资效益，也有利于引进外资；如果实行紧缩的财政政策和货币政策，则效果刚好相反。

国家对某些行业、某些经济行为的鼓励或限制构成了政府经济政策的另一个主要内容。企业在做投融资决策时，应认真研究政府的产业政策，按照政策导向行事，才能趋利避害。

5.社会文化环境

一个投资项目的进行，势必要涉及当地的社会文化结构。一个地区的民族构成、宗教信仰、传统价值观念、生活习俗、教育水平、道德水准，都构成了这个地区投资的软环境，对投资者的决策起着重要的作用。我们知道，投资者如面对着重大的社会民族差异和宗教信仰差异，其投资项目及未来经营的不确定性就会大大增加，这势必会影响其投资决策。第二次世界大战以后相当长时期内出现的美国、西欧、日本三角化投资格局与上述因素就有着直接的关联。应当看到，社会文化结构及信仰的重大差异，会使投资者产生文化隔阂甚至文化冲突，从而阻碍投资的流动。就此而言，通过不断的改革开放，加强文化的交流与融合，建立国际化的社会规范，减少文化差异与冲突，可以有效地改善投资环境，吸引国外的投资，达到促进地方经济发展的目的。

小思考2-3

最基本的和必不可少的投资条件是（　　　）。

A.投资软环境　　　　　　　　B.税收优惠

C.完善的法律体系　　　　　　D.投资硬环境

小思考2-3

答案

案例分析2-2　　　　　　　　优化投资软环境　汇聚项目"强磁场"

2019年2月13日农历大年初九，年味还没散去，鑫德电器工地就吹响了开工号。在项目现场，副总经理郑亮直言，要不是信多达集团董事长高新忠2019年10月反客为主、牵头办起新旧动能转换暨智能家电产业专题招商推介会，把业内60多家"兄弟"悉数请到，曲阜也不会在这么短的时间内形成集合了10家上下游企业的小型家电制造产业链。

"招商专员说十句好，不如落地企业老板说一句好。"提起越来越多外地企业家主动当起曲阜招商宣传员的事，曲阜市委书记刘东波把原因归结在了营商环境的重塑上。在他看来，服务跟得紧、材料办得顺、项目推得快，就是招商引资的"金字招牌"。2018年，曲阜市签约项目73个，开工率93%，从招引到落地都出台了一系列有效举措，获得主动的曲阜已经实现了从"引资"到"择资"的悄然转变。

2018年年底，上海馨联动力系统有限公司董事长张天锷走进曲阜市为民服务中心，这里清晰明了的功能区域划分和无处不在的"数字化"理念首先让他一阵惊诧，更出乎意料的是，中心已经实现了不同部门间的信息共享，办事效率十分出众。

"没想到古城办事并不古板啊!行政审批畅通无阻，对我们企业来说可算是个大利好。"看过了曲阜的行政效率、感受到了招商人员的热情，张天锷心底原本的顾虑全部打消了。2018年12月5日，新能源汽车动力系统产业园项目正式落户曲阜，这一园区的落地，将为曲阜市的汽车产业发展创建系统性架构。

　　曾几何时，曲阜市凭借一座历史文化名城的自觉，主动对高污染、高耗能企业挂起了"免入牌"。新旧动能转换实施后，曲阜市积极深化改革、创新制度，迈出的第一步就是苦练内功、优化环境，让自己具备招得来、引得进的底气。从投资3亿元建设现代化的为民服务中心，着重打造"智能审""链条办"的快捷审批流程；到制定出台《曲阜市企业投资项目代办"六个一"工作制度》，实现了重点项目"有人领着办、有人催着办、有人帮着办、有人具体办、有人现场办"，让政府"变管为帮"；再到全力构建"亲清"政商关系，大力提高行政效率……投资软环境的变化让越来越多的企业奔着曲阜而来。

　　优质的发展环境壮大了择商选资的底气，"曲阜"这块几千年传下来的"老牌子"也开始重新焕发出新的光芒。乘着弘扬优秀传统文化的东风，2019年，众多文化企业争相向曲阜抛出橄榄枝，以上海东方教具有限公司为代表的业界名企，甚至明确提出啥政策和优惠都不要，只图一个"适合"。

　　文化企业觉得曲阜适合，源于曲阜天然而深厚的文化底蕴；而曲阜眼中的适合，则是要顺应动能转换的需要，在保持城市底色的前提下，让整个区域的产业结构更趋科学与合理。

　　资料来源　姜国乐，孟一. 优化投资软环境　汇聚项目"强磁场"［N］. 大众日报，2019-02-23.

　　问题：

　　（1）投资软环境的优化给曲阜的招商引资带来了哪些变化？

　　（2）该案例带给我们哪些启示？

第三节　投资环境的评价

一、投资环境的评价原则

　　在进行一项投资活动之前，科学地评价投资环境是十分重要的。为了科学地评价投资环境，必须遵循以下基本原则：

　　（一）系统性原则

　　投资环境具有综合性和整体性特点，构成投资环境的要素既有宏观要素，也有微观要素；既有自然地理、基础设施等硬件要素，也有法律法规、经济政策、社会文化等软件要素。因此，必须运用系统分析方法，对投资环境做全面、综合的评价，才能掌握其所有侧面和各种可变因素，避免主观性和片面性。

　　（二）客观性原则

　　评价要从实际出发，以事实为依据，既要看到区域投资环境现状，又要看到与此相关的一些问题，不能从主观愿望出发，想当然地进行评价。

　　（三）比较性原则

　　投资环境的优劣并没有一个绝对的和固定不变的标准，而且，即使是同样的投资环境，对不同的投资项目产生的影响也是不同的。评价一个地区、一个国家的投资环境的优劣，总是以其他地区、国家的投资环境作为参照物进行比较，从而判断该地区或国家的投资环境是相对较好、一般或较差。资本总是流向比较有利的投资环境，这本身就是一个筛选和对比的过程。

（四）时效性原则

投资环境具有动态性，即构成投资环境的各个因素以及评价投资环境的标准都处于发展变化之中。一定时期的积极因素，可能变成另一时期的消极因素。因此，在进行投资环境评价时，既要考虑投资环境的现状，同时又要注意投资环境各组成要素的变动趋势，使投资环境的评估结果能够在相当长的时期内具有参考价值。

（五）目的性原则

各个企业的投资动机多种多样，对投资环境的要求也不完全相同。评价的目的不同，则投资环境中起决定性作用的关键因素也不同。评价投资环境时应针对评估目的，确定哪些因素是主要因素，哪些因素是次要因素，分别确定不同的权数。

二、投资环境的评价标准

对投资环境进行评价就是对其中多种因素的综合作用效果进行评估，因此，评价的标准应包括以下内容：

（1）投资的安全性。安全地收回本金是投资活动最基本的要求。这一标准要求投资环境应当是稳定的。对一般的企业来说，都会尽力避免过大的经济、政治动荡，使投资风险限定在一定的范围内。

（2）投资的营利性。资本的本性是追求增值，这也是投资者所追求的最终目标。营利性是投资环境评价的重要标准。

（3）投资服务的完善性。资本运动除需要一系列必要条件外，还需要各种配套条件和辅助设施。服务手段和服务内容构成了辅助条件的重要组成部分。好的投资环境必须具备完善的服务。

（4）给予投资者的优惠性。政策和制度是重要的投资软环境要素，优惠政策包括税收、资金供给等诸多方面，是吸引投资者的一个极为有效的手段。

三、投资环境的评价方法

对投资环境的评价就是通过一定的方法去认知、测算环境的质量，用以引导投资者的投资活动，同时对于政府和管理部门，则具有了解投资环境、改善投资环境的积极作用。对投资环境的评价，涉及投资地区政治、经济、文化、基础设施等一系列因素，是一个综合性的分析测定过程。它涉及一般性的定性分析，通过观察、分析、估计来决定投资环境的质量，这种方法适用性较强，但分析不能达到深入细致的程度，要进一步分析测定投资环境的质量，还可以使用更精确细致的定量分析方法。投资环境因素和评分见表2-1。

表 2-1 投资环境因素和评分（一）

投资环境因素	评 分
一、资本抽回	0～12
1.无限制	12
2.只有时间上的限制	8
3.对资本有限制	6
4.对资本和红利有限制	4
5.限制繁多	2
6.禁止资本抽回	0
二、外资股权	0～12
1.准许并欢迎全部外资股权	12
2.准许全部外资股权但不欢迎	10
3.准许外资占大部分股权	8
4.外资最多不超过半数股权	6
5.只许外资占少部分股权	4
6.外资不得超过3成股权	2
7.不准外资控制股权	0
三、对外商的管制程度	0～12
1.与本国企业一视同仁	12
2.略有限制但无管制	8
3.有少许管制	6
4.有限制并严加管制	4
5.严加限制和管制	2
6.禁止外商投资	0
四、货币稳定性	4～20
1.完全自由兑换	20
2.黑市与官价差距在1成以内	18
3.黑市与官价差距在1～4成之间	14
4.黑市与官价差距在4成～1倍之间	8
5.黑市与官价差距在1倍以上	4

目前投资环境评价的定量分析方法较多，各种评价投资环境的方法尽管角度不同、侧重点不一，但都具有一定的科学性，适用于一定的场合，对于我们建立评价投资环境的方法具有积极的借鉴作用。下面介绍三种主要的投资环境评价方法：

（一）"冷热"因素分析法

美国的伊尔·A.利特法克和彼得·班廷通过对美国和加拿大等国大批工商业人士的调查，提出了投资环境冷热因素分析法。他们列举了影响一国投资环境的七大因素，具体包括：

（1）政治稳定性。有一个由全国各阶层代表所组成的、为广大人民群众所拥护的政府。这个政府独立并且能够促进企业发展，创造出良好的适合企业长期经营的外部环境。若一国的政治稳定性高时，这一因素被称为"热"因素；反之，被称为"冷"因素。

（2）市场机会。有广大的顾客，对外国投资生产的产品或提供的劳务有尚未满足的需求，并且具有切实的购买力。若市场存在有效需求，则为"热"因素；反之，为"冷"因素。

（3）经济发展和成就。若一国经济发展速度快，经济运行良好，则为"热"因素；反之，为"冷"因素。

（4）文化一元化。一国国内各阶层民众的相互关系、处世哲学、人生观、价值观都要受到其传统文化的影响。若一元化程度高，则为"热"因素；反之，为"冷"因素。

（5）法规阻碍。若东道国的法律、法规过于繁杂，有过多的限制，就会形成对资金流入的阻碍。若法规阻碍小，则为"热"因素；反之，为"冷"因素。

（6）实质阻碍。实质阻碍是指自然、地理环境的优劣。恶劣的自然、地理条件往往对企业的有效经营造成阻碍。如果实质阻碍小，则为"热"因素；反之，为"冷"因素。

（7）地理和文化差距。投资者所在国与东道国之间距离遥远，文化迥异，观念相去甚远，会妨碍思想沟通。如果地理和文化差距小，则为"热"因素；反之，为"冷"因素。

把这些因素中不利于投资的因素称为"冷"因素，打负分；有利于投资的因素称为"热"因素，打正分。"冷"因素与"热"因素分值汇总后，总分值的正负、高低，可以定性和定量地反映出该地区投资环境的优劣。这种评价方法事实上是一种以经验和判断为依据的分析方法，简明、方便，但精确度较低，只能反映宏观因素对投资的影响，对微观因素考虑较少。

（二）等级尺度法

该方法是1969年由美国的罗伯特·D.斯托伯提出的。它主要从东道国政府对外国投资者的限制和鼓励政策的角度出发，首先把投资环境的内容划分为八大因素，然后再进一步对上述因素分别划分出子因素，根据每一个子因素对投资的有利程度，赋予不同的分值。最后将分值汇总，根据分数的高低综合反映投资环境的优劣程度，见表2-2。

表2-2   投资环境因素和评分（二）

投资环境因素	评 分
五、政治稳定性	0～12
1.长期稳定	12
2.稳定但因人而治	10
3.内部分裂但政府掌权	8
4.国内外有强大的反对势力	4
5.有政变或动荡的可能	2
6.不稳定，政变和动荡极有可能发生	0
六、给予关税保护的意愿	2～8
1.充分保护	8
2.相当保护但以新工业为主	6
3.少许保护但以新工业为主	4
4.很少或不保护	2
七、当地资本的可供程度	0～10
1.成熟的资本市场，有公开的证券交易所	10
2.少许当地资本，有投机性的证券交易所	8
3.当地资本有限，外来资本不多	6
4.短期资本极其有限	4
5.资本管制很严	2
6.高度的资本外流	0
八、近5年的通货膨胀率（%）	2～14
1.小于1	14
2.1～3	12
3.3～7	10
4.7～10	8
5.10～15	6
6.15～35	4
7.35以上	2

（三）综合指标评分法

我国从实际投资环境出发，结合国际通行的投资环境因素，设置10项指标并确定其权数，采取加权平均方法，求得综合评价指标数值，见表2-3。

表2-3　　　　　　　　　　中国投资环境因素综合评价指标数值

投资环境因素	评　分	权　数	满意值	不允许值
一、资源状况	0～10	5	8	2
1.资源相当丰富，加工质量高	10			
2.资源比较丰富，加工质量高	8			
3.资源不丰富，加工质量高	7			
4.资源比较丰富，加工质量差	2			
5.资源不丰富，加工质量差	0			
二、基础设施状况——基础设施投资额占全部固定资产投资额的比重（%）	0～10	5	8	6
1.15以上	10			
2.10～15	8			
3.5～10	6			
4.2～5	3			
5.2以下	0			
三、利用外资政策状况	2～10	15	8	6
1.政策相当连续稳定，透明度高	10			
2.政策比较连续稳定，透明度高	8			
3.政策比较连续稳定，透明度较低	6			
4.政策连续性、稳定性差，透明度较低	2			
四、法律环境状况	0～10	15	7	4
1.法制完备，执法严明	10			
2.法制较完备，执法严明	7			
3.法制较完备，执法观念差	4			
4.法制不完备，有法不依	0			
五、经济发展水平和经济结构	2～10	5	8	4
1.GNP年增长10%以上，经济结构合理	10			
2.GNP年增长5%～10%，经济结构合理	8			
3.GNP年增长10%以上，经济结构失调	4			
4.GNP年增长5%以上，经济结构失调	2			

续表

投资环境因素	评 分	权 数	满意值	不允许值
六、市场发育程度	2～10	15	6	2
1.已形成生产资料、劳动力、金融和房地产市场，并已发育成熟	10			
2.已形成生产资料、劳动力、金融和房地产市场，但不成熟	6			
3.已形成生产资料和劳动力市场，但金融和房地产市场尚未建立	2			
七、（3～5年）通货膨胀率（%）	2～10	5	6	2
1.2以下	10			
2.2～5	8			
3.5～8	7			
4.8～15	6			
5.15～25	3			
6.25以上	2			
八、政府行政效率——项目从立项到注册的平均时间	−2～10	15	6	2
1.10天以内	10			
2.10天～1个月	8			
3.1个月～半年	4			
4.半年～1年	2			
5.1年以上	−2			
九、劳动者素质与劳务成本状况	1～10	10	7	1
1.劳动者素质较好，劳务成本较低	10			
2.劳动者素质较好，劳务成本较高	7			
3.劳动者素质相当好，劳务成本很高	5			
4.劳动者素质较差，劳务成本较低	2			
5.劳动者素质较差，劳务成本较高	1			
十、第三产业发展情况——第三产业增加值占GNP的比重（%）	3～10	10	8	3
1.45以上	10			
2.30～45	8			
3.20～30	6			
4.20以下	3			

注：满意值是指东道国在投资环境的某个方面对外资具有基本吸引力；不允许值是指东道国在投资环境的某个方面具有排斥力。

案例分析 2-3 世行报告：中国营商环境的世界排名前移了18位

世界银行近年发布的《营商环境报告》显示，2013年度到2016年度，中国营商环境的世界排名前移了18位。其中，开办企业便利度排名前移31位。无独有偶，2017年7月，上海美国商会发布的《2017年中国商业报告》显示，77%接受调查访问的美国企业在华实现盈利，比上年增加了6个百分点；73.5%的企业实现收入增长，同比上升了12个百分点。

国外机构和在华外企的一张张信任票，是对中国改善营商环境的肯定。党的十八大以来，中国在改善营商环境，从而降低外资准入门槛、增强市场活力方面的努力有目共睹。

5年来，我国在取消注册资本制、便利公司设立等商事制度改革方面取得的成果得到了国际社会的广泛认同。我国多次出台扩大开放积极利用外资的政策措施，先后发布了外商投资产业指导目录、中西部地区外商投资优势产业目录、自贸试验区外商投资负面清单。自贸试验区对外资的开放领域从最早的190项限制措施，调降至95项。

在多项政策的鼓励和支持下，我国利用外资规模保持了基本稳定。2016年全球直接投资1.75万亿美元，尚未恢复到国际金融危机前最高水平，全球吸引外资竞争不断加剧。在此背景下，我国吸引外资规模保持了基本稳定。2017年1—9月，全国新设立外商投资企业23 541家，同比增长10.6%；实际使用外资金额6 185.7亿元人民币，同比增长1.6%。同时，外资产业结构出现了积极变化。1—9月，制造业实际使用外资1 817.6亿元人民币，同比增长7.5%，占外资总量比重的29.4%。高技术制造业实际使用外资529.8亿元人民币，同比增长27.5%。高技术服务业实际使用外资915.9亿元人民币，同比增长24%。

中国降低外资准入门槛、不断增强市场活力的努力，得到了国际社会充分肯定。瑞士洛桑管理学院发布的《2017年度世界竞争力报告》显示，在全球最具竞争力的经济体中，中国从2016年的第25位跃升至第18位。

过去5年，我国不断扩大外商投资准入领域，推进内外资平等对待、建设更加公平竞争市场环境的努力从未停息。2017年7月，中央财经领导小组第16次会议专门研究改善营商环境、扩大对外开放问题。此后，国务院印发《关于促进外资增长若干措施的通知》，从进一步减少外资准入限制、制定财税支持政策、完善国家级开发区综合投资环境、便利人才出入境、优化营商环境等5个方面部署了22项具体举措。相信随着这些举措的落实，我国吸引外资的综合优势将进一步提升，吸引外资的竞争力将继续增强，更多的外国投资者将参与中国经济，实现共赢发展。

资料来源　冯其予. 世行报告：中国营商环境的世界排名前移了18位 [N]. 经济日报，2017-10-14.

问题：

（1）评价一国投资环境主要考虑哪些要素？

（2）过去5年中国主要通过哪些方面的改进使投资环境取得巨大进步？今后还可以通过哪些改革使中国投资环境进一步改善？

思政专栏

2017年9月8日，《关于营造企业家健康成长环境、弘扬优秀企业家精神更好发挥企业家作用的意见》发布。这份文件引发了强烈的反响，原因就在于，它给企业家吃了一颗定心丸。

它"把企业家的地位放到了前所未有的高度"，此外，文件还明确提出，要营造依法保护企业家合法权益的法治环境、营造促进企业家公平竞争诚信经营的市场环境、营造尊重和激励企业家干事创业的社会氛围。

不要小看这些司空见惯的表述，对于企业家来说，这些都是魂牵梦绕的大事。

联想创始人柳传志说喜出望外，阿里创始人马云说这是2000年来中国在思想领域的一大进步，小米创始人雷军说十分欣喜，新希望创始人刘永好说这构建了新型的政商关系，让企业家心里更踏实了。

还有人相继表示，这是有史以来，中国企业家所处的最好时期。

那么，这些理念、政策要如何才能落到实处呢？我们认为，关键的落脚点就是提升营商环境。

点评："营造一片海洋，就有鲨鱼生长。"对企业来说，营商环境就是企业的生存与发展环境，决定企业的存亡勃兴。对政府来说，营商环境就是生产力，发展营商环境，就是解放生产力。

本章小结

投资环境，又称投资气候，是指一个地区或经济体在一定时期内拥有的对投资活动有影响的各种因素和条件的综合系统，包括当前的以及预期的政策、制度和行为环境，或者说几乎包括一个地区的所有情况，如有形的自然资源、基础设施，无形的观念形态、制度体制、民俗民风、情报信息等，它有系统综合性、整体性、差异性和动态性等基本特征。通常可将投资环境分为投资硬环境和投资软环境。投资硬环境主要指该地区经济发展水平、自然条件、物质资源、基础设施、交通便利、配套产业和人力资源等综合因素；投资软环境主要指该地区的市场发展程度、有关政策、法律、政府管理水平、服务水准和地方性法规建设等软件情况，它是构成制约投资运行的综合系统的重要部分。投资环境评价就是运用一定的方法对影响投资环境的多种因素的综合作用效果进行评估，借以考察投资的安全性、营利性、投资服务的完善性和给予投资者的优惠性，为投资者进行投资活动提供参考。

思考题

1.什么是投资环境？投资环境具有哪些特征？

2.什么是投资软环境？它包括哪些主要内容？

3.什么是投资硬环境？它包括哪些主要内容？

4.试比较冷热因素分析法、等级尺度法和综合指标评分法的区别和联系。

第三章

投资风险

学习目标

知识目标：了解投资风险的概念及分类，了解投资风险的构成内容、形成原因，掌握投资风险的识别及计量方法和处置方法。

思政目标：深刻认识到投资收益与投资风险是共生的，收益以风险为代价，风险用收益来补偿。投资者必须增强投资风险防范意识。

导引 中国2019年对外直接投资规模居全球第二，2020年或略有收缩

商务部、国家统计局和国家外汇管理局在2020年9月16日联合发布的《2019年度中国对外直接投资统计公报》中披露了中国在2019年的对外直接投资的数据。

数据显示，中国在2019年对外直接投资规模达到1 369.1亿美元，同比下降4.3%，在全球对外直接投资萎缩的背景下已经连续三年录得下跌。

从存量来看，2019年年末中国对外直接投资存量达2.2万亿美元，仅次于美国（7.7万亿美元）和荷兰（2.6万亿美元）。

从全球占比来看，2019年中国在全球对外直接投资的占比为10.4%，流量占全球比重连续4年超过一成；存量占6.4%，与上年持平。

国家发改委对外经济研究所国际经济综合研究室主任王海峰认为，2020年中国的对外直接投资规模将略有收缩，维持2019年水平甚至略有上升将会是小概率事件。王海峰在16日接受时代财经采访时预计，中国2020年对外直接投资仍将维持在全球第二。

据此前商务部、外汇局的统计，2020年前7个月中国对外全行业直接投资达到641.7亿美元，同比下降6.5%。

而受到新冠肺炎疫情的影响，2019年以2 266.5亿美元位居全球直接投资规模第一的日本在2020年也出现了较大下滑。根据日本对外贸易组织（JETRO）负责人安藤裕二（Yuji Ando）表示，日本在2020年上半年投资规模同比萎缩33%，下跌至1 130亿美元。

统计公报显示，截至 2019 年年底，中国超 2.75 万家境内投资者在全球 188 个国家（地区）设立对外直接投资企业 4.4 万家，覆盖全球 80% 以上的国家（地区）。

其中，流向亚洲的投资为 1 108.4 亿美元，同比增长 5.1%，占当年对外直接投资流量的 80.9%。对中国香港地区的直接投资达到 905.5 亿美元，占总额的 66.1%，位列第一。

与此同时，中国在 2019 年对 "一带一路" 的直接投资实现稳步增长。2019 年，中国在 "一带一路" 沿线国家设立境外企业超过 1 万家，实现直接投资 186.9 亿美元，同比增长 4.5%，占同期流量的 13.7%；年末存量 1 794.7 亿美元，占存量总额的 8.2%。2013 至 2019 年中国对沿线国家累计直接投资 1 173.1 亿美元。

而从 2020 年的数据来看，中国对 "一带一路" 沿线国家的投资在低基数的情况下迎来了显著增长。

2020 年前 7 个月，中国企业在 "一带一路" 沿线对 54 个国家非金融类直接投资 102.7 亿美元，同比增长 28.9%，占同期总额的 17%，较上年同期提升 4.5 个百分点，主要投向新加坡、越南、泰国、老挝、马来西亚、印度尼西亚、柬埔寨、菲律宾、阿联酋和哈萨克斯坦等国家。

对此，王海峰分析指出，过去几年中国对 "一带一路" 沿线国家或地区的投资流量在 10% 左右，2020 年以来的增长速度超出预期与 "一带一路" 沿线国家对中国对投资需求更加迫切有关。

"疫情暴发之后，全球投资非常不活跃。过去几年，全球投资也萎缩得比较厉害，发展中的 '一带一路' 国家投资萎缩更加厉害。通过前几年的磨合，'一带一路' 沿线国家发现中国的投资者能带来经济的增长，撬动更多的投资，同时也能带来实实在在的就业。" 王海峰进一步解释道。

商务部研究院副研究员庞超然在 16 日接受时代财经采访时亦指出，中国的直接投资为共建 "一带一路" 国家（地区）带来促进经济发展的资本投入，弥补当地储蓄缺口和外汇缺口，拉紧双边产业链、供应链联系，推动各国共同发展和世界经济复苏发挥了积极的作用。

投资 "一带一路" 的发展空间大，但与此同时市场的风险也必然存在。王海峰表示，如果企业愿意承担较高的风险，回报也自然会高，"但必须有一个相应的风险偏好"。

此外，统计公报也显示，中国在 2019 年流向欧洲的投资同比增长 59.6%，流量达到 105.2 亿美元，占当年对外直接投资流量的 7.7%，较上年提升 3.1 个百分点。

另一方面，在中美贸易摩擦的背景下，2019 年中国对美国投资同比下降 49.1%，占投资总额的 2.8%。但从存量来看，美国仍以 77 217 亿美元的规模稳居第一。

在国内分地区来看，广东是中国对外直接投资最为活跃的地区。公报的数据显示，广东以 1 783.8 亿美元的存量位列地方对外直接投资存量之首，其次为上海市的 1 303.3 亿美元。

在 5 个计划单列市中，深圳市以 1 192.6 亿美元位列第一，占广东省对外直接投资存量的 66.9%，而青岛市以 195.5 亿美元位列第二，占山东省对外直接投资存量的 31.3%。

"近 5 年来，中国的投资结构已经转变成以民营企业为主的市场化投资。"王海峰表示，中国对外资投资的便利化、贸易的便利化水平越来越高，中国的民营企业也正在以市场化、规范透明的方式参与全球的市场竞争。

资料来源　梁施婷. 1 369.1 亿美元！中国去年对外直接投资规模居全球第二，今年或略有收缩［EB / OL］.［2020-10-28］. https://baijiahao.baidu.com / s? id=1678049967092510264&wfr=spider&for=pc.

第一节　投资风险的概念及分类

一、投资风险及其形成的原因

一般而言，投资风险是指投资者达不到预期收益或遭受各种损失的可能性，即投资收益的不确定性。在投资活动中，投资者进行投资，是希望获取预期的收益。在投资期间，各种因素的影响可能使预期收益减少，甚至使本金遭受损失，而且持有期限越长，各种因素产生影响的可能性越大，预期收益的不确定性也就越大。

投资风险是由许多因素造成的，这些因素主要包括以下几个方面：

1. 宏观经济因素

如果宏观经济处于持续发展时期，生产稳定增长、市场呈现繁荣景象，投资预期盈利实现的可能性就大，投资风险就小；反之，如果宏观经济处于停滞状态或者负增长，市场萧条，投资风险就比较大。

2. 市场因素

资本市场、劳动力市场、商品市场和技术市场的变化对投资的影响很大。资本市场的变化直接影响利率的变化，从而影响投资成本的高低；劳动力市场的变化直接影响劳动力价格的高低；商品市场的变化直接影响产品的销路和价格，直接关系到投资的成败。

3. 自然因素

自然因素包括地理条件、自然资源、气候变化、自然灾害等，是人力所不可控制的因素。在投资活动的全过程中，自然因素自始至终起着作用，特别像海上石油开发投资、矿藏勘探投资、农业投资等受自然因素的影响更为明显。因此，企业（尤其是受自然因素影响大的企业）在投资决策前必须考虑自然因素对投资的影响，并采取相应的预防措施。

4.技术因素

在科学技术突飞猛进的今天，技术因素变动的不确定性对企业的投资影响越来越大，特别是在新兴工业部门，技术更新换代速度很快，几十年甚至几年就有大的飞跃。有些企业在投资时，对此估计不足，项目建成投产不久，技术就变得落后，产品也失去了竞争力。为了规避这方面的风险，企业在投资决策前，对行业的技术发展状况要进行全面了解，对其发展趋势要有准确预测。

5.其他因素

除了受以上因素影响外，投资还受到政治、社会、道德等因素的影响。从某种程度上讲，社会的方方面面对投资都会产生这样或那样的影响，这就要求企业在投资活动过程中，必须全面、充分、深入、仔细地考虑各种因素对投资的影响，以保证投资取得成功。

二、投资风险的分类

投资风险通常包括系统性风险和非系统性风险两大类。

（一）系统性风险

系统性风险，是指由于政治、经济及社会环境的变动而造成的所有投资行为的风险。它包括经济周期风险、利率风险、通货膨胀风险等。这类风险的共同特点是：它们的影响不是作用于某一种投资对象，而是对整个投资行为发生作用，导致所有投资行为出现风险。由于系统性风险对所有投资行为普遍存在且无法加以规避与消除，因此，系统性风险又称为非多样化风险。

1.经济周期风险

经济周期一般包括高涨、衰退、萧条、复苏四个阶段，这几个阶段是依次循环的，但各阶段及整个周期的时间并不一致。一般来说，投资风险与经济周期有密切联系。从萧条阶段后期开始，经复苏阶段到高涨阶段，这时投资者获得投资收益的可能性大大提高，投资风险下降；从高涨阶段后期开始，经衰退阶段到萧条阶段，这时投资者获得投资收益的可能性下降，投资风险却迅速增加。

经济周期是整个国民经济活动中的一种正常波动。显然，经济周期风险是无法规避的，但投资者可以设法降低其影响。这要求：第一，根据经济周期的变化，选择好投资与退出的恰当时机。在经济转向高涨时进行投资，在经济转向衰退时减少投资。第二，根据经济周期的变化，选择好投资的对象。也就是说，在萧条阶段经复苏阶段到高涨阶段期间，投资于高收益、高风险的对象，如投资证券市场等；而在高涨阶段经衰退阶段到萧条阶段期间，投资于具有良好的财务状况和发展前景的企业，其抗风险的能力较强，经济衰退并不影响投资对象内在的上升潜质。

2.利率风险

利率风险是指市场利率变动所引起的投资收益变动的可能性。在众多投资对象中，由于债券的利息率通常是事先确定的，其投资风险相对较小；而股息、红利的高低与利率通常并无直接联系，因而，市场利率变动对企业投资收益的影响，主要不是反映在投资报酬上，而是反映在资本利得方面。因为市场利率与投资收益具有负相关性，即当利率下降时，企业资金成本下降，投资收益率上升；当利率上升时，企业资金成本提高，投资收益率下降，从而导致资本利得的增减变动。

市场利率的波动基于市场资金供求状况与基准利率水平的波动。在不同经济发展阶段，市场资金供求状况是不同的，中央银行根据宏观金融调控的要求调节基准利率水平，当中央银行调整利率时，各种金融资产的利率和价格必然作出灵敏的市场反应，所以利率风险是无法规避的。但投资者可以设法降低其影响，预计利率将要上升时，应减少对固定利率债券，尤其是长期债券的持有；预计利率将要下降时，应提高金融资产中证券的比重。

3.通货膨胀风险

通货膨胀风险又称购买力风险，是指因物价上涨、货币贬值给投资者带来的风险。通货膨胀对投资的风险主要表现在：提供错误的投资机会信息，在通货膨胀严重的情况下，会造成一种投资机会很多的假象，诱使投资者作出错误的投资决策。通货膨胀还会使投资成本增加，具体表现为投资品价格的上升、劳动力价格的上升。通货膨胀还会使社会经济秩序混乱，从而增加投资的风险。通货膨胀还会使投资实际收益率下降，投资收益率一般是按货币的名义收益率计算的，投资者更关注的是以货币的实际购买力计算的实际收益率。在通货膨胀严重时，物价水平上升较快，货币的实际购买力下降，投资的名义收益率与实际收益率之间的差距就会扩大，这将给投资者带来损失。

4.外汇风险

外汇风险是指汇率变动对投资者的投资利润、净现金流量和市场价值变动的影响。外汇风险主要有交易风险、折算风险与经济风险三种形式。交易风险是指汇率变动对企业债务、债权价值变动的影响，最典型的表现是对以外币表示的应收款和应付款的影响；折算风险又称为会计风险，指的是汇率变动对企业合并财务报表上项目价值变动的净影响，等于风险资产减去风险负债；经济风险是企业或个人的未来预期收益因汇率变化而可能受到损失的风险。

5.国家风险

国家风险是指与投资项目所在国国家主权行为相关而无法被公司行为所左右的风险，一般表现为歧视性风险。比如，两国处于战争状态或关系恶化时，双方政府互相冻结对方在本国的资产，或债务国单方面宣布停止还债、没收债权国资产等。

6.政治风险

政治风险是指由于政治因素引起的风险。政治风险主要包括投资项目所在国实施国有化政策的风险、爆发革命和战争的风险以及其他法规政策变动风险等。政治风险与国家风险的主要区别是：政治风险是所有在该国投资的外国公司普遍面临的风险，一般不具有特别的指向性，而国家风险有明确的针对性，即针对某一特定国家投资者。

（二）非系统性风险

非系统性风险是指由于市场、行业以及企业本身等因素导致个别投资行为的风险。它包括行业风险、企业经营风险、财务风险、企业违约风险等，这是由单一因素造成的，只影响某种投资收益的风险。尽管目前不同类别的投资行为在不同程度上都具有非系统性风险，但根据投资理论研究的结果，非系统性风险属于个别风险，能够通过投资多样化的方法将其分解并且可以进行有效的防范，因此，非系统性风险又称为多样化风险。

1.行业风险

行业风险是指由企业所处的行业特征所引起的该投资收益减少的可能性。许多行业都具有生命周期，即一个幼稚、成长、成熟、衰落的过程，处于不同周期阶段的行业，风险程度不同。例如，处于幼稚阶段的行业，其企业风险极大；而处于成熟阶段的行业，其风险程度较低。有些行业本身包括较多的不确定因素，如高新技术行业，而有些行业则包括较少的不确定因素，如电力、煤气等公用事业。

2.经营风险

经营风险是指企业在生产经营过程中，由经营因素引起的风险。经营风险可能是由企业经营决策失误或管理混乱等内部因素引起的，也可能是由竞争对手实力变化或自然灾害等外部因素引起的。经营风险的大小一般可用企业的盈利和盈利增长率的稳定性来衡量，如果企业盈利和盈利增长率较稳定，说明经营风险较小；反之，其经营风险较大。

3.财务风险

财务风险是指由企业资本结构引起的风险。对企业来说，财务风险来自其借款比例。若借款比例过大，财务风险就较大；反之，其财务风险较小。

4.违约风险

违约风险是指企业不能按照契约或发行承诺支付投资者债务、股息、红利及偿还债券本金而使投资者遭受损失的风险。就违约风险产生的原因来看，它与经营风险存在一定的关联。因为违约风险的情况大致可以分为两种：一是无力履约或兑现承诺；二是虽有履约或兑现能力却不予履行。显然，第一种情况在很大程度上缘于企业的经营风险，这种违约风险并非出自发行企业的本意，属于无意违约风险；第二种情况的违约风险，则完全是由于发行企业无意践约而给投资者造成的损失，因此属于故意风险，也称道德风险。故意违约风险的产生，既可以是大股东的人为操纵，也不排除企业信用不佳的因素，但无论属于何种情况，违约都是企业丧失信誉的表现。如果仅仅是暂时性违约，在投资者了解到这一情况并恢复信心后，可能会重新进行追加投资；否则，一旦投资者完全丧失信心，投资者的投资行为就会终止，企业将陷于困境。

小思考3-1

小思考3-1

下列各项中，属于系统性风险的是（ ）。

A.行业风险　　　　　　B.利率风险　　　　　　C.通货膨胀风险

D.外汇风险　　　　　　E.道德风险

答案

2020年以来，新冠肺炎疫情在全球快速蔓延，金融市场动荡，大宗商品价格下跌，全球产业链和供应链不稳定、不确定因素明显增多。受疫情影响，全球投资大幅下滑，投资环境恶化。疫情在全球蔓延，对"走出去"企业的境外项目生产建设造成了影响，制约了人员往来、物资供应和资金运转，对外投资合作遇到前所未有的困难和挑战。

面对严峻复杂的形势，在"2020服贸会"期间举办的中国国际经济合作"走出去"高峰论坛上，与会嘉宾建议，要争取广泛的支持，强化风险防范意识，注意防范政治、安全、金融等领域的各类风险，并做好相关预案工作。为应对经济衰退，各国陆续出台经济刺激计划，全球范围内生物医药、数字经济等需求大幅度增加。企业应把握境外新商机，更好地利用好国内国际两个市场，积极寻找和把握市场机会，深化国际合作。

2020年前7个月，中国与"一带一路"沿线国家合计进出口5.03万亿元，占中国外贸进出口总值比重进一步提升；对沿线国家非金融类直接投资102.7亿美元，同比增长28.9%；中欧班列累计开行6 354列，同比增长41%，为保障新冠肺炎疫情下物流畅通和物资供应稳定发挥了重要作用。

问题：

当前，中国与"一带一路"沿线国家的投资合作应注意哪些风险？

第二节　投资风险的识别与估计

一、投资风险的识别

投资风险的识别是企业投资风险管理的重要内容，投资风险的识别主要解决两个问题：一是企业投资面临哪些风险，这些风险是由哪些因素引起的；二是这些风险对投资项目的影响程度有多大。风险识别常见的方法有以下三种：

（一）风险调查法

风险调查法是通过调查投资项目面临的风险种类以及每种风险对投资项目的影响程度，来了解投资风险的一种方法。头脑风暴法和德尔菲法是风险调查法的两种主要形式。头脑风暴法是采用召开小组会的形式，讨论这样一些问题：某项投资活动存在哪些风险，引起风险的因素是什么，各种因素发生的概率有多大，对投资项目现金流量现值的影响有多大等。头脑风暴法的会议主持者应引导与会者对要讨论的问题自由地发表看法，以利于与会者打开思路，从不同角度去思考问题。因而，头脑风暴法是一种刺激创造性、产生新思想的方法。德尔菲法是美国著名咨询机构兰德公司于20世纪50年代初发明的一种调查法，由组织者将一些问题印成调查表，分别寄给经挑选的被调查者，请他们独立回答，然后由组织者对反馈的信息进行统计处理并进行总体评价。

（二）风险模拟法

风险模拟法是通过建立一定形式的模型来说明风险的影响因素及其与风险变化的关

系，并在此基础上说明各种风险对投资项目的影响程度。风险模拟法一般通过数学公式、图表、曲线等手段对投资项目的未来状况予以描述，借以说明当某些因素变化时投资项目将面临哪些风险，会出现哪些变化。

（三）风险情报法

这是利用一些著名机构、企业、杂志等公开发表的报告来进行投资风险识别的方法。风险情报法主要用于对国家风险的识别。国际上一些著名机构、企业、杂志，如美国纽约的国际报告集团、国际金融界权威杂志《欧洲货币》《机构投资家》、国际商业公司、日本公司债研究所等，都定期公布其对国家风险的分析与预测结果。

二、投资风险的估计

（一）投资风险估计的主要内容

投资风险估计是企业投资风险管理的第二阶段，其主要内容是对投资风险发生的概率进行估计，并在此基础上进行风险损失估计。

风险概率估计具有不同的形式，有客观估计和主观估计。这是因为风险发生的概率可能是客观概率，也可能是主观概率。所谓客观概率，是指客观存在的不以投资决策者的意志为转移的风险概率值。一般来说，根据大量实验，用统计方法计算或根据概率的古典定义计算的概率值属于客观概率；而主观概率是指决策者对风险发生的概率作出的主观估计，其概率值因决策者不同而不同。用客观概率对投资风险加以估计是客观估计，用主观概率对投资风险加以估计就是主观估计。一般而言，投资决策者总是采用客观估计与主观估计相结合的方法进行风险估计。

只要投资风险的概率被估算出来，投资风险损失估计的问题就迎刃而解了。可见，风险估计的核心问题在于企业通过一定的方法确定风险发生的概率。

（二）投资风险的计量方法

投资风险的计量方法，常见的主要有盈亏平衡分析法、敏感性分析法、概率分析法。这些风险计量方法分析的角度各不相同，侧重点也不同，因此，适用的情况也不尽相同。

1.盈亏平衡分析法

盈亏平衡分析法（break-even analysis）通常又称为量本利分析法，它是根据投资项目在正常年份的产品产量（销售量）、成本费用、产品销售单价及销售税金等数据，计算并分析产量、成本和盈利之间的关系，从中发现三者之间联系的规律，并确定项目成本和收益相等时的盈亏平衡点的一种分析方法。盈亏平衡分析法可分为线性盈亏平衡分析法和非线性盈亏平衡分析法两种，现仅介绍线性盈亏平衡分析法。

线性盈亏平衡分析法以成本函数和销售收入都是线性的，即总产量、总收入、总变动成本按固定比例增长为假定条件。根据销售收入与成本的关系，可得：

$$AR（Q）=PQ \hfill （公式3-1）$$

$$AC（Q）=F+VQ \hfill （公式3-2）$$

式中：AR（Q）为投资项目正常生产年份的收益函数；AC（Q）为投资项目正常生

产年份的成本函数；Q为投资项目正常年份的销售规模；P为投资项目正常年份的产品销售单价；V为投资项目正常年份的产品单位变动成本；F为投资项目正常年份的固定成本。

由于盈亏平衡点是求企业达到收支平衡所必需的最小规模，即保本点，因此有：

$$AR（Q）=AC（Q） \quad\quad\quad （公式3-3）$$

经代入、移项、整理，得：

$$Q_0=F/（P-V） \quad\quad\quad （公式3-4）$$

式中：Q_0为投资项目正常年份的保本经济点。

盈亏平衡分析还可用图示法来表示。从图3-1中可以看出，Q_0为保本经济点，当企业生产规模小于Q_0时，企业处于亏损状态；当企业生产规模大于Q_0时，企业处于盈利状态。

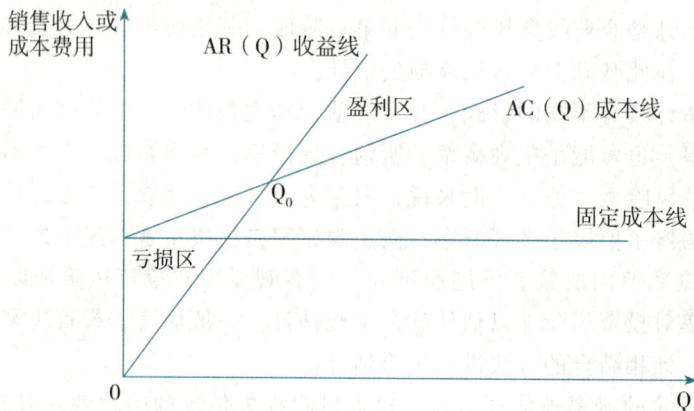

图3-1 盈亏平衡分析图

【例3-1】某企业计划新建一家拖拉机厂，按照设计生产能力为年产5 000辆，每辆售价为40 000元，单位产品变动费用为20 000元，固定费用总额为28 800 000元，试对该项目进行盈亏平衡分析。

解：$Q_0=F/（P-V）=28\ 800\ 000÷（40\ 000-20\ 000）=1\ 440$（辆）

也就是说，该拖拉机厂销售量达到1 440辆，就可做到不盈也不亏，即可保本。

2.敏感性分析法

敏感性分析法（sensitivity analysis）是考察与投资项目有关的一个或多个主要因素发生变化时对该项目投资价值指标的影响程度。敏感性分析法的步骤如下：

（1）确定分析对象。从理论上说，各种投资价值指标都可以成为敏感性分析的对象。但是，在实际工作中，不可能也没有必要对每种投资价值指标都进行敏感性分析，而只针对投资项目特点和指标的重要程度选择一种或两种指标作为研究对象来进行敏感性分析。例如，在项目的机会研究阶段，由于各种数据资料不完整，通常选择收益率和投资回收期指标作为分析对象；而在项目可行性研究阶段，则主要选择净现值和内部收益率指标作为分析对象。

（2）确定不确定性因素。影响项目投资价值指标的不确定性因素很多，通常应选择那些预计对项目投资价值指标会产生较大影响的不确定性因素，或者是对其数据准确性把握不太大的因素。对一般工业投资项目来说，通常选择产（销）量、产品销售价格、经营成本、固定资产投资额、项目建设年限、贴现率等作为敏感性分析的不确定性因素。

（3）分析不确定性因素的变动对投资价值指标的影响。通过计算，确定某一个不确定性因素和若干个不确定性因素在可能的变动范围内发生不同幅度的数量变化（如±5%、±10%、±15%等）所产生的全部投资净现值和内部收益率等投资价值指标的相应的变动结果。

（4）确定敏感性因素。敏感性因素是指那些对投资价值指标产生最显著影响的因素。通过计算，可得知各种不确定性因素的变动对投资价值指标的影响程度，其中影响程度最大的不确定性因素即敏感性因素。

【例3-2】某企业某投资项目的现金流量见表3-1，若要求该项目的最低投资收益率为10%，试对该项目进行敏感性分析。

分析过程如下：

（1）选择净现值指标为敏感性分析的对象。根据表3-1的数据，可得：

$$NPV=-290+80（P/A，10\%，10）+80（P/F，10\%，10）$$
$$=-290+80×6.1446+80×0.3855$$
$$=232.408（万元）$$

（2）选择销售收入、经营成本、固定资产投资为不确定性因素，分别对净现值指标进行敏感性分析。

表3-1　　　　　　　　　　　　　现金流量表　　　　　　　　　　　单位：万元

年份	0	1~9	10
固定资产投资	-240		
流动资产投资	-50		
销售收入		200	200
经营成本		100	100
销售税金（销售收入的10%）		20	20
回收固定资产残值			30
回收流动资金			50
净现金流量	-290	80	160

设销售收入的变化率为X，则与之相对应的净现值为：

$$NPV=-290+［200（1+X）（1-10\%）-100］（P/A，10\%，10）+80（P/F，10\%，10）$$

设经营成本的变化率为Y，则与之相对应的净现值为：

$$NPV=-290+［200（1-10\%）-100（1+Y）］（P/A，10\%，10）+80（P/F，10\%，10）$$

设固定资产投资的变化率为Z，则与之相对应的净现值为：

$$NPV=-240（1+Z）-50+80（P/A，10\%，10）+80（P/F，10\%，10）$$

（3）取 X，Y，Z 的 ±10%、±20% 值代入以上各式，分别计算出相应的净现值，见表 3-2。

表 3-2　　　　　　　　　　　　净现值的计算表　　　　　　　　　　单位：万元

不确定因素变化率	−20%	−10%	0	10%	20%
销售收入	11.20	121.81	232.41	343.01	453.61
经营成本	355.30	293.85	232.41	170.96	109.52
固定资产投资	280.41	256.41	232.41	208.41	184.41

根据表 3-2 的数据可画出敏感性分析图（图 3-2）。

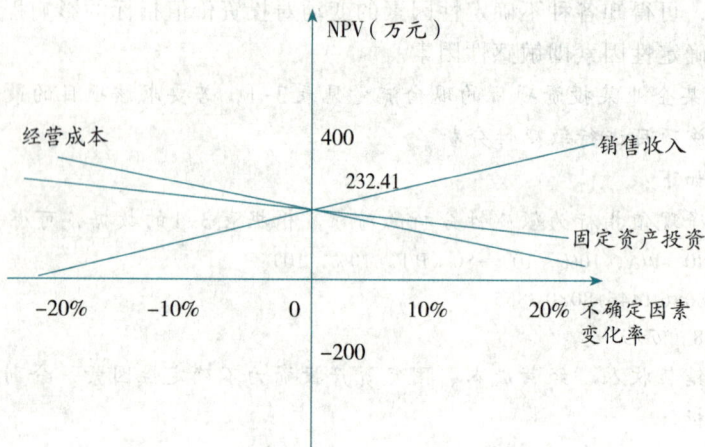

图 3-2　敏感性分析图

（4）比较各种不确定性因素在变化率相同的情况下对 NPV 的影响程度。

销售收入：当销售收入降低 10% 时，NPV 从 232.41 万元下降为 121.81 万元，变化率为 47.59%〔（232.41−121.81）÷232.41×100%〕。

经营成本：当经营成本上升 10% 时，NPV 从 232.41 万元下降为 170.96 万元，变化率为 26.44%〔（232.41−170.96）÷232.41×100%〕。

3. 概率分析法

敏感性分析虽然指出了各种不确定性因素对投资项目的投资价值的影响程度，但是不能得出这些因素出现的可能性有多大，以及给投资项目造成的风险程度等结论。这就给投资决策带来一定的困难，因为通过敏感性分析找出的最敏感因素可能在未来发生某一幅度变化的概率很小，以至于可以不必考虑；而有些不太敏感的因素，由于其在未来向不利方向变动的可能性很大，因而，实际上给投资项目带来的风险比最敏感因素引起的风险可能还要大。为了克服敏感性分析存在的局限性，必须借助于概率分析。

所谓概率分析法，就是利用一定的概率方法，把投资项目中不确定的变量变为具体数字，使各种不确定性因素"数学化""确定化"，从而对投资项目的投资价值进行分析的一种方法。

概率分析法的步骤如下：

（1）任选一个不确定性因素为随机变量，将这个不确定性因素的各种可能结果一一列出，并分别计算各种可能结果对投资项目的影响。

（2）分别计算各种可能结果出现的概率。概率可根据过去统计资料和调查预测资料进行测算，也可以由分析人员根据经验判断得出。

（3）根据以上资料，计算在不确定性因素影响下投资价值的期望值。

计算公式如下：

$$E(x) = \sum X_i P_i \qquad （公式3-5）$$

式中：$E(x)$ 为期望值；X_i 为随机变量 x 的值；P_i 为 X_i 的概率。

（4）计算标准差，计算公式为：

$$\sigma = \sqrt{\sum [X_i - E(x)]^2 P_i} \qquad （公式3-6）$$

式中：σ 为标准差。

一般情况下，投资价值指标服从正态分布：$E(x) \pm \sigma$ 的可能性为 68.27%；$E(x) \pm 2\sigma$ 的可能性为 95.45%；$E(x) \pm 3\sigma$ 的可能性为 99.73%。

【例3-3】某项目的有关资料见表3-3，其净现值服从正态分布。试分析：随产销量的变化，该项目是否有亏损的可能？亏损的可能性有多大？

表3-3　　　　　　　　　　　　　　　　某项目的有关资料

产销量（万台）	4.0	3.6	3.2
净现值（万元）	67.9	32.7	-2.7
概率	0.2	0.7	0.1

解：$E(x) = 67.9 \times 0.2 + 32.7 \times 0.7 + (-2.7) \times 0.1 = 36.2$（万元）

$$\sigma = \sqrt{(67.9 - 36.2)^2 \times 0.2 + (32.7 - 36.2)^2 \times 0.7 + (-2.7 - 36.2)^2 \times 0.1}$$
$$= \pm 19 （万元）$$

由此可得该项目的净现值：

在 55.2 万元 ~ 17.2 万元（36.2±19）的可能性为 68.27%；

在 74.2 万元 ~ -1.8 万元（36.2±2×19）的可能性为 95.45%；

在 93.2 万元 ~ -20.8 万元（36.2±3×19）的可能性为 99.73%。

这说明，该项目由产销量变化而引起亏损的可能性不太大，可以建设。

小思考3-2

某企业的 A 产品设计生产能力为年产 600 件，每件售价为 460 000 元，单位产品变动费用为 160 000 元，固定费用总额为 124 800 000 元，该项目保本点为（　　）件。

A.500　　　　　　B.600　　　　　　C.415　　　　　　D.416

小思考3-2

答案

案例分析3-2

摩根大通以央格尔（Joshua Younger）为首的策略师团队发布最新的研报显示，美国的利率、信贷和股票市场都正试图对冲总统大选可能带来的不确定性风险，且投资者愿意付出高于以往大选的对冲成本。

美国国债期货场外衍生品和期权的波动率目前均为正常水平的6倍左右，而在2008年和2012年的美国大选中，波动率是正常水平的2倍，在2016年共和党候选人特朗普意外击败民主党候选人希拉里时，波动率为正常水平的3倍。

"选举信贷波动率的时间已经延长至12月。"报告指出，"这表明，信贷市场的参与者越来越担忧美国大选无法在11月就有明确结果。"

在美股市场，看跌期权成为一种普遍的对冲方式。

市场分析师希尔斯（Steven M. Sears）建议，为了抵消美国大选后10%左右的跌幅，投资者可以用42 900美元的价格买入标普500指数11月3日的3 500美元看跌期权，以对冲一个100万美元规模的投资组合。假设，标普从当前的3 581点下跌至3 200点，那么期权价值就是90 000美元，对冲可带来48 000美元的利润。

投资公司SpiderRock Advisors的首席投资官梅茨（Eric Metz）为客户开发了一项看跌期权，即如果2021年年初标普500指数从目前水平跌去多达25%，买入者就能从中获利。他称，对美国大选不确定性、美国整体经济走势和美股近期上涨的担忧增加了投资者对此类交易的兴趣。"我们目前的交易工具将重点放在明年1月，因为（我们认为）投资者应拉长投资观察期，对所有未来可能发生的难以预测或未知的情况保持审慎态度。"梅茨称。

Cresset Capital的首席投资官阿布林（Jack Ablin）也在芝加哥期权交易所（Cboe Global Markets Inc.）购买了一系列看跌合约，并同时卖出押注市场上涨的合约。"我们正在放弃从市场上行中谋利的机会，来换取在市场下行中获得保护。"他说。

在其他对冲方式中，做多黄金期货是比较常见的手段。加拿大丰业银行旗下的基金Dynamic Precious Metals Fund目前正在通过做多黄金来对冲11月美国大选的风险。该基金管理的资产约为7.45亿加拿大元，主要投资于黄金白银及相关公司个股，2020年迄今为止收益累计飙升63%，超过了同行80%以上。

该基金的投资组合管理经理科恩（Robert Cohen）表示，2020年11月，无论谁赢得了这一场美国内战以来争议和风险最大的选举，都将会在一段时间里影响市场的稳定，而黄金无疑是一个较为安全的选择。

资料来源　第一财经. 忧美国大选引爆波动性，机构建议投资者这样对冲风险［EB/OL］.［2020-10-28］. https://baijiahao.baidu.com/s?id=1677715200581533

2164&wfr=spider&for=pc.

问题：美国总统大选会给投资者带来哪些风险？投资者被建议应该如何对冲风险？

第三节　投资风险的处置

风险处置是企业投资风险管理的又一重要内容，其目的是通过风险处置来回避、减少投资风险。投资风险处置通常通过控制法和财务法两条途径进行，控制法与财务法侧重面不同，两者互相补充，有机配合，构成整个投资风险的处置系统。

一、控制法

所谓控制法，是指运用各种控制措施，在风险发生前，力求消除风险因素，降低风险发生频率；在风险发生时，将风险损失降低到最低程度。控制法包括回避风险、损失控制、风险消缩和风险分散等内容。

（一）回避风险

回避风险主要是中断风险源，使风险不致发生或遏制其发展。回避风险有时可能不得不作出一些必要的牺牲，但较之承担风险，这些牺牲比起风险真正发生时可能造成的损失要小得多，甚至微不足道，如回避风险大的投资，选择风险小或适中的投资。因而在投资决策时要注意，要放弃明显会导致亏损的投资。对于风险超过自己的承受能力、成功把握不大的投资，不参与，甚至有时在投资进行到一半时，预测后期风险很大，必然有更大的亏损，而不得不中断投资。

回避风险虽然是一种风险防范措施，但应该承认这是一种消极的防范手段。因为回避风险固然能避免损失，但同时也失去了获利的机会。如果投资者想生存、图发展，最好的办法是采用回避风险以外的其他手段。

（二）损失控制

损失控制是指有意识地采取行动防止或减少灾害事故的发生以及所造成的经济和社会损失，它包括两个方面的内容：防损计划和减损计划。

（1）防损计划。这是一种事前的预防措施，指在风险发生之前为了消除或减少可能引发损失的各种因素而采取的风险防范措施。它可以减少风险产生的可能，但是不能完全消除风险产生的可能性。比如，经济单位之间在进行交易之前，应当审慎选择交易对象，对其主体身份、以往业务交易记录进行调查与核实，减少与信誉不良的经济单位交易而产生损失的可能性。

（2）减损计划。这是一种事后的措施，指在风险发生时或风险发生之后，采取的各种防止损失扩大的措施，包括尽可能减轻损失后果计划和损后救助计划。它可以减少和控制已发生的损失程度，但并不能消除损失产生的可能性。有一些损失管理措施既是防损措施又是减损措施，例如，对工伤者及早治疗、限制车速等。

（三）风险消缩

风险消缩，是指在损失发生前设法消除风险因素或减少损失发生的频率；在损失发生后，设法减少损失的幅度。风险消缩主要用于项目投资建设和以后的生产经营过程中。与风险转移不同，风险消缩不仅能减少某一单位的损失，而且能减少全社会物质财富的损失；而风险转移只是将可能的损失转移到其他单位，整个社会物质财富的损失并未降低。风险消缩的步骤如下：

（1）查询风险事故因素。为了全面、系统地探寻导致风险事件的各种原因，以便采取措施从根本上消除和减少损失，需要进行查询活动。查询活动主要是查寻事故的原因，做好损失防范和损失发生后的抢救准备工作。查询风险事故因素的范围主要包括管理因素、人的因素、环境因素和机器因素四个方面。

（2）预防损失和抑制损失。在查询事故因素的基础上，有针对性地采取各种措施来预防损失和抑制损失。预防损失和抑制损失的具体方式有工程法、教育法和程序法三种。工程法是指以工程技术为手段，通过对物（机器）的风险因素的处理，来达到控制损失的目的；教育法是指通过安全教育和培训来消除人的风险因素，以达到控制损失的目的；程序法是指运用制度化、规范化的程序作业方式，提高安全管理水平，来消除管理风险因素，以达到控制损失的目的。

（四）风险分散

风险分散，是指通过投资投向的多样化来降低投资风险。由于各项投资的影响因素不同，所面临的风险也会不同。将不同投向的投资组合在一起后，它们各自的收益增减可以相互影响、相互抵消，从而使总的收益趋于稳定。企业可以通过以下两种方式来分散投资风险：

（1）投资分散化，即不把企业的全部投资项目集中于某一特定国家、地区或某一个特定部门、某一特定产品上，而是采取跨国、跨地区、跨行业、跨产品的多元化投资策略。

（2）进行联合投资，共担风险，如与项目所在地政府或其他公司合资经营等。

二、财务法

所谓财务法，是指运用各种财务措施，对风险损失进行转移或补偿。由于受多种因素的制约，风险事故的损失往往难以避免。为了减少损失，可以采用财务处置的方法。财务法通过风险事故发生前所做的财务安排，来减少风险事故发生后所造成的损失或缓解风险损失对企业造成的危害。财务法可分为风险转移和风险自留两种：

（一）风险转移

风险转移一般可分为保险转移和非保险转移。保险转移是指企业支付保险费，向保险公司投保，将投资的部分风险转移给保险公司。例如，在项目所在地的保险公司投保之后，发生火灾、地震等自然风险的损失就有相当一部分由保险公司承担。保险转移是风险转移的一种重要方式，但并非所有的投资风险都可采用保险转移的方式。可保险的投资风险一般须具备以下特征：一是损失必须具有偶然性，风险状况不可预知；二是损失的范围和程度可用货币形式来衡量；三是必须有与之相同或相似的大量风险存在，可以借助数学方法对风险进行估测。非保险转移是指企业利用其他途径把投资的部分风险转移出去。比如，企业进入期货市场套期保值；又如，通过签订经济合同，将风险事故损失的赔偿责任转移给另一方去承担等，都可将风险转移出去。

（二）风险自留

风险自留是指企业自行设立基金，自行承担风险损失发生后的财务后果。风险自留有主动自留和被动自留两种。主动自留，又称为计划性承担风险，是指通过风险识别和衡量，在明确风险的性质及后果的基础上，企业主动做相应的财务准备，以作为处置将来全部或部分风险损失的基金。比如，在投资建设过程中，工程预算设置不可预见费用；又如，在生产经营过程中，设置意外损失基金等。被动自留，又称为非计划性承担风险，是指在未能识别和衡量风险及后果的情况下，当风险损失发生后被迫采取由自身承担风险损失后果的风险处置方法。比如，通过减少其他方面的支出或向外部融资等方式来处置风险损失。因而，被动自留风险往往会造成严重的财务后果。

一般而言，企业在进行风险处置时，对投资风险特别大的项目往往采取风险回避的做法；对一般的投资风险往往采用风险转移、分散投资、风险自留的做法，以减少损失或减轻对企业整体的危害。对投资项目建设和生产过程中的风险处置，其重点往往放在风险消缩上。

小思考3-3

通过向保险公司投保，将投资的部分风险转移给保险公司的方法称为（　　）。

小思考3-3

答案

A.风险自留　　　　　　　　　B.回避风险

C.风险消缩　　　　　　　　　D.风险转移

案例分析3-3　　　　　　资管新规打破刚性兑付　个人理财将风险自担

近些年来，老百姓资产管理意识逐步增强，国内金融机构资产管理业务飞速发展，规模不断攀升。然而，资管业务在满足老百姓财富管理需求的同时，却也因发展不规范逐渐显露出了许多问题，比如刚性兑付等。为有效防控金融风险，近期，央行等五部委联合发布了《关于规范金融机构资产管理业务的指导意见（征求意见稿）》。

※买理财告别"稳赚不赔"时代

据三益宝理财小助手了解，针对资管业务现存的乱象，意见明确了一些定义，提出了一些要求，并强调了一些管理制度，如"非金融机构不得发行销售资管产品""金融机构应加强产品久期管理"等。其中，对老百姓影响最大的莫过于"打破刚性兑付"的监管要求了。其第十八条规定，金融机构对资产管理产品应当实行净值化管理，经认定存在刚性兑付的行为，将予以处罚。

这意味着什么？三益宝行业分析师表示，按照意见划定的适用范围，老百姓在购买部分银行理财、信托、基金、期货以及保险等资管产品时，将自担风险、尽享收益。

举个简单的例子，目前多数银行在发售理财产品时多采取预期收益率的形式，实行承诺保本保息的潜规则。项目到期时，会出现两种情况：一是实际收益未达到预期，这时银行将会自掏腰包补足投资人的利息；二是实际收益超过预期，那么超出部分将作为管理费或中间业务收入被银行抽走，投资人是享受不到的。该模式虽然保护投资人远离了资金损失的风险，但同样也剥夺了他们赚取高额回报的权利。与此同时，刚性兑付虽然短期内有益于金融机构扩大资管规模、帮助老百姓实现增收，但长远来看不利于合格投资人的养成和金融市场的稳定发展。所以，打破"刚兑"势在必行。

事实上，不止上文提到的资管领域，目前理财市场上非常火的另一款投资产品——P2P网贷，同样面临着"去刚兑"的要求。作为信息中介而非信用中介，监管部门多次重申P2P平台不得保本保息。

※投资人应当注意什么？

当不再提供刚兑的理财产品越来越多，当风险自担成为必然，作为投资人，应该怎么办？是退出大部分理财渠道转而把钱直接存银行，还是调整心态、正视风险再起航？

三益宝行业分析师指出，负利率时代个人财富管理非常重要，把钱存银行并不是解决问题的根本措施，否则资产将持续贬值，财富将不断缩水。想要避开风险，正确的做法是：

首先，直面风险，学会匹配风险与收益，牢记风险与收益成正比，对超高收益时刻保持警惕。其次，关注金融机构的风控体系和其提供的一些保障性措施，以投资网贷为例，用户需重点考察P2P平台筛选项目的机制、标准、流程，以此来分析借款方是否具备良好的信用资质和还款能力，尽量选择稳健的平台和产品。此外，投资者要注意闲钱投资，并积极学习理财知识，提升理财的专业水平。

资料来源　佚名. 资管新规打破刚性兑付　个人理财将风险自担［EB/OL］.［2019-12-04］. http://www.caijing.com.cn/20171123/4365425.shtml.

问题：

（1）资管新规打破刚性兑付意味着什么？

（2）投资者应该如何理性投资？

思政专栏

对很多投资者来说，无时无刻不在思考如何能让自己的财富跑赢通胀，实现财富的增值。但是很多投资者往往只看到了高收益、高回报，却没有看到高收益背后所潜藏的风险。

要知道，即使把资金存到银行，也是有银行倒闭潜在风险的。《存款保险条例》就规定，存款保险实行限额偿付，最高偿付限额为人民币50万元，超过50万元的部分，从该存款银行破产清算财产中补偿。至于股票、基金、P2P等投资品种，都存在着各种潜在风险。因此，要想在投资中赚到钱，第一要务就是树立风险意识。

前几年，互联网金融概念在全国遍地开花，很多人把自己的资金投入到P2P平台，希冀获取高收益，有些确实遇到了骗子公司遭遇损失，比如e租宝、中晋集团等等。而有些是因为没有树立基本的风险意识，投资产生了亏损。

资料来源　新浪财经. 正确的投资理念：就是一定要首先树立风险意识［EB/OL］.［2020-10-28］. https://baijiahao.baidu.com/s?id=1680319909328998035&wfr=spider&for=pc.

点评：投资人必须正视风险问题，具有一定的风险意识、风险识别能力，而不是盲目投资。特别是每个出借人在投资时，除了要了解标的收益情况，还需要详细阅读平台的合同，特别是里面的风险提示、底层资产介绍等条款，投资人需要合理审慎评估风险对自己可能带来的后果。

本章小结

投资风险是指投资者达不到预期的收益或遭受各种损失的可能性，即投资收益的不确定性。通常将投资风险分为系统性风险和非系统性风险两大类：系统性风险，是指由于政治、经济及社会环境的变动而造成的所有投资行为的风险，它包括经济周期风险、利率风险、通货膨胀风险等；非系统性风险是指由于市场、行业以及企业本身等因素导致个别投资行为的风险，它包括行业风险、企业经营风险、财务风险、企业违约风险等，这是由单一因素造成的，只影响某种投资收益的风险。

投资风险的识别是投资风险管理的重要内容，投资风险的识别主要解决两个问题：一是投资面临哪些风险，这些风险是由哪些因素引起的；二是这些风险对投资项目的影响程度有多大。

投资风险处置是企业投资风险管理的又一重要内容，其目的是通过风险处置来规避、减少投资风险。投资风险处置通常通过控制法和财务法两条途径进行，控制法与财务法侧重面不同，两者互相补充，有机配合，构成整个投资风险的处置系统。

思考题

1.什么是投资风险？它是由哪些因素造成的？

2.什么是系统性风险？它具体包括哪些内容？

3.什么是非系统性风险？它具体包括哪些内容？

4.投资风险的计量方法主要有哪些？

5.什么是风险处置的控制法和财务法？它们有哪些区别和联系？

第四章

投资监管

知识目标：全面了解投资监管制度的概念、监管体系及构成内容，了解我国投资监管的现状，以强化投资监管，适应市场经济发展的要求。

思政目标：树立正确的财富观与价值观，提高投资者的职业道德水平和社会责任感，强化投资者的法治意识。

导引　　　　国资监管思路生变　大格局时代启幕

发声的主题，均关乎"管资本"。

2019年11月29日，据国务院国资委法规局消息，国资委已经向委内各厅局，各省、自治区、直辖市及计划单列市和新疆生产建设兵团印发了《关于进一步推动构建国资监管大格局有关工作的通知》，明确要求转变监管思路，统筹推动形成以管资本为主的国有资产监管体制。

国有资产监管的大格局时代，正式拉开帷幕。

2~3年，这是构建国资监管大格局总体要求中敲定的时间表。

经济观察网记者从国资委官方获悉，国务院国资委要求，各级国资委要力争用2~3年时间推动实现机构职能上下贯通、法规制度协同一致、行权履职规范统一、改革发展统筹有序、系统合力明显增强，加快形成国资监管一盘棋。

达成上述目标的立足点，首要的是健全国资监管工作体系，完善工作机制。而建立完善工作机制的基础之一，是国资委要求的"法定职责必须为"。

截至目前，各级国资委须遵循的法律法规包括《中华人民共和国企业国有资产法》《企业国有资产监督管理暂行条例》等，国务院明确的国有企业出资人职责、专司国有资产监管等职责，都是各级国资委需要面对的必选项。

为了统筹健全国有资产监管法规制度体系，国务院国资委将参与有关重点法律、行政法规修订工作，制定政策文件也会征求地方国资委意见。

此举的目的，旨在推动产权管理、财务监管、指导监督等制度要求更多适用于全国国资系统，形成系统完备、科学规范、运行有效、上下贯通的制度体系。

未来，各地国资委会推动出台国资监管地方性法规，共同加强事关国资国企大局的顶层制度设计，以及逐步将委托其他部门监管的企业纳入国资监管体系。

按照国务院国资委的要求，各级国资委的针对性改革，还将涉及优化调整出资人监督机制，加强业务监督，探索完善综合监督，深化责任追究，构建三位一体的出资人监督工作闭环。

国务院国资委会指导推动地方国有企业推动风险管理和内控体系建设，提高企业内部监督机制有效性，切实增强抗风险能力。

通知还要求，为统筹加强国有资产基础管理，各级国资委要健全产权管理工作体系，抓好产权界定、产权登记、资产评估、国有资产交易流转监管工作，全面掌握监管国有资产分布状况。加强资产统计、综合评价和经济运行分析，参照国务院国资委关于财务预决算管理、债务风险管控等方面的要求，完善信息编报制度，提高监管工作水平。

资料来源 王雅洁. 国资监管思路生变 大格局时代启幕［N］. 经济观察报，2019-11-29.

第一节 投资监管的概念及原则

一、投资监管的概念

所谓投资监管，是指政府投资管理机构及相关职能部门运用法律手段、经济手段及必要的行政手段，对社会投资过程中的资金筹集、证券发行、交易规程、投资行为和信息披露等实施的监督、控制和管理。这种监管既是一种对投资市场的规范手段，更是一种对投资市场保护和促进的有效方式。有效投资监管体制的建立和完善，是一个国家宏观经济监控体系中十分重要和不可缺少的组成部分，也是一个国家宏观管理水平较高的具体体现。

投资监管包括对实业投资和金融投资的监督与管理，狭义的投资监管主要是指对金融投资的监督和管理。

加强投资市场的监管，不仅仅是社会的要求，更重要的是投资市场自我发展和自我完善的必然要求。离开了有效的监管，投资市场就不会具有长久发展的生命力。要完善投资市场体系，特别是要促进证券市场的良性发展，要吸引更多的投资者介入到投资市场中来，就必须给投资者以公平、公开和公正交易的信心，投资者感到不会被欺骗和被愚弄，资本市场才会不断地发展起来。如果不能通过有效的监管手段建立起投资者的信任和长久的信心，那么投资市场（特别是证券市场）就不可能长期稳定地发展，并会对整个国民经济的发展造成一定的不利影响。

另外，有效加强投资市场的监管，也是确保投资市场高效运作的重要前提。只有采用严密的监管体系，才能保证资本市场的真正有效性；只有规范化的操作和运行，才能确保投资交易行为的合法性、信息披露的及时性和信息质量的严谨性。没有规范的市场，也就必然无效率可言。

二、投资监管的原则

投资监管的原则是建立投资监管体系的基本指导思想，虽然各国的经济体制不同，各国投资市场的管理方法和方式等也各不相同，但在实施监管的过程中，一般都会要求遵循以下几项基本的投资监管的原则：

1.依法管理原则

投资市场是一个庞大而又十分复杂的经济系统，并对整个国民经济具有重大的影响，所以在其监管过程中必须做到有法可依、执法必严和违法必究。有法可依是要防止投资监管过程中的随意性和长官意志，以人治代替法治，避免造成投资市场的波动、混乱和危机。执法必严是指要在整个监管过程中严格按法定程序管理，不断增强整个市场的法治意识，并建立有效的控制机制来确保投资市场的各项法律法规得到不折不扣的贯彻。违法必究是指对投资市场出现的违法操作的行为，必须及时采取必要的和果断的措施，制止这种行为的继续发展，并对违法者进行惩罚，直至追究其法律责任。因此，投资市场的监管必须建立和健全强有力的法律体系，明确划分和保护各种权利和职责，使各项监管措施都具有充分的法律依据和保障。

2.保护投资者合法权益原则

投资市场最主要的构成要素是投资者，即各类投资主体，所以投资监管的一项重要原则就是要充分保障投资者应有的合法权益。为什么要进行投资监管，其重要目的之一就是保障投资者的合法权益不受损害，使投资者能对一个公正的投资市场有充分的信心，感到投资是一项有保障的经济行为。只有投资者的合法权益得到了切实的保护，市场才能得以正常运行和良性运作，任何隐瞒、欺诈行为和编造虚假信息来蒙骗投资者的做法，都必须受到严惩。当然，保护投资者合法权益并非确保投资者必然能够投资获利，投资者要承担其应该承担的投资风险，但不应该承担由于被欺诈所致的伤害风险。其实，保护投资者的合法权益不但是投资监管的重要原则，更是确保投资市场正常和良性发展的重要前提。

3."三公"原则

所谓"三公"原则，就是在整个投资市场的运行过程中，应该始终坚持"公开、公正、公平"的原则。公开原则是指在投资市场中的资金筹集者（如发行证券筹资的公司）应无条件地向广大社会投资者全面公开其真实的经营状况，有时也称为强制性"曝光"，并且在以后的经营过程中，依旧要持续不断地定期向社会以各种形式公开其经营状况及相关信息。公正和公平的原则是指为了维护投资各方的合法权益，确保正常交易的进行，保护投资者利益，杜绝欺诈或胁迫等行为，要保证投资程序和各项交易都必须在公平和公正的状况下进行，任何违反上述原则的行为或交易都将被视为无效。因此，"三公"原则必须始终贯穿于投资市场的全过程，特别对证券交易市场更为重要。

4.政府监控与自我管理相结合原则

政府监控与各投资机构及投资者的自我管理相结合，是投资市场监管的总体原则。这是因为投资市场庞大而复杂，所涉及的面不仅广泛而且层次多样化，仅靠任何一种单一的管理力量，都无法做到全面和有效的管理。如果没有政府的权威性，没有国家制定完整的投资法规，没有代表政府行使监管职能的管理机构，想要真正有效地管好投资市场是不可想象的。从另一方面来讲，投资市场如此庞大且其投资业务如此繁多，如果没有从业者的严格自律、自我约束和自我管理，不断提高其法治意识，那么再庞大的管理机构和再严密的法规体制也是难以奏效的。因此，在不断加强政府对投资市场监管力度的同时，更应不断增强投资从业人员自我管理的自觉性，前者是良好投资市场监管的根本保证，而后者则是确保投资市场良性运作的基础，两者紧密结合才能真正建立起一个有效的投资监管体系。

在实践中，世界各国对证券市场的管理各有侧重。有的以政府监管为主，有的以自我管理为主，但都是政府监管与自我管理相结合的管理。以美国为例，证券市场以政府监督管理为主，但也不是单纯由联邦证券交易委员会进行管理，而是伴随着系统化的证券交易所内部自我管理。在证券市场以自我管理为主的英国，也不是完全由证券交易所内部进行的单一自治管理，证券交易仍然受国家公司法、独立会计审计师法的约束。这两种证券市场管理模式，有主有辅，有分工有协作，各有自己的任务和职能，又有共同的目标，互相结合，形成了一个完整的证券市场监管体系。

案例分析4-1　　　《中国营商环境报告2020》出炉　公平公正监管不断强化

日前，国家发展改革委发布我国营商环境评价领域的首部国家报告《中国营商环境报告2020》，披露了我国营商环境改革的最新进展，显示我国优化营商环境各项工作取得积极成效。据了解，此次发布的《中国营商环境报告2020》是我国营商环境评价领域首部国家报告。报告全面介绍了中国营商环境评价制度和评价方法，系统梳理了2019年我国优化营商环境的成效与亮点和2020年前景展望等内容。

《中国营商环境报告2020》显示，2019年，优化营商环境各项工作在市场准入门槛不断放宽、公平公正监管不断强化、便民服务水平不断提升等方面取得了积极成效。

问题：查阅《中国营商环境报告2020》，说明"公平公正监管不断强化"具体有哪些体现？

分析提示：全国信用信息共享平台联通46个部门、所有省（自治区、直辖市），归集各类信用信息超过500亿条，基本构建起以信用为基础的新型监管制度，"双随机、一公开"和"互联网+监管"逐步成为市场监管的基本方式和手段，包容审慎监管探索取得成效。

第二节　投资监管体系

一、实业投资监管体系

一般来讲，相对于金融投资而言，实业投资的监管是比较简单的。它主要是对投资项目的投资方向、投资规模和投资资金来源的审核及项目可行性论证等，由于不涉及公开交易，所以其监管的程序和方法都比较规范，不像金融投资市场的监管那样复杂。当然，如果项目投资的资金来源于公开发行股票或债券筹资，那就涉及金融投资市场的监管了。实业投资监管体系主要由以下内容构成：

（一）政府投资监管体系

政府投资监管体系包括政府投资责任追究制度、政府投资制衡机制、重大项目稽查制度和社会监督机制。工程咨询、投资项目决策、设计、施工、监理等部门和单位，各自承担相应的职责，对不遵守法律法规给国家造成重大损失的，要依法追究有关责任人的行政和法律责任；资金主管部门、财政主管部门以及有关部门，要依据职能分工，对政府投资的管理进行相互监督；审计机关依法对政府投资项目进行审计监督；公众和新闻媒体对政府投资项目进行全方位、全过程的监督。

（二）企业投资监管体系

通过国土资源、环境保护、城市规划、质量监督、银行监管、证券监管、外汇管理、安全生产监管等部门，依法对企业投资活动进行监管，对不符合法律法规和国家政策规定的，不办理相关许可手续。在建设过程中不遵守有关法律法规的，有关部门责令其及时改正，并依法处理。各级政府投资主管部门对企业投资项目进行事中和事后监督检查，对于不符合产业政策和行业准入标准的项目，以及不按规定履行相应核准或许可手续而擅自开工建设的项目，责令其停止建设，并依法追究有关企业和人员的责任。审计机关依法对国有企业的投资进行审计监督，促进国有资产保值增值。通过企业投资诚信制度，对于在项目申报和建设过程中提供虚假信息、违反法律和法规的，予以惩处，并公开披露，在一定时间内限制其投资建设活动。

（三）投资中介服务机构监管体系

各类投资中介服务机构、行业协会等依据法律法规制定自身的组织章程、营业规程和其他自律性细则，在为实业投资提供中介服务的同时，起到自我管理和约束的作用。

二、金融监管体系

金融投资市场的监管，无论在程序上还是在方法上都要比实业投资的监管复杂得多，其监管体系的构成也有所区别，主要包括政府监管体系和自律性组织监管体系两部分。

政府监管体系由国家立法机构和授权的金融投资业务的主管部门如证券委和证监会等，对证券、期货和外汇等各类金融市场的投资行为，进行系统的法律规范，通过立法来对金融投资活动进行约束和监控。

自律性组织监管体系由证券、期货和外汇等交易所、证券商和各类金融投资中介机构、行业协会等，制定自身的组织章程、营业规程和其他自律性细则，起到自我管理和约束的作用。

（一）以英国"双峰监管"为代表的金融监管模式

在2007年金融危机后，英国参考澳大利亚等国家建立的金融监管体系，即"双支柱+双峰监管"模式，如图4-1所示。由英格兰银行（英国央行）负责货币政策、宏观审慎（双支柱，分别由货币政策委员会、金融政策委员会负责），同时英格兰银行审慎监管委员会下设审慎监管局，因此三大委员会分别负责货币政策、宏观审慎和微观审慎。另外在英格兰银行之外还设有金融行为监管局（向财政部、议会负责），审慎监管局与金融行为监管局构成所谓的"双峰监管"。

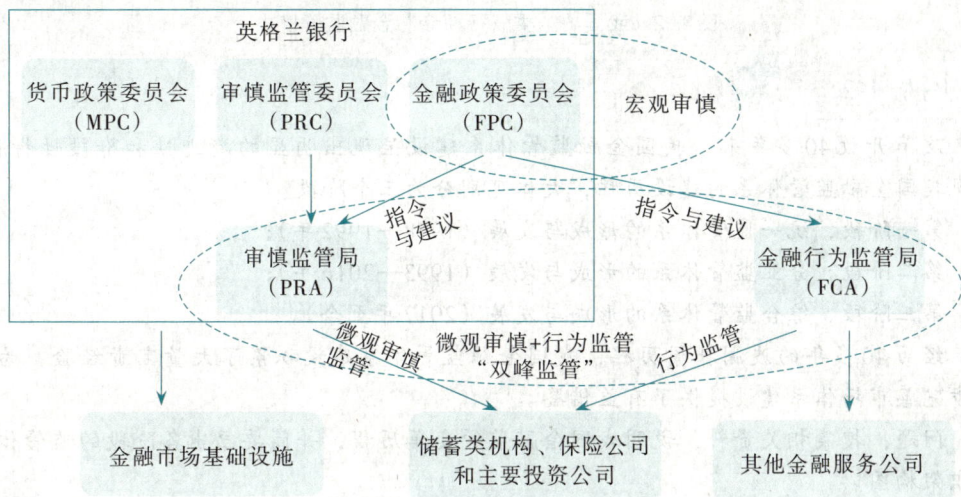

图4-1 英国"双峰监管"模式

资料来源 牛慕鸿，徐昕，钟震. 英国"双峰"监管模式的背景、特点及启示［EB/OL］.［2018-2-13］. https://finance.caixin.com/2018-2-13/101211109.html.

（二）我国"一委一行两会"金融监管模式

2018年"两会"通过了国务院机构改革方案。根据该方案，银监会和保监会的职责整合，组建中国银行保险监督管理委员会，作为国务院直属事业单位。同时，将银监会和保监会拟订银行业、保险业重要法律法规草案和审慎监管基本制度的职责划入中国人民银行。它宣告了宏观审慎政策权限基本上已划入人行，双支柱更加清晰完备，并且对微观审慎监管也有参与。银保监会、证监会则专职微观监管职能，包括金融机构的微观审慎监管，以及消费者保护等行为监管的内容。而宏观与微观之间，以及"一行两会"与其他有关部门间的协调则由金稳委负责，共同构成"一委一行两会"的金融监管体系，如图4-2所示。

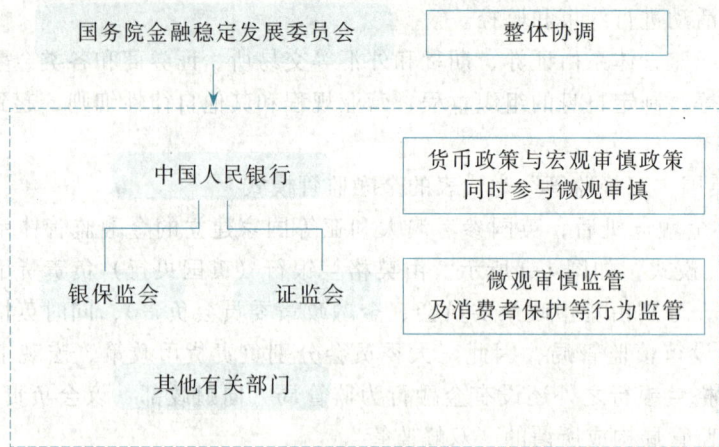

图4-2　我国"一委一行两会"金融监管模式

案例分析4-2

改革开放40多年来，我国金融监管体系建设呈现出明显的渐进性和阶段性特征。纵观我国金融监管体系的建设历程，大体可划分为三个阶段。

第一阶段，统一监管体系的形成与发展（1978—1992年）；

第二阶段，分业监管体系的形成与发展（1993—2016年）；

第三阶段，综合监管体系的形成与发展（2017年至今）。

经历40多年的波澜壮阔历程，我国金融监管体系建设积累了大量宝贵经验，为进一步完善市场体系建设提供了有益借鉴。

问题：搜集相关资料，说明我国金融监管变革历程，并简要画出各阶段的监管体系组织架构图。

第三节　投资监管的主要内容

一、投资监管的具体内容

（一）投资主体监管

投资主体的形式是多种多样的，但从投资目的来看，其行为模式不外乎分为两类：一是为了获取资本收益，即投资资本的经营利润；二是为了获取资本利得，即投资市场的差价收益。前者是为了获取高于银行存款利率的投资利润、股利收入和债券利息收入等，这种投资者以长期投资为主，并可能要求参与企业的经营管理。后者是为了通过投资市场上股票和债券的价格波动，采用低价买入和高价卖出的方法来赚取投资升值或溢价，这种投资者的投资时间完全依投资市场行情变化而定，一般来讲比较短。

因为投资者的唯一目标是盈利，所以其投资行为难免有重利轻义的倾向。因此，有效实施对投资主体投资行为的监管，其实质是对投资主体利益的最大保护，因为投资主体的投资行为是否合理合法,直接关系到投资市场能否正常运作和良性发展,最终会影响每个投资者的利益。为了使投资者有一个公平合理和正常有序的投资环境,防止投资者以不正当手段操纵和影响投资市场,投资监管体制应该对个人和机构等投资主体实施有效管理。

1.对个人投资者的管理

对于个人投资者来讲,要对其进行资格审核,对于实业投资一般无严格规定,只要确定其资金来源的合法性即可。但对于金融投资者一般有较严格的规定,如《中华人民共和国证券法》(以下简称《证券法》)规定:证券交易所、证券公司、证券登记结算机构从业人员,证券监督管理机构工作人员,以及法律、行政法规禁止参与股票交易的其他人员,在任期或法定期限内,不得直接或以化名、借他人名义持有、买卖股票,也不能收受他人赠送的股票,如原已持有的股票必须依法转让。对投资人进行必要的资格审定,有利于保证投资市场的公平和公正,避免发生可能出现的内幕交易,也有利于党政机关工作人员的廉政建设。同时,对于个人投资者的投资途径和证券买卖操作等也要实施必要的监管,个人投资者的投资活动必须在法律和国家有关部门规定的范围内进行,不能进行各种非法买卖和非法交易等。对于个人投资者的证券投资交易更应建立完备的监管制度,经营机构应审核投资者转让证券的真实性,有无假冒和是否符合交易条件,审核交易双方的交易行为是否真实和有无欺诈行为等,只有这样才能保证投资市场的正常运作,否则必然引起市场的混乱和引发许多不必要的法律纠纷。

2.对机构投资者的管理

对机构投资者的监管应该比对个人投资者更严格,主要包括以下三个方面:

(1)首先要对其资金来源进行必要的监督。作为专项资金的来源,不能随意改变资金用途而挪作他用,否则可能会损害国家利益、股东利益和债权人利益。因此,机构投资者用于证券投资的资金必须是其有权支配的各类资金,如资本金、企业专用基金等。国际法人机构的投资资金来源是有严格规定的,特别对用于证券等风险性较大的投资资金来源应进行重点监管。例如,根据规定,国家预算内的拨款资金、银行专项借款、企业暂收资金等不能用于证券投资,如有违规将受到惩罚。

(2)对于机构投资者投资途径的管理。首先,要审查机构投资者是否具有买入想要投资的证券的资格,因为并不是所有的证券都可以供任何单位购买。其次,要审查机构投资者用于购买证券的资金与买入的证券是否一致,例如,企业购买股票,只能使用国家规定有权自主支配的资金,而且其所购股票要符合有关规定。最后,要审查机构投资者的投资手续是否完备。

(3)对机构投资者投资行为的监管。我国对于不同性质的机构就其投资方向和投资形式等都有相应的规定,如在我国《证券法》中明文规定:在证券交易中,禁止法人以个人名义开立账户,买卖证券;禁止任何人挪用公款买卖证券;国有企业和国有资产控股的企业,不得炒作上市交易的股票;证券交易所、证券公司、证券登记结算机构、证券交易服务机构、社会中介机构及其从业人员对在证券交易中发现的被禁止的交易行为,应当及时向证券监督管理机构报告。另外,要严格审查机构投资者的投资手续是否完备，经办人是否具有单位的投资证明，支付款项的凭证填写是否准确，是否及时办理过户手续等。同时，严格禁止私下串通、制造虚假信息和进行内幕交易，严禁以操纵市场为目的，连续抬价或压价大量买卖同一种证券，扰乱投资市场的正常秩序，如有发现，必将严惩。

（二）投资市场监管

投资市场包括实业投资市场和金融投资市场两部分，从监管方式来看是有很大区别的。

1.实业投资市场的监管内容

对实业投资市场的监管相对简单，主要是控制其投资方向、投资规模和投资结构等，要建立严格的项目审核和可行性论证制度，检查投资单位的资金来源的合法性和有效性，制定完备的工程进度和质量标准，防止营私舞弊，确保工程保质按期完成。由于实业投资涉及面小，程序简单且不具有社会性，故对其的监管相对比较简单，即便偶有失控，也只影响某个投资项目，而不会对整个社会的经济发展造成重大损害。

2.金融投资市场的监管内容

对金融投资市场的监管比较复杂，因为金融市场的波动牵一发而动全身，会对整个国民经济的发展造成重大影响。其中的重点监管对象是证券投资市场，因为证券市场的复杂性、社会性、风险性等特点直接决定了一旦监管失误，不但会对投资者造成重大损害，而且会直接影响国民经济秩序。对证券投资市场的监管主要包括发行市场、流通市场和上市制度等方面的管理，下面分别来加以说明。

（1）对证券发行市场的监管

对证券发行市场的监督和管理，是证券投资监管的重要环节，它不但直接关系金融投资市场的稳定，而且对健全和发展有效的二级市场具有重要意义。对于证券发行市场的管理一般有两种方式，一种是以美国的公开管理原则为代表的"注册制"管理；另一种是以欧洲各国实质性管理原则为代表的"核准制"管理。我国基本上是采用"核准制"管理方法，在这种方法下任何证券的发行，不但要充分公开发行单位的真实财务状况，而且要符合法律、法规和政府证券管理部门制定的证券发行实质性条件。在我国《证券法》中明确规定：公开发行证券，必须符合法律、行政法规规定的条件，并依法报经国务院证券监督管理机构或者国务院授权的部门核准或者审批；未经依法核准或者审批，任何单位和个人不得向社会公开发行证券。证券发行核准的主要内容一般有：发行公司的经营性质和财务状况，公司有无发展前景和事业成功的机会，发行公司的资本结构是否健全合理和管理人员是否具有良好素质，公开披露的资料是否真实和充分，证券的权利和义务及出资比例是否公平等。发行公司只有经过政府证券管理部门的审核和批准，才能取得证券发行资格，并上市发行证券。

（2）对证券流通市场的监管

证券交易所是进行证券投资交易的重要场所，对其设立和日常交易业务，各国都有严格的监管制度。对于证券交易所的设立，我国是采用"特许制"的管理方式，即证券交易所的设立必须经政府主管机构的特许方可设立，世界上大部分国家都采用这种方法。我国《证券法》规定：证券交易所的设立和解散，由国务院决定；证券交易所章程的制定和修改，必须经国务院证券监督管理机构批准。同时国务院证券监督管理机构还要对证券交易所的交易规则和交易范围等进行监督，主要涉及审查交易所的章程、细则和决议的内容；对交易所进行定期检查或要求提交规定的营业和财务报告；交易所如有违规行为要给予严厉的惩罚。同时，证券交易所本身必须建立完备、有效的自我监管制度和各项措施。

（3）对证券上市制度的监管

纵观世界各国的证券上市管理制度，凡能上市交易和自由流通的证券，都是那些按上市制度在证券交易所及其交易管理部门正式注册登记并审查批准的有价证券。在我国，凡在证券交易所上市交易的证券必须经国务院证券监督管理机构核准。国务院证券监督管理机构可以授权证券交易所依照法定条件和法定程序核准股票或债券的上市申请。

（三）投资机构监管

投资机构主要是指进行各类投资活动的中介机构，如投资银行、证券经纪商和证券自营商（俗称证券公司）等，它们是投资市场重要的中介和桥梁，特别在证券市场中起到了重要的核心作用，直接影响证券市场能否健康发展。因此，不断加强对投资中介机构的监管，促使投资机构正常和有序运行，是保证投资市场良性运作的重要前提。

投资机构监管主要有设立监管和行为监管两个方面。

1.设立监管

对于投资机构的设立，在国际上一般有特许制和注册制两种管理方法，我国对投资机构的设立是采用特许制的管理方法，即投资机构的设立必须向政府主管部门提出申请，经查验符合条件并批准后方可设立和营业。例如，我国《证券法》规定：设立证券公司，必须经国务院证券监督管理机构审查批准。未经国务院证券监督管理机构批准的，不得经营证券业务。

设立综合类证券公司，必须具备下列条件：①注册资本最低限额为人民币5亿元；②主要管理人员和业务人员必须具有证券从业资格；③有固定的经营场所和合格的交易设施；④有健全的管理制度和规范的自营业务与经纪业务分业管理的体系。

另外，对证券公司设立的许多问题，如人员、职务、公司章程和管理制度等，都有较为明确的规定。对于其他各类投资中介机构，我国在相应的法律法规中，对其设立和营业都有明文规定，这样才能确保投资市场的规范和有效运行。

2.行为监管

对于投资机构的行为监管是一种经常性的日常管理，必须通过建立和健全完备的法规和规章制度来实施其控制的目的。投资中介机构的业务类型多种多样，如综合类证券公司可以经营证券经纪业务、证券自营业务、证券承销业务和政府证券监督管理机构核定的其他证券业务。证券公司的业务范围必须申请经由国务院证券监督管理机构核定，并且不得超出核定的业务范围经营其他业务。监管的主要内容有：

（1）公司必须从每年的税后利润中提取交易风险准备金，用于弥补证券交易的损失，其提取的具体比例由国务院证券监督管理机构规定。

（2）公司必须将其经纪业务和自营业务分开办理，业务人员、财务账户均应分开，不得混合操作。客户的交易结算资金必须全额存入指定的商业银行，单独立户管理。严禁挪用客户交易结算资金。

（3）在代客户买卖证券时，应签订买卖委托契约，并对委托人的一切委托事宜严守秘密。同时，在向客户介绍或推荐证券时，应遵循公正的原则，严禁任何欺诈和不法行为。证券公司不得为客户违规融资或融券。

（4）公司自营业务必须以自己的名义进行，不得假借他人名义或者以个人名义进行，公司不得将其自营账户借给他人使用。公司及其从业人员不得未经过其依法设立的营业场所私下接受客户委托买卖证券。证券公司的从业人员在证券交易活动中，按其所属的证券公司的指令或者利用职务违反交易规则的，由所属的证券公司承担全部责任。

《中华人民共和国公司法》（以下简称《公司法》）规定，设立证券公司必须经国务院证券监督管理机构批准。证券公司有综合类和经纪类两种类型，不论是哪一类公司，其设立都必须满足注册资本最低限额的要求，拥有一定数量的证券从业人员，有固定的经营场所，有合格的交易设施和健全的管理制度等。对于证券登记结算机构和交易服务机构的设立，《公司法》也在注册资本额、人员配备、交易设施和管理制度等方面做了严格的规定。

证券公司在从事自营业务时，必须以自己的名义进行，不得假借他人名义或以个人名义进行，也不得将自营账户借给他人使用。证券公司办理经纪业务，必须为客户分别开立证券和资金账户，如实记录交易，不得做虚假记载。证券公司在其经营活动中不得有买空卖空、接受客户全权委托等行为。对于证券交易服务机构行为的限制一般有：其从业人员不得代理委托人从事证券投资，不得与委托人约定分享投资收益或分担投资损失，不得买卖提供过服务的公司的股票等。

二、我国投资监管体系现状

国家发展和改革委员会于 2015 年年初推行投资项目在线审批监管平台建设工作，在线平台综合项目身份标识、信息在线报告、信息服务、政策发布、电子监察等五大功能，旨在联通各级政府部门，覆盖全国各类投资项目，实现一口受理、网上办理、规范透明、限时办结。2017 年 5 月 25 日，国家发改委会同国土部、环保部、住建部、工信部、交通部、水利部等共 18 个部门，联合制定并发布了《全国投资项目在线审批监管平台运行管理暂行办法》（发改委 2017 年第 3 号令），自 2017 年 6 月 25 日起施行。其后，除涉及国家秘密的项目外，项目审批、核准、备案以及所涉及的各类审批事项都必须通过在线平台办理，各级政府部门统一使用在线平台生成的项目代码办理相关手续。

2017 年 11 月 28 日，国家发改委发布《中央预算内投资计划实施综合监管暂行办法》，明确指出，要依托全国投资项目在线审批监管平台和国家重大建设项目库，将所有中央预算内投资项目纳入监管范围，对每个项目计划下达、计划实施的全过程进行在线监测，实现常态化监管。同时，该办法强调，对中央预算内投资计划下达后超过一年未开工的项目，应进行项目调整。对存在虚假申报、骗取或转移、侵占、挪用中央预算内投资等严重问题的项目，应视情况撤销。

为依法履行出资人职责，建立完善以管理资本为主的国有资产监管体制，推动中央企业规范投资管理，优化国有资本布局和结构，更好地落实国有资本保值增值责任，根据《中华人民共和国公司法》《中华人民共和国企业国有资产法》《关于深化国有企业改革的指导意见》（中发〔2015〕22号）和《关于改革和完善国有资产管理体制的若干意见》（国发〔2015〕63号）等法律法规和文件，国务院国有资产监督管理委员会通过了《中央企业投资监督管理办法》（国资委令第34号）。该办法明确了中央企业投资监管体系建设的主要内容如下：①投资应遵循的基本原则；②投资管理流程、管理部门及相关职责；③投资决策程序、决策机构及其职责；④投资项目负面清单制度；⑤投资信息化管理制度；⑥投资风险管控制度；⑦投资项目完成、中止、终止或退出制度；⑧投资项目后评价制度；⑨违规投资责任追究制度；⑩对所属企业投资活动的授权、监督与管理制度。

为加快形成以管资本为主的国有资产监管体制，推动构建国资监管大格局、形成国资监管一盘棋，国务院国资委2019年11月底印发了《关于进一步推动构建国资监管大格局有关工作的通知》。

通知指出，各级国资委要以习近平新时代中国特色社会主义思想为指导，贯彻落实党中央关于推进国家治理体系和治理能力现代化的决策部署，力争用2～3年时间推动实现机构职能上下贯通、法规制度协同一致、行权履职规范统一、改革发展统筹有序、党的领导坚强有力、系统合力明显增强，加快形成国资监管一盘棋。

通知强调，构建国资监管大格局的重点任务是，按照"法定职责必须为"的要求，统筹推进全面履行职责；转变监管思路，统筹推动形成以管资本为主的国有资产监管体制；坚持政企分开、政资分开原则，统筹深化经营性国有资产集中统一监管；加强顶层制度设计，统筹健全国有资产监管法规制度体系；落实国家发展战略，统筹优化国有资本整体布局；围绕培育具有全球竞争力的世界一流企业，统筹推进国有企业改革；聚焦防止国有资产流失，统筹加强国有资产监督；全面掌握国有资产分布状况，统筹加强国有资产基础管理；强化事中事后监管，统筹建设全国性国资国企在线监管系统；坚定维护党中央权威和集中统一领导，全面加强国有企业党的建设。

通知要求，各级国资委要加强组织领导，把指导监督工作摆在更突出、更重要的位置，强化指导协调和监督检查，加快形成指导监督有效、相互支持有力、沟通协调有方、共同发展有序的工作机制，凝聚国资监管事业蓬勃发展的系统合力。

可以说，我国的投资市场及其监管体系从无到有，经历了漫长的过程，虽不能讲已十分成熟，但完全可以说它已初具规模。

但我们应该看到的是，我国的投资市场和投资监控体制仍处于探索性的发展阶段，还存在许多亟待完善的地方，突出表现在两个方面：

一是我国的投资法规建设还不够完善，由于我国客观经济形势发展很快，许多立法或者是跟不上或者是开始不适宜高速发展的经济环境。正因为如此，我国投资市场的监管在一定程度上是依据政府职能部门和各地方证券管理部门所颁布的一系列暂行规定，缺乏必要的权威性。这种方式的缺陷首先是不稳定，行政指令可以经常变化，不像法律那样具有高度的稳定性；其次是容易形成长官意志，在许多行政指令中渗透了行政领导的个人观点等。然而，作为一种大规模的市场性活动，它是复杂多变的，不可能主要依靠行政办法来管理，而更多地应依据法律手段和经济手段来进行调整、控制和监管，特别重要的是必须具有相当的约束机制，否则要建立一套完备的投资市场监管体制是不可能的。当然，这对于我国来讲需要一定的时间，要建立起适合我国国情的完备的投资法规体系，并非一朝一夕所能完成的，但是不断提高政府管理部门和整个投资市场的法治观念，依法监管投资市场是我们未来发展的方向。

二是我国投资市场的自我监管水平较差。自我监管是投资监管体系中的一项重要组成部分，西方很多发达国家的经验告诉我们，没有高水平的自我监管机制的存在，要建立高效的投资监管体制是不可能的。我国的投资市场还不发达，特别是证券市场还只是一个新兴行业，行业专业化协会的机制尚未真正健全，因此，行业的自我管理水平和能力，无论在观念上还是制度的建立上，还远远没有达到应有的标准，从而造成在投资过程中违规现象时有发生。近几年来，在国债市场、股票市场和期货市场上，已连续出现多起重大违规事件，当然其中有法规不健全的因素存在，不过投资从业人员的自律性管理的意识较差和行业自我管理机能不健全也是重要原因之一。

随着我国投资规模的不断扩大和投资市场的日益发展，如何尽快和完备地建立起有效的投资监管体系已是摆在我们面前的重要课题，这个问题不解决好，将直接影响我国投资市场的健康发展，并且我们会为其付出更大的代价。目前，我国的投资市场正处在探索性阶段向规范化阶段转化的重要时期，我们应该做到双管齐下，一方面要不断加快和强化法治建设，进一步完善市场体系，加强监管力度；另一方面要提高投资行业的自律化管理水平，引导和帮助建立健全各类专业化协会组织，制定完备的行业规范和职业道德准则，加强法治观念和自律管理的意识，逐步规范各种形式的投资交易行为，将法律、行政、社会和自律等各种监督管理方式有效地结合，使我国的证券市场真正成为一个公平、公正和公开的市场，让它向着健康和成熟的方向发展。

小思考4-1

投资监管原则是建立投资监管体系的基本指导思想，在实施监管的过程中，一般都会要求遵循的基本投资监管原则包括（　　）。

A.依法管理原则

B.对个人投资者和机构投资者都进行监管的原则

C.保护投资者合法权益原则

D."三公"原则

E.政府监控与自我管理相结合原则

小思考4-1

答案

案例分析4-3 证监会对2宗案件作出行政处罚

近日，证监会依法对2宗案件作出行政处罚，其中包括：一宗内幕交易及短线交易案，另一宗证券从业人员私下接受客户委托买卖证券案。

一宗内幕交易及短线交易案中，李某明系新疆赛里木现代农业股份有限公司（简称新赛股份）收购新疆浦翌科技发展有限公司重大资产重组事项这一内幕信息的知情人。在内幕信息敏感期内，戴志坚与李某明存在通信联络，戴志坚使用其本人证券账户及"孙某祥"证券账户累计买入"新赛股份"495 530股，获利约4.4万元，违反了《证券法》第73条、第76条的规定，构成内幕交易。此外，戴志坚于2014年12月至2017年6月担任新疆伊力特实业股份有限公司（简称伊力特）董事、总经理职务期间，利用"孙某祥"证券账户于2016年2月5日买入"伊力特"4 500股，2016年5月27日卖出200股，2016年6月2日卖出4 300股，买入、卖出"伊力特"时间间隔不足6个月，违反了《证券法》第47条的规定，构成短线交易。依据《证券法》第195条、第202条的规定，新疆证监局决定对戴志坚内幕交易的违法行为进行处罚——没收违法所得约4.4万元，并处以约13.2万元罚款；对戴志坚短线交易违法行为给予警告，并处以5万元罚款。

另一宗证券从业人员私下接受客户委托买卖证券案中，刘江勇于2015年8月3日至2016年8月31日在国海证券股份有限公司成都天仁路证券营业部任职。在从业期间内，刘江勇私下接受营业部客户孙某锐的委托，使用"孙某锐"的证券账户进行交易；私下接受营业部客户王某的委托，使用"王某"的证券账户进行交易；刘江勇在接受上述委托进行证券交易期间没有违法所得。刘江勇的上述行为违反了《证券法》第145条的规定，在调查过程中刘江勇积极配合且主动赔偿损失，依据《证券法》第215条、《行政处罚法》第27条的规定，四川证监局决定责令刘江勇改正，给予警告，并处以5万元罚款。

上述行为违反了证券期货法律、法规，破坏了市场秩序，必须坚决予以打击。证监会将秉持依法全面从严监管原则，严厉打击各类证券期货违法违规活动，为资本市场稳定健康发展提供坚强有力的执法保障。

资料来源 佚名. 证监会对两宗案件作出行政处罚［EB/OL］. ［2019-12-05］. http：//www.csrc. gov.cn/pub/newsite/zjhxwfb/xwdd/201711/t20171124_327586.html.

问题：

（1）什么是内幕交易？为什么在证监会调查的案件中内幕交易案占相当大的比重？

（2）内幕交易对证券市场有哪些危害？可以通过哪些措施降低证券市场内幕交易的发生？

思政专栏

非公有制经济的发展需要平等、公正的市场环境，需要政府的法规、政策具有相对的延续性和连贯性，以增加投资者的投资力度、投资信心。

从过去几年的反腐败实践来看，"一个老板绊倒一群官员"的现象也是屡见不鲜。不断加快非公经济涉腐防控研究，推动民营企业反腐利剑出鞘，不仅有利于维护市场经济正常秩序，为民营企业的健康发展保驾护航，而且将进一步扩大惩治腐败的覆盖面，让无孔不入的腐败现象无处藏身，有利于坚定广大干部群众反腐败必胜的信心。

廉洁经营，诚信发展。对非公企业而言，经营管理的廉洁是发展之必需，也是健康的企业文化的标配。过去有人认为民营企业是私人所有，企业里的腐败是"家务事"，这是不正确、不科学的。实质上，民营企业的资产同样属于社会财产，不容侵犯。通过各种方式促进民营企业家合法经营，就是管住了"商"，有助于构建良性政商关系。做好非公有制经济涉腐防控工作，也有利于查处领导干部、国企高管的腐败行为。

点评："亲不逾矩，清不远疏，有为且有畏。"对领导干部而言，要着力构建"亲""清"政商新关系，坦荡真诚同民营企业接触交往，帮助其解决实际困难，不能有贪心私心，不能以权谋私，不能搞权钱交易。对民营企业家来说，就是讲真话、说实情、谏诤言，遵纪守法办企业、光明正大搞经营。共筑中国梦征程中，民营企业家要有法律底线，要有办百年老店的长远眼光，让纯粹、简单、健康的政商关系成为一种常态。

本章小结

投资监管，是指政府投资管理机构及相关职能部门运用法律手段、经济手段及必要的行政手段，对社会投资过程中的资金筹集、证券发行、交易规程、投资行为和信息披露等实施的监督、控制和管理。

投资监管一般都会要求遵循依法管理、保护投资者合法权益、"三公"以及政府监控与自我管理相结合的四个基本原则。

投资监管体系包括实业投资监管体系和金融监管体系。投资监管的主要内容包括对投资主体的监管、对投资市场的监管、对投资机构的监管三个方面。

思考题

1.什么是投资监管？投资监管应当遵循哪些原则？

2.实业投资监管体系和金融投资监管体系有哪些区别和联系？

3.投资监管的主要内容有哪些？

第五章

投资资金筹集

学习目标

知识目标：了解投资资金筹集的渠道和方式，掌握筹资成本与风险的分析，以进行筹资方案的分析和决策。

思政目标：深刻认识社会信用体系建设对于解决"融资难、融资贵"问题的重要性，培养投资者的诚信意识、风险意识与金融素养。

导引　　　　**完善社会信用体系建设 助力实体经济降低成本**

近年来，虽然金融供给不断增加，金融资源配置效率也稳步提升，但企业融资成本始终居高难下，尤其是中小企业、民营企业融资困境始终难以有效缓解。

造成企业融资成本高的原因是多方面的，很多时候我们是从金融市场、金融服务角度寻找原因，其实更多地还应从信用体系建设角度去考量。企业信用缺失、信用风险高必然会增加风险溢价及信用中介成本，从而推高企业融资成本，这是金融运行的基本规律。从结构上看，国有大中型企业融资成本显著低于中小企业、民营企业，不同类型企业间的融资成本差异很大程度上也是缘于信用水平的差异。

企业信用等级低是融资难、融资贵问题的症结所在。由于长期以来缺乏严格的法律制度规范和约束，我国企业对自身信用建设重视程度不够，资信等级普遍偏低，这是企业融资难、融资贵问题的症结所在。据统计，目前我国达到AAA评级的企业仅752家，A级以上企业总共也只有4 600家，仅占我国实有企业总数的0.02%，企业整体信用水平与发达经济体存在很大差距。

信用服务市场不发达，企业融资信用中介成本高。完备的信用服务市场体系是信用经济有序运行的重要基础，也是降低企业信用交易成本的主要依托。目前我国信用服务体系不健全、各类信用服务机构总体还比较弱小、专业化程度较低、信用服务产品结构单一，对金融机构信贷决策、风险监测、资金定价的服务和支持作用不足，企业寻求信用中介服务难、费用高。

担保体系发展面临多重困境，服务能力弱、费率高。从国内国外的实践经验看，完善担保体系是破解中小企业融资难题的关键一招。我国担保行业经过20多年发展，取得了快速增长，但规模和实力还远远满足不了市场需求。在融资性担保方面，近几年我国融资性担保余额基本维持在 2.5 万亿元左右，占我国社会融资存量规模的比重不到 2%，而日本的担保贷款比重是 8% 左右，美国为 5% 左右。从担保费率上看，我国的平均费率为 2%～3%，日本仅为 1% 左右。

信用和制度环境制约了直接融资市场的发展，企业优化融资结构和控制筹资成本的能力和空间不足。当前我国直接融资市场缺乏系统完备的法律制度保障，信用环境改善不明显，很大程度上限制了直接融资尤其是股权融资的突破性发展。

资料来源 郑之杰. 完善社会信用体系建设 助力实体经济降低成本 [J]. 中国金融家，2018（4）.

第一节 筹资渠道与筹资方式

一、筹资概述

筹资就是投资主体进行投资资金的筹措，即投资者通过各种筹资渠道，运用各种筹资方式来吸收聚集建设资金的活动，它属于投资运动全过程的起始阶段，是投资链条中不可缺少的重要环节。投资主体通过各种各样的筹资方式或渠道，将分散在社会众多投资者手中的资金聚集起来，加以运用，这对促进国民经济发展、优化产业结构、提高经济效益，都有着重要的意义。

对一个投资主体来说，筹资是投资的先决条件，不解决筹资问题也就谈不上解决投资问题。筹资是要付出代价的，筹资不但要解决资金有无或资金多少的问题，而且要考虑筹集资金的资本成本，安排合理的资本结构，以便作出科学的、合理的筹资决策。

二、投资资金的来源及筹资方式

（一）投资资金的来源

在市场经济条件下，筹集投资资金的途径很多。从目前的情况看，投资资金的来源主要有：

1.财政资金

财政资金以国家财政为中心，它不仅包括中央政府和地方政府的财政收支，还包括与国家财政有关系的企业、事业和行政单位的货币收支。财政资金是一个国家社会资金的主导，它对社会资金的运作有巨大的控制力和影响力。财政资金投资是国家利用财政预算收入进行的投资，包括国家预算投资拨款和国家预算投资贷款两部分。财政资金投资是国家财政筹措资金用于固定再生产的基本形式，是国家财政支出的重要组成部分。

2.银行信贷资金

银行信用是社会信用体系中的重要组成部分。随着我国经济体制的变革，我国的综合国力不断增强，融资规模越来越大，融资方式也越来越多。银行信贷资金已经成为我国投资资金来源的重要渠道，为支持我国基础产业、公共设施建设和调整经济结构、产业结构作出了积极贡献。银行信贷资金主要包括：银行主权资金、存款和国内金融债券。

（1）银行主权资金。它是银行经营信贷业务自主支配的信贷资金，包括注册资本、公积金及未分配利润。银行自有资金属于长期性可用资金，是经营信贷业务的基础，它能表明银行自身的偿债能力，也是衡量一家银行资金实力与资信程度的重要指标。

（2）存款。银行筹资的主要形式是企业存款、财政存款和居民储蓄存款。各种存款和储蓄实际上是自然人和法人取得了支配权但没有实际占用的那部分存在银行的货币资金，它是社会总产品，是国民收入初次分配和多次分配的结果，是银行资金的主要来源。

（3）国内金融债券。它是指金融机构为筹集资金而向国内发行的一种有价证券，发行金融债券是金融机构筹集信贷资金、扩大信贷资金来源的重要形式，同时也为公众投资人提供了新的金融产品形式，且有利于产业结构和产品结构的调整。我国各商业银行自1988年开始发行金融债券以来，金融债券的筹资规模逐渐扩大，有力地促进了国民经济的发展。随着我国社会主义市场经济的不断发展和金融市场的进一步完善，国内金融债券的融资地位将得到进一步提高。

3.居民和企业自筹的投资资金

居民自筹的投资资金主要来自居民的工资性收入、经营性收入和财产性收入，是居民收入中除消费以外的那部分收入。企业自筹的投资资金主要包括：累计折旧、资本金、资本公积、盈余公积、未分配利润和出售资产收益。

企业的固定资产可以依其原值或账面余额，按直线法或加速折旧法计提折旧，它是固定资产重置投资资金的主要来源，在一定条件下可用于新增固定资产投资。企业股东投入的资本金，按投资主体的不同分为国家资本金、法人资本金、个人资本金以及外商资本金等，股东可以以现金、实物、无形资产等形式向企业投入。资本公积包括接受捐赠、资本溢价、法定财产重估增值，捐赠可用于投资，资本溢价和法定财产重估增值已为现有资产所占用。盈余公积是企业按有关规定从税后利润中提取的公积金，在弥补以前年度亏损后可用于投资。未分配利润是企业实现的利润中留于以后年度分配或者待分配的部分。

4.证券市场筹资

目前证券融资方式主要有股票融资、债券融资、投资基金融资等（详见第九章第一节）。

5.借入国外资金

我国银行借入国外资金的途径主要有：一是向国外银行借入外汇资金；二是在国际金融市场发行金融债券筹集资金；三是转贷国际金融机构贷款，其中较多的是世界银行贷款和亚洲开发银行贷款；四是转贷外国政府贷款和办理出口信贷；五是国内银行以借款人身份组织国际商业银团贷款，或代国内企业到国际金融市场筹集资金。

银行借入国外资金是我国利用外资的重要组成部分，必须纳入国家使用国外资金总规模，充分考虑到国内配套人民币资金的承受能力、资金投向、使用效益与外汇偿还能力等因素，并科学地选择时间、国家、币种、利率、方式等，以取得最佳效益。

（二）筹资方式

随着我国金融市场的发展，投资资金的筹集有多种方式可供选择，不同的投资主体可以根据自身的实际情况选择合理的方式。

1.开展好商品经营，加速资金周转，向市场要资金

通过资本循环积累自有资金，让资本最大限度地增值，这是企业最基础、最根本的筹资渠道。要搞好商品经营的资本循环，必须从市场需求的实际出发，重点抓好从商品资本到货币资本的"惊险的一跳"。其中，资金积累的关键，一是在于附加值的大小，重点是提高科技附加值、销售附加值与品牌附加值；二是在于加速资金周转，提高资金周转次数。

2.争取国家财政投入

对于国家或地方的重点建设项目，可以申请国家财政或地方财政投资，通过国有资本金的形式投入企业。对于过去"拨改贷"政策时期的国家财政贷款，在符合当前政策的前提下，也可申请实现"贷改投"，转为国有资本金。

根据国家的宏观政策，政府财政中还有重点科技项目贷款、支农贷款、扶贫贷款、环境治理贷款等低息或贴息贷款，也是符合项目条件的企业可争取的筹资渠道。

3.银行贷款筹资

银行贷款筹资是当前企业筹资的主要渠道之一。银行贷款以贷款是否需要担保为标准，可分为信用贷款与抵押贷款。信用贷款主要靠借款企业或担保人的信誉，没有实物担保，只能用于具有良好信誉的优秀企业；抵押贷款则是由借款企业提供一定的固定资产、证券来作为抵押品，也有少数情况可用名牌商标的无形资产价值进行抵押，如果借款方违约，不能如期归还贷款，则可拍卖商标权进行还贷。

4.吸收股份，发行股票筹资

随着社会化大生产的发展与企业实行多元化产权改制的需要，在企业产权重组的同时通过吸收股份进行筹资，成为当前企业发展的一种主要方式。吸收股份筹资，主要是组织公司制企业时，向社会法人定向募集股份，以及向本企业职工按改制的要求实施职工持股。对少数获国家有关部门批准的公司，还可通过股票上市，向社会公众募集股份。在转换企业体制、机制的同时，通过股份与股票运作也实现了筹资。

5.发行企业债券筹资

对于市场信誉较好、现有负债比率较低的企业，资产控制权较重要、不可轻易发行股票，而且销售额与盈利情况相对稳定、增加资本可以大幅度增加盈利的企业，可选择申请发行债券来进行社会筹资。但发行债券必然增加企业的负债率与经营风险，因此需要慎重决策，并做好到期还本付息的计划。

6.企业利用外资筹资

企业利用外资筹资不仅指货币资金筹资，也包括设备、原材料等有形资产筹资与专

利、商标等无形资产筹资。由于利用外资是一种跨国境的经济行为，受外资政策、国家间政治关系、不同的文化传统及国际金融状况、外汇波动的影响均较大，因而须在国家政策指导下，按积极、合理、有效的原则开展。

7.租赁筹资

租赁筹资是企业作为承租人，根据与出租人签订的租赁契约，付出一定的租金，来获得在规定时期内租赁物的使用权或经营权的一种筹资方式。租赁筹资分为对生产设备的租赁筹资与对企业的租赁筹资两类。

8.盘活企业内存量资产筹资

经营不善的企业，往往一方面存在资金短缺，另一方面又存在着严重的资产闲置与低效率运行的问题，被人称为"捧着金碗要饭吃"。通过实行合理压缩原材料与中间半成品库存，处理产成品积压，收回被拖欠的应收账款，提高劳动生产率与资金周转次数，降低单位产品能耗，出租出售闲置资产，盘活级差地租，开展出售专利技术、有偿输出管理、出售独立销售权等无形资产经营，调整企业经济结构，改善企业经营管理等措施，可以盘活企业的存量资产。这样可以优化结构，加速资产流动，变现闲置资产，使低效资产变得高效，实际上也是一种有效的筹资渠道。

9.商业信用筹资

商业信用是在商品经营活动中临时、短期性的借贷融资形式，如商品赊销、预收货款、预收服务费、汇票贴现、拖后纳税及企业之间的资金拆借等。这些企业间相互提供的信用都能直接解决资金缺乏的问题。

10.创业风险基金方式筹资

对于高科技企业来说，由于存在高风险、高潜在利润的特点，因而在创业阶段可以通过社会上的创业风险基金进行筹资。

11.基础设施工程项目的BOT方式筹资

BOT方式是国际上通行的、对基础设施工程项目进行"建设—经营—移交"的合作方式，即对基础设施工程项目实施投资招标，中标的投资者承担建设资金，建成后投资方按合同获得一定年限的经营收益权，经营期满后再把工程设施移交回招标建设方。

小思考 5-1

个人创业可以从哪些渠道获取启动资金？

案例分析 5-1　　高密市推动贷款新方式　专利权质押成中小企业融资法宝

2017年以来，高密市聚焦中小企业融资难问题，积极引导民营企业注重以专利权质押融资，帮助企业盘活专利权等无形资产资源，为中小企业健康运行注入新的发展活力。目前，该市8家企业分别获得山东高密农村商业银行股份有限公司等金融机构发放的质押贷款7 275万元，为企业减少融资成本近300万元。

"借政策东风"，让企业贷款有方向。用足用好政策很关键，高密市深入研究《山东省小微企业知识产权质押融资项目管理办法》《潍坊市专利权质押贷款贴息管理办法》

等政策法规，组织"世界知识产权日""中国专利周"等专项活动，广泛开展知识产权政策服务进企业、进校园、进社区"三进"活动，加大宣传力度，进一步提高中小企业对专利权质押融资贴息扶持政策的关注度和知晓度，鼓励企业盘活现有专利资产，实现专利权的资本化，拓展企业融资渠道。同创气门芯、振泰集团等企业了解到"支持专利权融资"政策优惠后，马上开始申请工作，顺利用15个专利向银行贷到了1850万元。

"牵线搭桥"，让企业贷款困难少。企业想贷款却无门无路，为解企业之忧，该市专门组织召开"高密市知识产权工作暨专利权质押融资座谈会"，邀请潍坊市知识产权局领导对政策进行讲解，组织13家金融机构与部分企业负责人就专利权质押融资工作进行面对面沟通交流，为政府、银行、企业三方搭建一个良好的交流平台。同时，为达成每笔贷款，政府工作人员多次往返企业与银行进行沟通对接，对有专利权且资金困难的企业，积极向银行沟通争取，打消银行顾虑。高密劳保龙头企业星宇手套公司获得农村商业银行1200万元贷款后，走出流动资金不足的困境，发展后劲十足。

"标准化"流程，让企业贷款速度加快。为实现专利权质押融资工作实质性进展，高密市完善知识产权质押融资流程和制度，印发《高密市知识产权质押融资工作事项流程图》，并抽调专门力量做好意向企业和银行的跟踪服务工作，积极跟上级业务部门沟通协调，减轻企业在办理专利权质押融资过程中的人力、物力等负担，保障从专利权质押评估到登记等各个流程和环节的人员到位、措施到位、服务到位。作为该市首笔专利权质押贷款的企业，高密市豪沃机械科技有限公司总经理杜光辉说："没想到一纸证书，成了企业的融资法宝，多亏政府为我们提供可靠、高效、便捷的服务，让我们获得了500万元的资金，这500万元对于我们上新项目有很大的帮助。"

资料来源　高密软环境办公室. 高密市推动贷款新方式　专利权质押成中小企业融资法宝［EB/OL］.［2019-11-20］. http://economy.gmw.cn/2017-11/20/content_26843547.htm.

问题：

（1）融资难尤其是中小企业融资更加困难，试分析其原因。

（2）结合当地的实际，提出创新投资资金筹集的渠道的思路。

第二节　资本成本分析

一、资本成本概述

（一）资本成本的含义

资本成本是指企业为筹集和使用资金而付出的代价。从广义上讲，企业筹措和使用任何资金，不论是短期的还是长期的，都要付出代价。狭义的资本成本仅指筹措和使用长期资金（含自有资本和借入长期资金）的成本。因为长期资金也被称为资本，所以长期资金的成本也称为资本成本。

资本成本含资金筹措费和资金占用费两部分。资金筹措费是指在资金筹措过程中支付的各项费用，如发行股票、债券支付的印刷费、发行手续费、律师费、资信评估费、公证费、担保费、广告费等。资金占用费是指占用资金支付的费用，如股票的股息、银行借款和债券利息等。相比之下，资金占用费是在企业筹资时经常发生的，而资金筹措费通常在筹措资金时一次性发生，因此在计算资本成本时可作为筹资金额的一项扣除。

资本成本有多种计量形式。在比较各种筹资方式时，使用个别资本成本，含普通股成本、留存收益成本、长期借款成本、债券成本；在进行资本结构决策时，使用加权平均资本成本；在进行追加筹资决策时，则使用边际资本成本。

通常资本成本是按资本使用总成本与筹资净额之比，以资本价格的形式来表示，其一般计算公式为：

$$K = \frac{D}{S-F} \times 100\% \qquad \text{（公式5-1）}$$

式中：K为资本成本（以百分比表示）；D为资本使用总成本；S为筹资总金额；F为资本筹资总成本。

（二）决定资本成本高低的因素

在市场经济环境中，多方面因素的综合作用决定着企业资本成本的高低，其中主要有总体经济环境、证券市场条件、企业内部的经营和融资状况以及融资规模。

1.总体经济环境

总体经济环境决定了整个经济中资本的供给和需求以及预期通货膨胀的水平，总体经济环境变化的影响反映在无风险报酬率上。显然，如果整个社会经济中的资金需求和供给发生变动，或者通货膨胀水平发生变化，投资者也会相应改变其要求的收益率。具体地说，如果货币需求增加，而供给没有相应增加，投资者便会提高其要求的投资收益率，企业的资本成本就会上升；反之，则会降低其要求的投资收益率，使资本成本下降。如果预期通货膨胀水平上升，货币购买力下降，投资者也会提出更高的收益率来补偿预期的投资损失，导致企业的资本成本上升。

2.证券市场条件

证券市场条件影响证券投资的风险。证券市场条件包含证券的市场流动难易程度和价格波动程度。如果某种证券的市场流动性差，投资者想买进或卖出证券相对困难，变现风险加大，要求的收益率就会提高。或者虽然存在对某种证券的需求，但其价格波动较大，投资的风险大，要求的收益率也会提高。

3.企业内部的经营和融资状况

这是指经营风险和财务风险的大小。经营风险是企业投资决策的结果，表现在资产收益率的变动上；财务风险是企业筹资决策的结果，表现在普通股收益率的变动上。如果企业的经营风险和财务风险大，投资者便会有较高的收益率要求。

4.融资规模

这是影响企业资本成本的另一个因素。企业的融资规模大，资本成本自然较高。比如，企业发行的证券金额很大，资金筹集费和资金占用费都会上升，而且证券发行规模的扩大还会降低其发行价格，由此也会增加企业的资本成本。

二、资本成本的确定

为了筹资决策的需要，应测算各种来源的资本成本，即个别资本成本、加权平均资本成本和边际资本成本。

（一）个别资本成本

个别资本成本是指使用各种长期资金的成本，它又分为长期借款成本、债券成本、留存收益成本等。前两种为债务资本成本，后一种为权益资本成本。

1.长期借款成本

长期借款成本是指借款利息和筹资费用。

借款利息计入税前成本费用，可以起到抵税的作用，因此，一次还本、分期付息借款的成本为：

$$K_L = \frac{I_t(1-T)}{L(1-F_L)} \qquad (公式5-2)$$

式中：K_L为长期借款资本成本；I_t为长期借款年利息；T为所得税税率；L为长期借款筹资额（借款本金）；F_L为长期借款筹资费用率。

【例5-1】某企业取得5年期长期借款200万元，年利率为11%，每年付息一次，到期一次还本，筹资费用率为0.5%，企业所得税税率为25%。该项长期借款的资本成本为：

$$K_L = \frac{200 \times 11\% \times (1-25\%)}{200 \times (1-0.5\%)} = 8.29\%$$

2.债券成本

发行债券的成本主要指债券利息和筹资费用。债券利息的处理与长期借款利息的处理相同，应以税后的债务成本为计算依据。债券的筹资费用一般比较高，不可在计算资本成本时省略。这里有两点需要说明：一是债券利率通常比长期借款利率高，而且利息支付有分次付息和到期还本付息两种方式；二是债券的发行有平价发行、溢价发行和折价发行三种。在计算债券成本时，债券筹资额应按实际发行价格计算，不论发行价格如何，都应按债券面值计算债券利息。因此，债券成本的计算有以下两个公式：

（1）一次还本分期付息的债券成本计算公式

$$K_b = \frac{I_b(1-T)}{B(1-F_b)} \qquad (公式5-3)$$

式中：K_b为债券资本成本；I_b为债券年利息；T为所得税税率；B为债券筹资额；F_b为债券筹资费用率。

【例5-2】某公司发行总面额为500万元的10年期债券，票面利率为12%，发行费用率为5%，公司所得税税率为25%。该债券的成本为：

$$K_b = \frac{500 \times 12\% \times (1-25\%)}{500 \times (1-5\%)} = 9.47\%$$

【例5-3】假定上述公司发行面额为500万元的10年期债券，票面利率为12%，发行费用率为5%，发行价格为600万元，公司所得税税率为25%。该债券的成本为：

$$K_b=\frac{500\times12\%\times(1-25\%)}{600\times(1-5\%)}=7.89\%$$

【例5-4】假定上述公司发行面额为500万元的10年期债券，票面利率为12%，发行费用率为5%，发行价格为400万元，公司所得税税率为25%。该债券的成本为：

$$K_b=\frac{500\times12\%\times(1-25\%)}{400\times(1-5\%)}=11.84\%$$

（2）一次还本付息情况下，应先计算各年总的债券成本

$$nK_b=\frac{nI_b(1-T)}{B(1-F_b)}\tag{公式5-4}$$

然后再求平均每年债券成本：

$$K_b=\frac{nK_b}{n}$$

仍以【例5-2】说明：

$$nK_b=\frac{500\times12\%\times10\%\times(1-25\%)}{500\times(1-5\%)}=94.74\%$$

$$K_b=94.74\%\div10=9.47\%$$

3.留存收益成本

留存收益是企业缴纳所得税后形成的，其所有权属于股东，股东将这一部分分派来的税后利润存于企业，实质上是对企业追加投资。如果企业将留存收益用于再投资所获得的收益率低于股东自己进行另一项风险相似的投资的收益率，企业就不应该保留留存收益而应将其分派给股东。

计算留存收益成本的方法很多，主要有以下三种：

（1）股利增长模型法

股利增长模型法是依照股票投资的收益率不断提高的思路计算留存收益成本。一般假定收益以固定的年增长率递增，则留存收益成本的计算公式为：

$$K_{cs}=\frac{D_c}{P_c}+G\tag{公式5-5}$$

式中：K_{cs}为留存收益成本；D_c为预期年股利额；P_c为普通股市价；G为普通股股利年增长率。

【例5-5】某公司普通股目前市价为56元，估计股利年增长率为12%，本年发放股利2元，则：

$$D_c=2\times(1+12\%)=2.24（元）$$

$$K_{cs}=\frac{2.24}{56}+12\%=16\%$$

（2）资本资产定价模型法

按照资本资产定价模型法，留存收益成本的计算公式为：

$$K_s=R_F+\beta(R_m-R_F)\tag{公式5-6}$$

式中：R_F为无风险报酬率；β为股票的贝塔系数；R_m为平均风险股票必要报酬率。

【例5-6】某期间市场无风险报酬率为10%，平均风险股票必要报酬率为14%，某公司普通股β值为1.2，留存收益的成本为：

$K_s=10\%+1.2\times(14\%-10\%)=14.8\%$

（3）风险溢价法

根据某项投资"风险越大，要求的报酬率越高"的原理，普通股股东对企业的投资风险大于债券投资者，因而会在债券投资者要求的收益率上再要求一定的风险溢价。依照这一理论，留存收益的成本公式为：

$K_s=K_b+RP_c$ （公式5-7）

式中：K_b为税后债务成本；RP_c为股东比债权人承担更大风险所要求的风险溢价。

风险溢价可以凭经验估计，一般认为，某企业普通股风险溢价对其自己发行的债券来讲，在3%~5%之间，当市场利率达到历史性高点时，风险溢价通常较低，在3%左右；当市场利率处于历史性低点时，风险溢价通常较高，在5%左右；而通常情况下，常常采用4%的平均风险溢价。这样，留存收益成本则为：

$K_s=K_b+4\%$

（二）加权平均资本成本

因受多种因素的制约，企业不可能只使用某种单一的筹资方式，往往需要通过多种方式筹措资金，为进行筹资决策，就要计算确定企业全部长期资金的总成本，即加权平均资本成本。加权平均资本成本一般是以各种资本占全部资本的比重为权数，对个别资本成本进行加权平均确定的。其计算公式为：

$$K_w=\sum_{j=1}^{n}K_jW_j$$ （公式5-8）

式中：K_w为加权平均资本成本；K_j为第j种个别资本成本；W_j为第j种个别资本占全部资本的比重（权数）。

【例5-7】某企业共有长期资金（账面价值反映的）500万元，其中长期借款100万元，应付长期债券50万元，普通股250万元，留存收益100万元；其成本分别为6.70%、9.17%、11.26%和11%，则该企业的加权平均资本成本率为：

$K_w=6.70\%\times\dfrac{100}{500}+9.17\%\times\dfrac{50}{500}+11.26\%\times\dfrac{250}{500}+11\%\times\dfrac{100}{500}=10.09\%$

上述计算中的个别资本占全部资本的比重，是按账面价值确定的，其资料容易取得，但当资本的账面价值与市场价值差别较大时，比如股票、债券的市场价格发生较大变动，计算结果会与实际有较大的差距，从而贻误筹资决策。为了克服这一缺陷，个别资本占全部资本比重的确定还可以按市场价值或目标价值确定，分别称为市场价值权数和目标价值权数。

1.市场价值权数

市场价值权数是指以债券、股票的账面价值或市场价值来确定的权数，这种权数能体现过去和现在的资本结构。

【例5-8】某企业共有长期资金1 540万元（市场价值反映的），其中债券260万元，优先股80万元，普通股1 200万元，其个别资本成本分别为5.64%、10.50%和15.70%，则其加权平均资本成本率为：

$$K_w=5.64\%\times\frac{260}{1\,540}+10.50\%\times\frac{80}{1\,540}+15.70\%\times\frac{1\,200}{1\,540}=13.73\%$$

市场价值权数的一个缺点是，证券市场价格经常处于变动之中而不利于选用，当平均市场价格形成时，可以弥补这个不足；另一个缺点是市场价值（以及账面价值）反映的权数比例，可能并不是公司筹措新资本所用的比例。

2.目标价值权数

目标价值权数是指债券、股票以未来预计的目标市场价值确定的权数。这种权数能体现期望的资本结构，而不是像账面价值权数和市场价值权数那样只反映过去和现在的资本结构，所以按目标价值权数计算的加权平均资本成本更适用于企业筹措新资。

【例5-9】某企业筹措新资后的资本结构是债券30%，优先股10%，普通股（含留存收益）60%，个别资本成本分别为5.64%、10.50%和15.70%，则据以计算出的加权平均资本成本率为：

$$K_w=30\%\times5.64\%+10\%\times10.50\%+60\%\times15.70\%=12.16\%$$

（三）边际资本成本

企业无法以某一固定的资本成本来筹措无限的资金，当其筹措的资金超过一定限度时，原来的资本成本就会增加。

边际资本成本是指资金每增加一个单位而增加的成本。边际资本成本也是按加权平均法计算的，是追加筹资时所使用的加权平均资本成本。

现举例说明边际资本成本的计算。

【例5-10】某公司现有资本100万元，其中长期负债20万元，优先股5万元，普通股（含留存收益）75万元。为了满足追加投资需要，公司拟筹措新资，试确定筹措新资的资本成本。

本题筹措新资的资本成本分析可按下列步骤进行：

第一步：确定目标资本结构。假定公司财务人员经分析确定目前的资本结构置于目标范围内，在今后增资时应予保持，即长期负债20%，优先股5%，普通股75%。

第二步：确定各种资本成本。财务人员分析了资本市场状况和企业筹资能力，认定随着企业筹资规模的增大，各种资本的成本也会发生变动。测算资料见表5-1。

表5-1　　　　　　　　　　　　　　某公司筹资资料

资本种类	目标资本结构（%）	新筹资数额范围	资本成本（%）
长期负债	20	10 000元以内	6
		10 000~40 000元	7
		40 000元以上	8
优先股	5	2 500元以内	10
		2 500元以上	12
普通股	75	22 500元以内	14
		22 500~75 000元	15
		75 000元以上	16

第三步：计算筹资总额分界点。根据目标资本结构和各种资本成本变化的分界点，计算筹资总额分界点。其计算公式为：

$$BP_j = \frac{TE_j}{W_j} \qquad\qquad (公式5-9)$$

式中：BP_j为筹资总额分界点；TE_j为第j种资本的成本分界点；W_j为资本结构中第j种资本的比重。

表5-2显示了特定种类成本变化的分界点。例如，长期债务在10 000元以内时，其成本为6%，而在目标资本结构中，债务的比重为20%，这表明在债务成本由6%上升到7%以前，企业可筹措到50 000元资本。当筹资总额高于50 000元时，债务成本就要上升到7%。

表5-2　　　　　　　　　　　　　筹资分界点计算表

资本种类	资本成本（%）	各种资本的筹资范围	筹资总额分界点	筹资总额范围
长期负债	6	10 000元以内	$\frac{10\,000}{20\%}=50\,000$（元）	50 000元以内
	7	10 000~40 000元	$\frac{40\,000}{20\%}=200\,000$（元）	50 000~200 000元
	8	40 000元以上	—	200 000元以上
优先股	10	2 500元以内	$\frac{2\,500}{5\%}=50\,000$（元）	50 000元以内
	12	2 500元以上	—	50 000元以上
普通股	14	22 500元以内	$\frac{22\,500}{75\%}=30\,000$（元）	30 000元以内
	15	22 500~75 000元	$\frac{75\,000}{75\%}=100\,000$（元）	30 000~100 000元
	16	75 000元以上	—	100 000元以上

第四步：计算边际资本成本。根据以上步骤计算出的分界点，可得出下列5组新的筹资范围：30 000元以内；30 000~50 000元；50 000~100 000元；100 000~200 000元；200 000元以上。

对以上5组筹资范围分别计算加权平均资本成本，即可得到各种筹资范围的边际资本成本，见表5-3。

结论：第一个范围的边际资本成本为12.2%，第二个范围的边际资本成本为12.95%，第三个范围的边际资本成本为13.25%，第四个范围的边际资本成本为14.0%，第五个范围的边际资本成本为14.2%。

表5-3　　　　　　　　　　　　　　边际资本成本计算表

序号	筹资总额范围	资本种类	资本结构（%）	资本成本（%）	边际资本成本（%）
1	30 000元以内	长期负债	20	6	1.2
		优先股	5	10	0.5
		普通股	75	14	10.5
2	30 000～50 000元	长期负债	20	6	1.2
		优先股	5	10	0.5
		普通股	75	15	11.25
3	50 000～100 000元	长期负债	20	7	1.4
		优先股	5	12	0.6
		普通股	75	15	11.25
4	100 000～200 000元	长期负债	20	7	1.4
		优先股	5	12	0.6
		普通股	75	16	12.0
5	200 000元以上	长期负债	20	8	1.6
		优先股	5	12	0.6
		普通股	75	16	12.0

小思考5-2

某期间市场无风险报酬率为5%，平均风险股票必要报酬率为8%，某公司普通股β值为1.2，请问留存收益的成本是多少？

小思考5-2

答案

案例分析5-2　　　　　　　　　　破解复工复产下的企业融资难题

2020年4月，国内疫情形势持续向好，在巩固疫情防控成果不放松的前提下，加快企业复工复产是工作重点。

在疫情防控期间，大部分企业的生产经营处于停滞或者半停滞状态，而且企业面临外部环境的不确定性持续加大，资金链压力陡然增大。通过外部融资给经营困难企业输血纾困十分迫切。3月27日召开的中央政治局会议提出："要充分发挥再贷款再贴现、贷款延期还本付息等金融政策的牵引带动作用，疏通传导机制，缓解融资难融资贵，为疫情防控、复工复产和实体经济发展提供精准金融服务。"

1.引导企业合理运用债权和股权融资工具，防控高杠杆融资风险

中国金融市场上的融资以银行信贷为主，银行信贷是企业最常使用也是最重要的融资工具。疫情发生以来，中国人民银行、银保监会、财政部、发改委等多部门针对为企业提供贷款优惠资金出台了多项支持政策。除了银行贷款融资，债券市场也为企业提供了多种融资工具，包括公司债、企业债、中期票据和短期融资券等。疫情防控期间，监

管部门给受疫情影响的企业发行债券建立了注册发行"绿色通道"，简化了相关流程，畅通了企业债权融资的渠道。

2.融资政策除了考虑企业短期融资需求，还要满足企业长期融资需要，防止期限错配

随着复工复产进度的持续加快，企业会不断加大固定资产投资和研发力度，导致对长期资金需求的急剧增加。融资政策的出台要立足长远，统筹企业短期融资需求和长远发展需要。对于企业参与新型基础设施建设项目相关的资金需求，要结合建设进度和投资周期，支持企业申请中长期贷款和发行周期较长的公司债券，或者支持企业申请在股票市场上进行IPO、配股和增发等股权融资。要严防企业因短期融资工具与长期投资决策错配造成投融资风险增加，着力解决企业融资期限错配导致的"短贷长投"问题。

3.融资政策要扶植龙头企业，也要普惠中小微企业，支持企业的转型升级

对于中小企业，除了给予信贷融资支持，还要降低资本市场准入门槛，让更多中小企业进行直接融资。要通过资本市场对企业风险进行定价，有效配置不同风险偏好的金融资源，充分发挥资本市场服务实体经济的作用。2019年10月，证监会对面向中小企业的新三板进行了新一轮改革，包括完善分层制度和转板制度。分层制度和转板制度的改革为广大中小企业提供了股权融资便利，开辟了新的成长模式。

资料来源　祝继高，孙建华.破解复工复产下的企业融资难题［N］.中国财经报，2020-04-21.

问题：为加快企业复工复产，政府出台了各项融资优惠政策，那么，破解企业融资难问题需要注意哪些事项呢？

第三节　筹资风险的衡量

一、筹资风险的含义

筹资风险又称财务风险（financial risk），它是指投资者因借入资金而产生的丧失偿债能力的可能性和企业利润（股东收益）的可变性。企业在筹资、投资和生产经营活动各环节中无不承担一定程度的风险。企业为了获得更多的经济效益而进行筹资，必然会增加按期还本付息的筹资负担，由于企业资金利润率和借款利息率都具有不确定性（都可能提高或降低），从而使得企业资金利润率可能高于或低于借款利息率。如果企业决策正确，管理有效，就可以实现其经营目标（使企业的资金利润率高于借款利息率）。但在市场经济条件下，市场行情瞬息万变，企业之间的竞争日益激烈，都可能导致决策失误，管理措施失当，从而使得筹集资金的使用效益具有很大的不确定性，由此产生了筹资风险。

对于所有者投资而言，它不存在还本付息的问题，因为它是属于企业的自有资金，这部分筹入资金的风险，只存在于其使用效益的不确定上。正是由于使用效益的不确定，这种筹资方式也具有一定的风险性，具体表现在资金使用效率低下而无法满足投资者的投资报酬期望，引起企业股票价格下跌，使筹资难度加大，资金成本上升。此外，

企业筹入资金的两大渠道的结构比例不合理，也会影响资金成本的高低和资金使用效果的大小，影响借入资金的偿还和投资报酬期望的实现。

二、筹资风险产生的根源

企业筹资风险的形成既有举债本身因素的作用，也有举债之外因素的作用。举债本身因素主要有负债规模、负债的利息率和负债的期限结构等；举债之外因素是指企业的经营风险、预期的现金流入量和资产的流动性及金融市场等。我们把前一类因素称作筹资风险的内因，而把后一类因素称作筹资风险的外因。

（一）筹资风险的内因分析

1.负债规模

负债规模是指企业负债总额的大小或负债在资金总额中所占比重的高低。企业负债规模大，利息费用支出增加，从而使收益降低，导致丧失偿付能力或破产的可能性增大。同时，负债比重越高，企业的财务杠杆系数=［息税前利润/（息税前利润-利息）］越大，股东收益变化的幅度也随之增加。因此，负债规模越大，财务风险也越大。

2.负债的利息率

在同样负债规模的条件下，负债的利息率越高，企业所负担的利息费用支出就越多，企业破产的可能性也就越大。同时，利息率对股东收益的变动幅度也大有影响，因为在息税前利润一定的条件下，负债的利息率越高，财务杠杆系数越大，股东收益受影响的程度也越高。

3.负债的期限结构

负债的期限结构是指企业所使用的长短期借款的相对比重。如果负债的期限结构安排不合理，如应筹集长期资金却采用了短期借款，或者相反，就会增加企业的筹资风险。其原因在于：第一，如果企业使用长期借款来筹资，它的利息费用在相当长的时期内将固定不变，但如果企业用短期借款来筹资，则利息费用可能会有大幅度的波动；第二，如果企业大量举借短期借款，并将短期借款用于长期资产，则当短期借款到期时，可能会出现难以筹措到足够的现金来偿还短期借款的风险，此时，若债权人由于企业财务状况差而不愿意将短期借款展期，则企业有可能被迫宣告破产；第三，长期借款的融资速度慢，取得成本通常较高，还会有一些限制性条款。

（二）筹资风险的外因分析

1.经营风险

经营风险是企业生产经营活动本身所固有的风险，其直接表现为企业息税前利润的不确定性。经营风险不同于筹资风险，但又影响筹资风险。当企业完全用股本融资时，经营风险即为企业的总风险，完全由股东均摊。当企业采用股本与负债融资时，由于财务杠杆对股东收益的扩张性作用，股东收益的波动性会更大，所承担的风险将大于经营风险，其差额即为筹资风险。如果企业经营不善，营业利润不足以支付利息费用，则不仅股东收益化为泡影，而且要用股本支付利息，严重时企业会丧失偿债能力，面临破产。

2.预期现金流入量和资产的流动性

负债的本息一般要求以现金（货币资金）偿还，因此，即使企业的盈利状况良好，但其能否按合同、契约的规定按期偿还本息，还要看企业预期的现金流入量是否足额及时和资产的整体流动性如何，现金流入量反映的是现实的偿债能力，资产的流动性反映的是潜在偿债能力。如果企业投资决策失误，或信用政策过宽，不能足额或及时地实现预期的现金流入量，以支付到期的借款本息，就会面临财务危机。此时企业为了防止破产可以变现其资产，各种资产的流动性（变动能力）是不一样的，其中库存现金的流动性最强，而固定资产的变现能力最弱。企业资产的整体流动性不同，即各类资产在资产总额中所占比重不同，与企业的财务风险关系甚大，当企业资产的整体流动性较强，变现能力强的资产较多时，其财务风险就较小；反之，当企业资产的整体流动性较弱，变现能力弱的资产较多时，其财务风险就较大。很多企业破产不是因为没有资产，而是因为其资产不能在较短时间内变现，结果不能按时偿还债务，只好宣告破产。

3.金融市场

金融市场是资金融通的场所。企业负债经营要受金融市场的影响，如负债利息率的高低就取决于取得借款时金融市场的资金供求情况，而且金融市场的波动，如利率、汇率的变动，都会导致企业的筹资风险。当企业主要采取短期借款方式融资时，如遇到金融紧缩，银根抽紧，短期借款利率大幅度上升，就会引起利息费用剧增，利润下降，更有甚者，一些企业由于无法支付高涨的利息费用而破产清算。

筹资风险的内因和外因，相互联系、相互作用，共同诱发筹资风险。一方面，经营风险、预期现金流入量和资产的流动性及金融市场等因素的影响，只有在企业负债经营的条件下，才有可能导致企业的筹资风险，而且负债比率越高、负债利息越多、负债的期限结构越不合理，企业的筹资风险就越大。另一方面，虽然企业的负债比率较高，但企业已进入平稳发展阶段，经营风险较低，且金融市场的波动性不大，那么企业的筹资风险相对就较小。

三、筹资风险的类型

（一）经营风险及经营杠杆

经营风险是指企业因经营上的原因而导致利润变动的风险。影响企业经营风险的因素很多，主要有产品售价、产品成本和固定成本比重等，其中固定成本比重的影响很重要。在某一固定成本比重的作用下，销售量变动对利润产生的作用，被称为经营杠杆。由于经营杠杆对经营风险的影响最为重要，因此常常被用来衡量经营风险的大小。

经营杠杆的大小一般用经营杠杆系数表示，它是企业计算利息和所得税之前的利润（简称息税前利润）变动率与销售额变动率之间的比率。其公式为：

$$DOL=\frac{\frac{\Delta EBIT}{EBIT}}{\frac{\Delta Q}{Q}} \qquad （公式5-10）$$

式中：DOL为经营杠杆系数；$\Delta EBIT$为息税前利润变动额；EBIT为变动前息税前

利润；ΔQ 为销售变动量；Q 为变动前销售量。

假定企业的成本-销售-利润保持线性关系，变动成本在销售额中所占的比例不变，固定成本也保持稳定，经营杠杆系数便可通过销售额和成本来表示。这又有两种公式：

$$DOL_Q = \frac{Q(P-V)}{Q(P-V)} \tag{公式5-11}$$

式中：DOL_Q 为销售额为 Q 时的经营杠杆系数；P 为产品单位销售价格；V 为产品单位变动成本；F 为固定成本总额。

$$DOL_S = \frac{S-VC}{S-VC-F} \tag{公式5-12}$$

式中：DOL_S 为销售额为 S 时的经营杠杆系数；S 为销售额；VC 为变动成本总额。

在实际工作中，公式5-11可用于计算单一产品的经营杠杆系数；公式5-12除了用于计算单一产品外，还可用于计算多种产品的经营杠杆系数。

【例5-11】某企业的固定成本为80 000元，变动成本率为60%，当销售额分别为600 000元、400 000元、200 000元时，其相应的经营杠杆系数为：

（1）当销售额为600 000元时，经营杠杆系数为：

$$DOL_1 = \frac{600\,000 - 600\,000 \times 60\%}{600\,000 - 600\,000 \times 60\% - 80\,000} = 1.5$$

（2）当销售额为400 000元时，经营杠杆系数为：

$$DOL_2 = \frac{400\,000 - 400\,000 \times 60\%}{400\,000 - 400\,000 \times 60\% - 80\,000} = 2.0$$

（3）当销售额为200 000元时，经营杠杆系数为：

$$DOL_3 = \frac{200\,000 - 200\,000 \times 60\%}{200\,000 - 200\,000 \times 60\% - 80\,000} = \infty$$

上述计算表明，在一定的销售额和固定成本总额的范围内，销售额越大，经营杠杆系数越小；反之，销售额越小，该系数就越大。

（二）财务风险及财务杠杆

财务风险是指全部资本中债务资本比率的变化带来的风险。当债务资本比率较高时，投资者将负担较多的债务成本，并经受较多的债务作用所引起的收益变动的冲击，从而加大财务风险；反之，当债务资本比率较低时，财务风险就小。一般而言，企业负债经营，不论利润多少，债务利息是不变的。当利润增加时，每一元利润所负担的利息就会相对地减少，从而使投资者收益有更大幅度的提高。这种债务对投资者收益的影响称作财务杠杆。

与经营杠杆作用的表示方式类似，财务杠杆作用的大小通常用财务杠杆系数表示。财务杠杆系数越大，表明财务杠杆作用越大，财务风险越大；财务杠杆系数越小，表明财务杠杆作用越小，财务风险也越小。

公式为：

$$DFL = \frac{\Delta EPS/EPS}{\Delta EBIT/EBIT} \tag{公式5-13}$$

$$\text{或} \quad DFL = \frac{EBIT}{EBIT - I} \tag{公式5-14}$$

式中：DFL为财务杠杆系数；ΔEPS为每股利润变动额；EPS为每股利润；I为利息。

【例 5-12】某企业全部资本为150万元，负债比率45%，负债利率12%，如销售额为100万元，息税前利润为20万元，则财务杠杆系数为：

DFL=20÷（20-150×45%×12%）=1.68

此种情况表明，当该企业的息税前利润增加1倍时，每股利润将提高1.68倍；当企业负债筹资为0时，财务杠杆系数为1。

四、财务风险的测量

依前所述，财务杠杆系数越大，财务风险也就越大。

（一）期望值分析

现使用自有资金和借入资金的概念，期望自有资金利润率与期望全部资金利润率的关系可用如下公式表示：

$$期望自有资金利润率=期望全部资金利润率+\frac{借入资金}{自有资金}×（期望全部资金利润率-借入资金利息率）$$

【例 5-13】假定企业资金总额为 4 000 000 元，期望利润为 640 000 元，按三种情况分析：

（1）全部资金均为自有资金，即借入资金为0时，期望自有资金利润率与期望全部资金利润率相同，即：

$$\frac{640\,000}{4\,000\,000}×100\%=16\%$$

（2）借入资金与自有资金的比例为1：3，借入资金利息率为10%，则期望自有资金利润率为：

$$16\%+\frac{1\,000\,000}{3\,000\,000}×（16\%-10\%）=18\%$$

（3）借入资金与自有资金的比例为1：1，而借入资金利息率为17%，则期望自有资金利润率为：

$$16\%+\frac{2\,000\,000}{2\,000\,000}×（16\%-17\%）=15\%$$

以上分析表明，在企业资金全部为自有资金的情况下，企业只有经营风险而无财务风险；企业有一部分借入资金的情况下，除了有经营风险外，还面临财务风险。后两种情况相比，当财务风险适当，且借入资金利息率小于全部资金利润率时，企业自有资金利润率就会上升；反之，当财务风险过大，且借入资金利息率大于全部资金利润率时，企业自有资金利润率就会下降。以上三种情况相比，筹资决策中所期望的是第二种情况。

（二）标准离差分析

在企业既有经营风险又有财务风险的情况下，对其财务风险的分析，可进一步通过计算期望自有资金利润率及其标准离差来进行。

【例 5-14】某企业资金总额为400万元，期望的全部资金利润情况见表5-4。

表5-4　　　　　　　　　　　期望的全部资金利润情况表

经济情况	概率	利润额（万元）	利润率（%）
较好	0.35	100	25
一般	0.40	60	15
较差	0.25	20	5

现按不同情况计算期望自有资金利润率及其标准离差。

（1）全部资金均为自有资金。此时，期望自有资金利润率与期望全部资金利润率一致，即：

0.35×25%+0.40×15%+0.25×5%=16%

$$标准离差=\sqrt{(25\%-16\%)^2×0.35+(15\%-16\%)^2×0.40+(5\%-16\%)^2×0.25}$$
$$=7.68\%$$

（2）借入资金与自有资金的比例为1：3，借入资金利息率为10%，此种情况下，自有资金的利润额和利润率可计算如下（表5-5）：

表5-5　　　　　　　　　　　自有资金的利润额和利润率

经济情况	概率	利润额（万元）	利息支出（万元）	资金额（万元）	自有资金额（万元）	利润率（%）
较好	0.35	100	10	300	90	30
一般	0.40	60	10	300	50	16.7
较差	0.25	20	10	300	10	3.3

期望自有资金利润率=0.35×30%+0.40×16.7%+0.25×3.3%=18%

$$标准离差=\sqrt{(30\%-18\%)^2×0.35+(16.7\%-18\%)^2×0.40+(3.3\%-18\%)^2×0.25}$$
$$=10.25\%$$

（3）借入资金与自有资金的比例为1：1，借入资金利息率为17%，计算方法与表5-5相同，可计算出三种不同经济状况下自有资金的利润额和利润率分别为：66万元，33%；26万元，13%；14万元，−7%。

期望自有资金利润率=0.35×33%+0.40×13%−0.25×7%=15%

$$标准离差=\sqrt{(33\%-15\%)^2×0.35+(13\%-15\%)^2×0.40+(-7\%-15\%)^2×0.25}$$
$$=15.36\%$$

以上说明，借入资金对自有资金的比例增大，自有资金利润率的标准离差就大，显示的风险也就高。同时当借入资金利息率提高，则自有资金利润率的标准离差就更大，显示的风险就更高。

小思考5-3

财务杠杆系数越大，表明财务杠杆作用越大，财务风险（　　）；财务杠杆系数越小，表明财务杠杆作用越小，财务风险（　　　）。

小思考5-3

A.越大、越大　　　　　　　B.越小、越大

C.越小、越小　　　　　　　D.越大、越小

E.不确定

答案

案例分析5-3　　房企"躺着赚钱"已成过去式　资金链紧张致财务风险加剧

《财经》新媒体记者统计发现，绿城、雅居乐等营收增速为个位数，远洋净利呈现负增长。同时，绿城、佳兆业等房企净利率低于10%，而同期中海、华润净利润率超20%，上市房企间盈利能力分化明显。与此同时，不少房企的负债依然高企，如2019年富力、佳兆业、金科净负债率超过100%，且富力、金茂、雅居乐的现金短债比小于1，短期偿债压力较大。

在业内人士看来，房地产行业利润率下降，是因为各地出台的限价政策以及运营成本增加所致。房企拿到了地却因备案价过高不能获批，销售不畅的同时，营销成本节节攀升，资金成本已成利润下降的主要因素，未来利润率下滑将是行业普遍现象。记者注意到，富力等不少房企现金流并不足以覆盖短期负债，而且净负债率超100%，偿债压力巨大。根据财报数据显示，截至2019年年末，富力现金及现金等价物为229.04亿元，而短期贷款为622.7亿元；雅居乐手持现金335.51亿元，流动负债中的借款为422.97亿元。

正是考虑到企业是否具有足够的偿债压力，债券评级机构穆迪近期下调了富力、雅居乐公司家族评级，将富力地产Ba3公司家族评级和富力香港的B1公司家族评级列入下调观察名单。

穆迪副总裁、高级分析师何思娴指出："富力未来12—18个月的再融资需求较大。2019年年末，其持有现金加上扣除运营现金流后的合约销售收入，不足以覆盖短期债务，而公司将需要发行新债来偿付其到期债务。"

为了确保债务不违约，大多数房企还是选择了"借新还旧"方式。贝壳研究院数据显示，根据对境内募集资金用途分析，2018年以来，房企用于"借新还旧"用途的占比达84%～89%。其中，全部偿还债务的在2020年Q1达到了82%。从发债的角度，扩张规模和维持企业运营的需求已经被防止债务违约所代替。

资料来源　宋金煜. 房企"躺着赚钱"已成过去式　资金链紧张致财务风险加剧［EB/OL］.［2020-10-28］. https://baijiahao.baidu.com/s? id=1663503328967774892&wfr=spider&for=pc.

问题：导致众多房企财务风险剧增的原因是什么？如何降低企业的财务风险？

思政专栏

对于我国从事海外投资的企业，"一带一路"倡议所带来的重大发展机遇无疑令人振奋。如何抓住这一重大历史机遇引领企业发展，充分利用"一带一路"倡议打造的互利共赢、共同发展的经济合作平台加速我国企业国际化进程，以实际行动推动"一带一路"倡议走深走实，受到从事海外投资企业的高度关注。在关注投资"一带一路"沿线国家所带来的经济利益的同时，投资行为要面对的各种风险也应引起足够重视。"一带一路"沿线国家多为发展中国家，经济社会发展阶段不同，国情复杂多样，在为中国投资者提供广阔空间的同时，也加大了中国企业在海外投资、运营过程中的潜在风险。尤其是海外投资经验不甚丰富的我国民营企业和中小型企业，更应提高对相关风险的认识并强化防范意识。

政治风险、法律风险、经济风险、营商风险以及对东道国当地文化缺乏足够了解的文化风险是我国企业从事海外投资所主要面临的风险。其中，经济风险和营商风险属于企业日常经营活动所要面对的商业型风险，企业对此类风险较为熟悉，应对经验也相对丰富。需要引起重视的是政治风险、法律风险以及文化风险。政治风险根据我国企业海外投资方式与东道国经济发达程度的不同，总体表现为两类：一类是东道国针对外国投资的审查不断收紧的风险，这些多出现在较发达国家；另一类是经济不太发达但资源相对丰富的东道国，本身政局不稳定可能带来的战争与内乱、国有化、汇兑限制、政府违约以及政策稳定性等风险。随着近年来贸易保护主义、民粹思潮以及逆全球化思维的抬头，政治风险已经成为阻碍我国企业加快海外投资和国际化进程的首要风险。法律风险是我国企业海外投资所面临的另一重大风险，主要来自三个方面：一是我国与东道国之间用于保护和促进双向投资的多边、双边投资协定覆盖不足的风险；二是东道国本身有关外国投资的待遇和保护、经济金融等法制不健全的风险；三是我国企业在进行海外投资时，对东道国的市场准入、法律法规、运作机制以及相关救济措施缺乏足够了解的风险。文化风险主要是企业对当地市民社会的风俗习惯、价值观、宗教信仰、语言沟通的不熟悉造成的风险。文化风险虽然并非企业从事经营活动所面临的常规风险，但对于我国企业与东道国当地市民社会保持良好沟通和互动、避免投资意图遭到曲解，确保我国企业在东道国的投资战略实现、投资的顺利开展及平稳运作至关重要。

资料来源　帅扬. 加强企业海外投资风险防范　确保"一带一路"建设稳步推进［N］. 法制日报，2019-04-17.

点评："一带一路"倡议不仅为中国的开放发展创造了更大空间，也为各国发展和全球经济带来更大的机遇。企业作为"一带一路"建设的实施者，其"走出去"过程中收益与风险并存是正常现象。应通过重视风险防范、提高风险识别和预警能力，并采取综合措施应对各类风险等手段，有效降低风险应对成本，提高风险应对能力，确保"一带一路"建设的稳步推进。

◼ 本章小结

筹资就是投资主体进行投资资金的筹措。筹资不但要解决资金有无或资金多少的问题，而且要考虑筹集资金的资本成本，安排合理的资本结构，同时还要考虑财务风险与财务杠杆。筹资渠道主要包括财政、银行、自筹资金和发行证券等。

资本成本是指企业为筹集和使用资金而付出的代价。在市场经济环境中，决定企业资本成本高低的因素主要有总体经济环境、证券市场条件、企业内部的经营和融资状况、项目融资规模。

为了筹资决策的需要，筹资者需要测算各种资金来源的资本成本，即个别资本成本、加权平均资本成本和边际资本成本。

筹资风险又称财务风险，它是指投资者因借入资金而产生的丧失偿债能力的可能性和企业利润（股东收益）的可变性。企业筹资风险的形成既有举债本身因素的作用，也有举债之外因素的作用。举债本身因素主要有负债规模、负债的利息率和负债的期限结构等；举债之外因素是指企业的经营风险、预期的现金流入量和资产的流动性及金融市场等。

筹资风险的类型主要包括经营风险及经营杠杆和财务风险及财务杠杆。财务风险的测量方法有期望值分析和标准离差分析。

思考题

1.投资资金来源的渠道主要有哪些？
2.什么是资本成本？它的主要构成内容有哪些？
3.影响资本成本高低的因素有哪些？
4.什么是财务风险？它产生的根源有哪些？

第六章

实业投资

学习目标

知识目标：了解实业投资的含义、分类及具体内容，掌握实业投资的运作过程及每个过程的工作内容，掌握实业投资决策的方法。

思政目标：能深刻认识到实业投资就是项目投资，具有很大的风险性，从而提高投资者的风险意识，培养其较强的金融素养。

导引　　巨头领衔　国内企业"南迁"步伐加速

美国政府于5月9日宣布，自2019年5月10日起，对从中国进口的2 000亿美元清单商品加征的关税税率由10%提高到25%。

对此，5月13日，国务院关税税则委员会正式发布有关对原产于美国的部分进口商品提高加征关税税率的公告，自2019年6月1日0时起，对原产于美国的部分进口商品提高加征关税税率，分别实施25%、20%或10%的加征关税税率。

不久后，美国股市开市，美股三大主要指数出现全面大跌，道指跌超600点，创1月3日以来最大单日跌幅；纳指跌逾3%，创下年内最大单日跌幅。以苹果为代表的科技股，以英特尔为代表的半导体股票，以及一些奢侈品公司股票几乎都出现了不同程度的下跌。

随后，美方传来消息称，第四轮商品加征关税的计划最快将会在2019年7月实施。据悉，美方下一轮将会对从中国进口的约3 000亿美元的商品加征关税，将包括上次并未包含的手机和笔记本电脑在内的商品。

面对愈发紧张的中美贸易局势，除了让股市行情产生波动外，随着贸易摩擦所涉商品范畴的扩大，国内产业链企业的转移已经难以避免。

※双重受压　产业链无奈转移东南亚

其实在2018年，中国手机产业链公司就已经明显陷入了贸易战的影响之中。笔者查阅近半年以来的产业链上市公司财报中，几乎每家企业都提到了贸易战的相关信息，或是汇兑损失、汇兑受益，或是受原材料成本增加出现的净利润流失。而其中更多的，是贸易战带来的负面影响。

　　虽然此前中美双方仍在不断地进行磋商，但众所周知，中美两国关系的复杂性使得这场贸易摩擦不会草草收场，历时之长难以判断。眼下中美经贸摩擦也不断升温，这些无法避免进出口交易的厂商们再度承压。为将自身风险及不可控因素带来的影响降到最低，产业链公司转移生产力成了迫在眉睫的事。

　　不仅如此，受到智能手机市场衰退的影响，中国电子产业链的环境日益严峻，产业链本身所处的环境并不乐观。

　　就在企业纷纷通过各种途径寻求新发展的同时，国内的土地、人工等各项生产成本正以可见的速度增长。因此，如业界所见，曾经是国内最大电子生产基地的珠三角地区辉煌不再，数年间不断有电子业工厂向中国内陆迁移。

　　然而，随着市场环境变得更为恶劣，近两年的总体需求量明显在持续减少，而国内市场需求的高度饱和也标志着用户体量将会发生转移。与此同时，产业链公司在国内市场的产品利润进一步下滑。显然，内陆地区带来的成本优势已经无法满足产业链公司的需求。

　　综上原因，在中美贸易摩擦的漩涡和本土市场环境的双重压迫下，不断有企业选择将生产力放在土地资源更多、劳动力更便宜的东南亚地区。

　　首先被大家所熟知的一大市场就是印度，近两年智能手机产业链向印度迁移的动作更为频繁。不过即便经过了较长一段时间的努力，中国产业链公司落地印度仍面临不小的阻力。与此同时，韩国电子业在越南投建工厂的成效让不少国内产业链企业注意到，越南也可以成为企业生产力"南迁"的另一个选择。

　　※巨头领衔　国内企业"南迁"步伐加速

　　资料显示，2000—2018年越南年均经济增速达到6.3%，2018年第二季度越南GDP同比增长6.8%，这样的成绩在亚洲地区众多新兴市场中十分耀眼。另外，目前越南正处于劳动力红利期，2017年人口总数达到9 370万，即将成为亚洲第八个人口超过一亿的国家。与此同时，越南还具有相较于中国而言更为丰富的年轻劳动力资源。

　　早在大陆企业尚未抵达之前，就有以富士康、仁宝为代表的中国台湾电子大厂在越南投资设厂。

　　据悉，仁宝规划了笔电上游零组件包括机壳、电池、面板、散热模块、周边组件键盘等产品的生产落地越南。

　　而富士康作为苹果最大的供应商之一，在贸易摩擦结果尚未明朗之前，分散生产力是其目前一项重要的决定。

　　大摩分析师曾预估，若美国加征25%关税，iPhone XS的成本可能增加约160美元。为避免受此影响，富士康就曾在2019年4月表示计划将在印度扩产，而今，越南也成为其实现分散生产力的下一个落脚点。

据了解，继在越南北宁、北江、永福等省份投资建厂后，富士康在2019年3月再度表示将继续扩大在越投资范围，而下一个投资建厂的地点或是越南的广宁省。目前富士康在越南的投资产业包括印刷电路板、连接器、机壳，个人计算机组装、手机及其零组件等。

与富士康同步进行转移的，还有国内苹果供应链的两大代表性的厂商立讯精密和歌尔股份。

据悉，立讯精密在当地计划投资金额达2 100万美元，而歌尔股份越南电声器件生产投资项目中，由中方出资的金额为3 920万美元。

眼下中美贸易摩擦持续升温，产业链企业"南迁"的步伐还在不断向前。不过，国内厂商要在别国实现生产还将遭遇诸多考验。

越南其实也与印度一样存在项目落地进展缓慢的问题。有在当地投资建厂的企业指出："在越南工厂的土建和内部的水电气装修工作都比原计划要晚上许久，整体的实施速度远不及国内。"

诚然，一些缺乏资本实力及产能规模的产业链厂商，仍会在现有的双重压力下，不得不继续本土化生产运营。

资料来源　佚名．巨头领衔　国内企业"南迁"步伐加速［EB/OL］．［2019-05-18］．http://www.Elecfans.com/d/937939.html.

第一节　实业投资概述

一、实业投资的含义及特点

（一）实业投资的含义

实业投资是指经济主体（包括法人和自然人）为未来获得收益而于现在投入生产要素，以形成资产的一种经济活动，也就是经济主体为未来获得收益而于现在投入资金或资本到生产领域的活动。由于实业投资是通过对具体实业项目进行投资来完成的，故实业投资也称项目投资。实业投资区别于股票投资、债券投资等金融投资的要点在于金融投资仅表现为所有权的转移，并不构成生产能力的增强，而实业投资则是经济生产能力的增强，是推动经济增长的因素。

长期以来，在我国，实业投资的概念通常是指购置和建造固定资产、购买和储备流动资产的经济活动。实质上，购置和建造固定资产、购买和储备流动资产就必须运用资金，所以实业投资既指特定的经济活动，又指投入的资金。特别是在现代商品生产条件下，商品交换以货币为媒介，无论是企业还是个人，要进行生产活动，都要预先垫支一定数量的货币，以购买劳动资料、劳动对象和支付劳动者的工资报酬。因此，一般来说，实业投资就是为获取预期收益，以货币购买生产要素，从而将货币收入转化为生产资本。这样，企业的整个生产过程就表现为三个阶段：投资阶段、生产阶段（或严格地称为直接生产阶段）和销售阶段。

企业的投资、生产和销售，既有联系，又有区别。投资过程不同于直接生产过程，投资过程是为生产过程提供生产能力的行为过程，直接生产过程则是运用投资所提供的生产能力来生产产品的行为过程。前者的成果是生产能力，后者的成果是产品。投资也不同于产品的销售，产品的销售是出售生产过程的成果的过程，投资在直接生产过程之前，而产品的销售在直接生产过程之后。

（二）实业投资的特点

实业投资是现代投资的重要内容，是国民经济的重要组成部分，具有和一般物质生产、流通领域不同的特点。深刻认识这些特点，对研究和掌握实业投资运动的规律，具有重要的意义。

1.实业投资领域的广泛性、复杂性

实业投资是覆盖全社会的事业，投资在国民经济中有着特殊的地位和作用，投资领域综合性强，涉及面广。国民经济各部门，都必须拥有固定资产作为自身活动的物质条件和基础。所有能发挥综合生产能力和工程效益的固定资产，都必须通过投资建设才能形成。同时，投资活动的进行也离不开国民经济各部门的支持，需要各部门发展生产，提供投资品。遍及国民经济各部门、各地区的投资活动，必然涉及计划、财政、金融以及建设用地、劳动力和物资等资源的分配、供应和占用。

从微观经济投资活动来考察，投资领域内部的经济颇为复杂，与物质生产部门的一般生产活动相比，也有其复杂性。物质生产部门和企业运用生产要素，直接从事生产，货币资金支出和销售收入在同一生产过程完成，并获取收益。而在实业投资实施过程中，一般只有投入，没有收益，投资回收要到资产形成并投产后才能逐渐实现。在这个过程中，投资者的投资活动，既涉及与银行和非银行金融机构、地产管理部门等经济组织的密切联系，又涉及与投资公司、勘察设计单位、综合开发单位、施工单位错综复杂的经济关系。

2.实业投资的长期性

在生产领域中的工业部门，其产品体积一般都较小，生产活动中一边投入和消耗物资，一边推进生产过程，每小时、每天、每月或每季度都能完成产品。而投资活动则不是这样。投资项目庞大，地点固定，又具有不可分割性、单一性，这些特点决定了投资建设的长期性。因此，在投资实施和资产形成时期，会有大量的费用长时期退出国民经济的流通，并且在这一较长时期不能创造出任何有用成果，要到整个投资实施，即建设周期的完结，才能形成资产。对于微观经济投资活动来说，一个项目的投资周期，主要由投资决策期、投资实施期（即建设期）和投资回收期三个阶段构成。投资决策期要对投资进行充分审慎的研究，避免仓促拍板上马；投资实施期应力争缩短，以加快建设速度；投资回收期则要加快，以尽快收回投资，实现价值增值，实现投资的良性循环。

3.实业投资实施的周期性和经常性

实业投资，以形成某种能在未来带来收益的有形资产为目的，以获得实物为首要特征。因此，实业投资总是和固定资产的再生产联系在一起的，否则实业投资就失去了意义，或者说实业投资是固定资产的再生产方式。由于实业投资和固定资产的再生产联系在一起，所以实业投资具有周期性和经常性的特点。周期性有两种含义：一种是固定资产从形成到其寿命完结之时为一个周期；另一种是固定资产从形成到收回投资为一个周期。前者可以称为固定资产的再生产周期，后者称为投资周期。虽然两个周期都是投资的运动，但是它们在时间间断上并不完全一致。经常性就是指完成一次投资后，需要以后不断追加投资。这是因为，国民经济的技术基础是需要不断发展的。同时，投资后形成的固定资产又会随着经济的发展逐渐由新变旧，技术由先进变落后，产出效率逐渐下降。由于这一原因，就必须对已经投资形成的固定资产进行经常性投资，以保证固定资产再生产的顺利进行和技术水平的不断提高。

4.实业投资具有实业上的转移性

投资实业上的转移性，是指投资在实业之间的转移和流动。投资在实业之间进行合理、有效的转移，不仅能够优化投资的实业结构，而且能够带动整个国民经济的改善，促进社会生产力的巨大发展。不同国家和地区应根据自己的特点和切实可行的经济社会发展目标，制定出切合实际的实业政策，研究和把握投资在不同实业间转移的时机、规模和重点，以尽量减少伴有重大损失的周期性波动或破产倒闭现象的发生。

5.实业投资收益的不确定性

经济活动预期能获取经济效益，这是普遍的要求。生产经营性投资，一般是在预测的期望值高于银行利率的基础上作出决策的。但是，实施投资的结果，是不是一定能带来预期的收益，这很难确定。不能保值、增值甚至发生亏损而不能收回投资的风险是存在的。因此，实业投资收益的不确定性，要比一般物质产品生产活动效益的不确定性更大。这是与投资活动涉及面广、影响因素多、投资周期长密切相关的。

二、实业投资的分类

实业投资分类的目的是认识不同投资的性质和活动的特点，以便采取相应的措施和对策，对投资活动进行科学的管理。根据不同的划分标准，可以对投资进行不同的分类。

（一）按照实业投资的主要职能和在经济增长中的作用分类

实业投资按其主要职能以及在经济增长中的作用可以分为设备更新投资、技术改造投资、改建扩建投资和新建投资几类。设备更新投资就是用新的设备替换旧的设备或寿命完结的设备，这类实业投资的职能主要是补偿、更新固定资产。技术改造投资是提高企业、实业或国民经济技术水平的投资，这类实业投资的功能主要是提高企业、实业和国民经济的物质基础的技术先进程度和产出效率。改建扩建投资一般是调整和扩大企业规模或改变生产工艺流程等的一种投资。新建投资的主要职能是增加新的固定资产和培育新的经济增长点。在这种实业投资分类中，又以技术含量以及投资后产出增加的方式不同而归结为内涵集约式投资和外延粗放式投资。

（二）按照实业投资的项目分类

从实业投资的项目看，可以分为建筑安装工程投资、设备投资和其他投资。这种投资分类主要是为了研究投资的运用效果，以利于对投资项目加强监管和降低投资成本。

（三）按照实业投资的产业部门分类

实业投资按产业部门的不同可分为第一产业投资、第二产业投资和第三产业投资。目前国际上对三次产业的划分没有统一的标准，但多数国家和国际组织划分的三次产业范围大体是一致的。通常产品直接取之于自然的物质生产部门为第一产业，对取自自然的物质资料进行加工的生产部门为第二产业，提供无形产品的生产部门为第三产业。国家质量监督检验检疫总局和国家标准化管理委员会在 2017 年发布的国家标准（GB/T 4754—2017）——《国民经济行业分类》中，对三次产业的范围划分如下：第一产业包括农、林、牧、渔业；第二产业包括采矿业，制造业，电力、热力、燃气及水生产和供应业以及建筑业；第三产业包括除第一、二产业以外的其他行业，具体有批发和零售业，交通运输、仓储和邮政业，住宿和餐饮业，信息传输、软件和信息技术服务业，金融业，房地产业，租赁和商务服务业，科学研究和技术服务业，水利、环境和公共设施管理业，居民服务、修理和其他服务业，教育，卫生和社会工作，文化、体育和娱乐业，公共管理、社会保障和社会组织，国际组织。

三、实业投资的全过程及各阶段的工作内容

动态地看，无论是固定资产投资还是流动资产投资，无论是重置资产投资还是净投资，都是一个周而复始的运动过程。在运动中，实业投资必然按其内在的时序，经历一定的阶段。这些阶段环环相扣，前一阶段为下个阶段创造条件，而下个阶段必须在前一阶段的基础上进行。只有了解实业投资的运动过程，并依照其内在的时序行事，才能使实业投资各阶段的工作有条不紊地进行，避免不必要的损失和浪费。

实业投资一般是以项目为载体进行的，实业投资最终必须落实到具体的项目上。因此，一般来说，实业投资的阶段划分与项目阶段划分是一致的。实业投资的种类很多，各类投资的运动过程及其所经历的阶段也不尽相同。就一般而论，实业投资要经过三个阶段：投资前期、投资期和投资回收期。每个时期又分为若干个工作阶段，如投资前期包括项目设想、项目选定、项目准备和项目评估四个工作阶段；投资期就是项目实施阶段；投资回收期包括项目投产经营和项目评价总结等工作阶段。而每个工作阶段又有许多不同的工作和活动，如项目实施阶段主要有谈判和签订合同、工程项目设计、施工安装和试车投产等工作活动。每个阶段的各项工作活动，形成了一个循序渐进的工作过程，在这一过程中项目逐渐形成。项目进展周期示意表（表 6-1）表明了项目建设全过程中各个时期开展的工作及其相互关系，其中"投资决策"和"竣工验收"是各个时期的分界线。

（一）投资前期

投资前期即投资工程建设的前期，其主要任务是进行可行性研究和资金筹措。

表6-1 项目进展周期示意表

投资前期					投资期（项目实施阶段）					投资回收期（生产期）	
机会研究	初步可行性研究	可行性研究	评价报告	投资决策	合同谈判和签订	工程设计阶段	施工阶段	试运转阶段	竣工验收	生产经营阶段	评价总结阶段

1. 可行性研究

联合国工业发展组织编写的《工业可行性研究编制手册》中把投资前期的可行性研究工作分为机会研究、初步可行性研究、可行性研究和项目评估决策四个阶段。

由于基础资料的占有程度和研究深度与可靠程度要求不同，建设前期各个研究工作阶段的研究性质、工作目标、工作要求及作用、工作时间与费用各不相同（表6-2）。一般来说，各阶段研究的内容由浅入深，项目投资和成本估算的精度要求由粗到细，研究工作量由小到大，研究的目标和作用逐步提高，因而研究工作时间和费用也逐渐增加。

表6-2 可行性研究各阶段工作的目的和要求

研究阶段	机会研究	初步可行性研究	可行性研究	项目评估决策
研究性质	项目设想	项目初选	项目准备	项目评估
研究目的和内容	鉴别投资方向，寻求投资机会（含地区、行业、资源项目的机会研究），选择项目，提出项目投资建议	对项目做初步评价，进行专题辅助研究，广泛分析、筛选方案，确定项目的初步可行性	对项目进行深入细致的技术经济论证，重点对项目的技术方案和经济效益进行分析评价，进行多方案比选，提出结论性意见	综合分析各种效益，对可行性研究报告进行全面审核和评估，分析判断可行性研究的可靠性和真实性
研究要求	编制项目建议书	编制初步可行性研究报告	编制可行性研究报告	提出项目评估报告
研究作用	为初步选择投资项目提供依据，批准后列入建设前期工作计划，作为国家对投资项目的初步决策	判定是否有必要进行下一步详细可行性研究，进一步判明建设项目的生命力	作为项目投资决策的基础和重要依据	为投资决策者提供最后决策依据，决定项目取舍和选择最佳投资方案
估算精度（%）	±30	±20	±10	±10
研究费用（占总投资的%）	0.2～1.0	0.25～1.25	大项目0.8～1.0 中小项目1.0～3.0	—
需要时间（月）	1～3	4～6	8～12或更长	—

投资可行性研究，是指对拟建的投资项目进行技术经济论证和方案比较，为投资决策提供依据。早在20世纪30年代初期，美国在开发田纳西河流域时就曾运用过可行性研究。第二次世界大战后，可行性研究在许多国家的经济重建中获得了普遍的应用，并得以发展和充实。可行性研究一般分为机会可行性研究、初步可行性研究和可行性研究三个阶段，然后进行项目评估决策。

2.资金筹措

实业投资前期的另一项活动是筹措资金。当企业决定从事实业投资之后，必须设法筹措资金以使投资计划付诸实施。企业的资金可分为内部资金和外部资金。内部资金是指企业所有者提供的资金和企业通过生产经营活动所取得的资金；外部资金是指向企业以外的单位筹措的资金。筹资方式不同，必然影响融资的成本、投资项目建成后的所有权、经营管理方式以及收益的分配形式。在筹措资金时，必须综合考虑这些因素。

（二）投资期

投资期是投资的实施阶段，其主要任务是通过编制设计委托书、委托设计、委托施工和竣工验收等活动，把投资转化为固定资产、存货和无形资产，最后变为现实的生产能力。其建设程序如图6-1所示。

1.设计阶段

设计委托书是投资者委托设计的主要依据。

设计委托书的内容，因建设项目的不同而有所不同。大中型工业项目一般应包括以下几个方面：建设的目的及依据；建设规模、产品方案或纲领、生产方法或工艺原则；矿产资源、水文、地质和原材料、燃料、动力、供水、运输等协作配合条件；资源综合利用和"三废"治理要求；产品销路、盈利和竞争能力；建设地区或地点以及占用土地估算；建设进度和工期；投资控制数；资金来源和预测投资回收年限；技术经济总评价；存在的问题和解决办法。

在编制设计委托书之后，投资企业就可以委托监理单位实施监理，然后采取招标投标或其他方式委托设计企业进行投资项目的设计。设计是在技术经济上对投资项目进行全面具体的规划。它是委托施工的主要依据。设计的好坏直接影响施工的质量、进度和工程成本；同时，设计还决定着项目建成后的使用效果，要使项目建成后技术先进，设计中就必须采用新技术和新工艺。

设计工作是一项非常复杂的综合性技术经济工作。在进行设计以前，必须进行工程地质和水文地质的勘察，搜集并研究建设地区的自然条件和技术经济条件。

投资项目的设计一般按两个阶段进行，即初步设计和施工图设计。但对技术复杂而又缺乏设计经验的重大项目，可根据各行业的特点，增加技术设计阶段。

初步设计的任务是阐明在选定的地点、控制的投资额和规定的期限内，拟建工程在技术上的可行性和经济上的合理性，并对设计的项目作出基本的技术决定，同时编制项目的总概算。初步设计由文字说明、图纸和设计总概算组成，一般包括以下内容：设计依据，设计的指导思想，建设规模，产品方案，原料、燃料、动力的用量和来源，工艺流程，主要设备选择和配置，主要建筑物、构筑物、公用辅助设施，新技术采用情况，

```
┌──────────────────────┐
│   国民经济中、长期计划    │
└──────────────────────┘
              │
              ↓
┌──────────────┐        ┌──────────┐
│ (1) 项目建议书 │───────→│  报告审批  │
└──────────────┘        └──────────┘
              │                ↑
              ↓                │
┌──────────────┐   ┌────────┐ ┌────────┐
│ (2) 可行性研究 │──→│ 选地点 │→│  审批  │
└──────────────┘   └────────┘ └────────┘
              │
              ↓
┌──────────┐   ┌──────────────────┐ ┌──────┐ ┌──────────────────┐
│ (3) 设计  │──→│  初步设计、总概算   │→│ 审批 │→│  技术设计、修改概算  │
└──────────┘   └──────────────────┘ └──────┘ └──────────────────┘
              │         │                            │
              │         ↓                            ↓
              │   ┌──────────────┐          ┌────────────┐
              │   │  施工组织总设计 │          │  施工图设计  │
              │   └──────────────┘          └────────────┘
              ↓         │                            │
┌──────────────┐   ┌────────────┐              ↓
│ (4) 建设准备  │──→│  施工准备    │        ┌────────────┐
└──────────────┘   └────────────┘        │  施工图会审  │
              │                           └────────────┘
              │   ┌──────────────────────┐      │
              │   │  单位工程施工组织设计    │→ ┌────────────┐
              │   └──────────────────────┘   │  施工图预算  │
              ↓         │                     └────────────┘
┌──────────────┐   ┌────────────┐              │
│ (5) 全面施工  │──→│  施工作业设计 │              │
└──────────────┘   └────────────┘              │
              │         │                       │
              │   ┌────────┐ ┌──────────────────┐ ┌──────────┐
              │   │ 开工报告 │←│  开工前各项准备工作  │ │  施工预算  │
              │   └────────┘ └──────────────────┘ └──────────┘
              ↓                                     │
┌──────────────┐                              ┌──────────┐
│ (6) 生产准备  │                              │  工程结算  │
└──────────────┘                              └──────────┘
              │         ┌────────────┐            │
              │         │  竣工决算    │←───────────┘
              │         └────────────┘
              ↓              │
┌──────────────┐   ┌────────┐ ┌──────────────┐
│ (7) 竣工验收  │──→│  试运转 │→│  新增固定资产   │
└──────────────┘   └────────┘ └──────────────┘
```

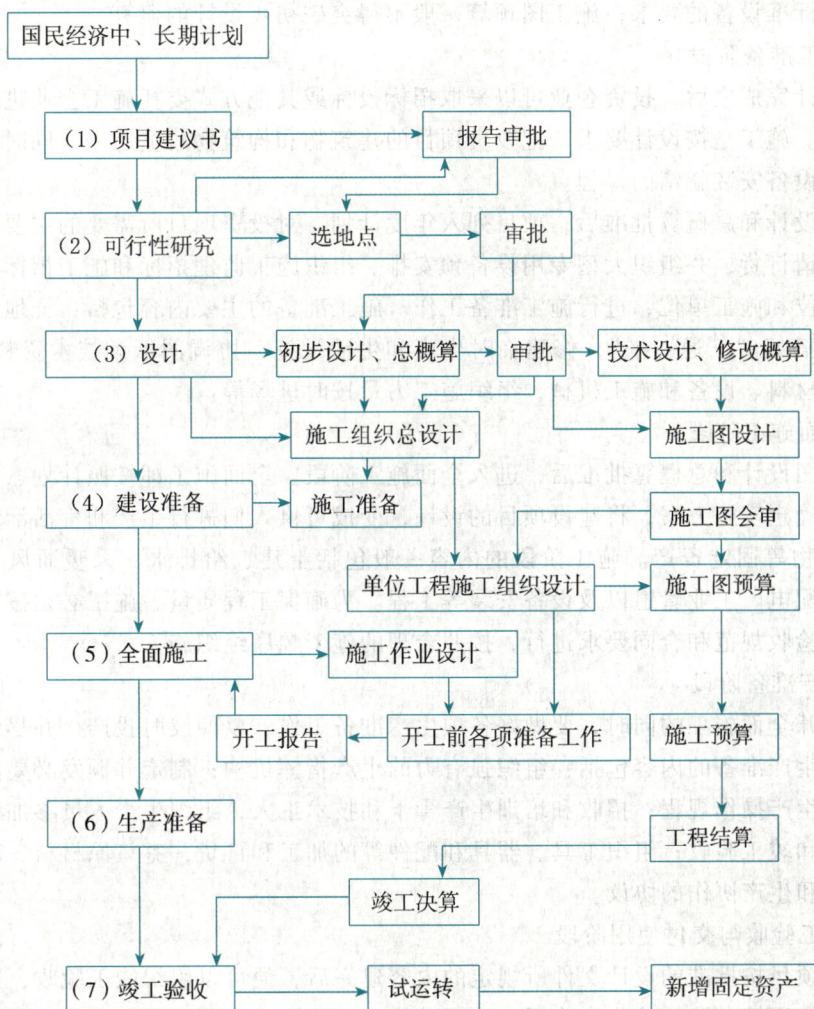

图6-1　实业投资基本建设程序图

主要材料用量，外部协作条件，占地面积和土地利用情况，综合利用和"三废"治理，生活区建设，生产组织和劳动定员，各项技术经济指标，建设顺序和期限，总概算。初步设计和总概算按其规模大小和规定的审批程序，报相应部门批准。经批准后，设计部门方可进行施工图设计。

技术设计是对初步设计确定的内容进一步深化，主要明确初步设计中所采用的工艺流程和建筑形式，并解决设计方案中重大的技术问题及有关试验、设备制造等方面的问题。

施工图设计是在批准的初步设计或技术设计的基础上，将设计的工程加以形象化。施工图设计的内容包括：建筑平、立、剖面图，建筑详图，结构布置图和结构详图等；各种设备的标准型号、规格，各种非标准设备的施工图。此外，在施工图设计阶段还应编制施工图预算。施工图设计应全面贯彻初步设计的各项重大决策，应能满足工程施工和制造非标准设备的要求；施工图预算一般不得突破初步设计的概算。

2.施工准备阶段

在设计完成之后，投资企业可以采取招标投标或其他方式委托施工企业进行投资项目的施工。施工是按设计要求，把投资项目的建筑物和构筑物建造起来，同时也是把规定的机器设备安装就绪的过程。

初步设计和总概算批准后，项目列入年度计划。对投资项目所需要的主要设备和特殊材料申请订货，并组织大型专用设备预安排、组织施工监理招标和施工招标，选择施工监理单位和施工单位，进行施工准备工作。施工准备的主要内容包括：征地拆迁，技术准备，搞好"三通一平"，修建临时生产和生活设施，协调图纸和技术资料的供应，落实建筑材料、设备和施工机械，组织施工力量按时进场等。

3.全面施工阶段

施工图设计和总概算批准后，进入全面施工阶段。全面施工即按照计划、设计文件的规定，确定实施方案，将建设项目的设计，变成可供人们进行生产和生活活动的建筑物、构筑物等固定资产。施工阶段的内容一般包括土建、给排水、采暖通风、电气照明、动力配电、工业管道以及设备安装等工程。为确保工程质量，施工必须按照施工图纸、施工验收规范和合同要求进行，按照合理的施工顺序组织施工。

4.生产准备阶段

在展开全面施工的同时，要做好各项生产准备工作，以便及时投产，并尽快达到生产能力。生产准备的内容包括：组织强有力的生产指挥机构；制定并颁发必要的管理制度及安全生产操作规程；招收和培训生产骨干和技术工人，组织生产人员参加设备的安装、调试和竣工验收；组织工具、器具和配件等的加工和订货；签订原材料、燃料、动力、运输和生产协作的协议。

5.竣工验收与交付使用阶段

建设项目按批准的设计文件所规定的内容建完后，便可以组织竣工验收，这是对建设项目的全面性考核。验收合格后，施工单位应向建设单位办理工程移交和竣工结算手续，使其由基本建设系统转入生产系统，并交付使用。

在竣工验收之前，要先由建设单位组织设计、施工等单位进行初验，然后向主管部门提交竣工验收报告。其内容包括：竣工决算和工程竣工图，隐蔽工程自检记录，工程定位测量记录，建筑物、构筑物各种试验记录，质量事故处理报告等技术资料。同时，应做好财务清理结算工作。

（三）投资回收期

投资回收期是投资回流的阶段，是同企业的生产过程紧密联系在一起的。

企业正式的生产过程是在竣工验收完毕之后开始的。但是，为了将新建成的资产高效率地投入生产，在办理竣工验收前，就需要着手培训管理人员和生产技术工人，落实外部协作条件，组织原材料的订货。在工程竣工验收以后，企业只需经过一些必要的准备，就可以正式投入生产。

投资的回收是通过企业的销售收入来实现的。企业运用新建的资产，将新购置进来的原材料加工成为产品，然后将产品推销出去，即可取得销售收入。销售收入中包含固定资产的折旧成本、原材料成本、工资成本以及税费等，除此之外就是利润。原材料、工资等垫付的投资经过一次生产过程，在销售实现之后，即可得到回流；为了进行下一次的生产过程，企业还需要将回收的资金再次用来购买原材料和支付工资等，因而总有一部分资金在那里作垫底资金周转使用。固定资产投资经过一次生产过程，在销售实现之后，只能回流一部分。回流的部分究竟有多大，取决于折旧和利润的多少。折旧和利润多，回流的部分就大，回收期就短；反之，回收期就长。

综合起来看，投资是一项极其复杂的经济活动，需要依次经过投资前期、投资期和投资回收期三个阶段。要想获得投资的成功，必须做好各阶段每个环节的工作。在这三个阶段中，投资前期的工作尤为重要。这是因为，投资计划方案是在投资前期形成的，投资计划方案确定后，一旦项目上马，就必须连续地追加投资，直至将工程建成投产。而固定资产一旦投产，通常就固定在一定地点长期发挥作用，如果产品方向不当，技术不过关，布局不合理，改变起来就十分困难。投资前期能否制订好的投资计划，能否落实资金，直接影响项目能否顺利建成投产，投产后能否获得良好的经济效益。

值得指出的是，投资运动三个阶段各个环节的时序不能任意跳跃，更不能颠倒，但绝不是说各个阶段的具体工作不能适当交叉。为了尽可能缩短投资运动过程所需要经历的时间，适当交叉是可以的。例如，在投资前期需要充分考虑能否筹措到项目所需要的全部资金，但并不要求在项目动工前资金一次全部到位，相反，对建设工期长的项目，应依据工程的进展及其对资金的需要，分次融资。这样既能满足工程的需要，又能避免资金闲置，进而降低成本。在投资实施阶段，总体上说应先勘察设计，后施工，但对技术成熟的简单工程项目，并不需要等到全部施工图纸出齐后才上马施工。再如，在竣工验收时，就可以进行生产准备。

小思考6-1

实业投资具有（　　）的特点。

A.收益的不确定性　　　　B.投资的长期性

C.实施的周期性　　　　　D.领域的广阔性

E.较强的投机性

小思考6-1

答案

小思考6-2

从项目进展周期来看，投资前期包括（　　）。

A.工程设计　　　　　　　B.机会研究

C.合同谈判和签订　　　　D.可行性研究

E.投资决策

小思考6-2

答案

第二节 实业投资决策方法

实业投资项目的决策属于长期决策，未来可能发生的情况较为复杂，预测的准确程度相对较低，同时，项目投资需要长时期占用大量的经济资源，并且在一定时期内只有投入而没有产出。因此，投资决策应积极而又慎重，要制订多个备选方案，从中择优。

根据决策者对自然状态预测的了解程度，传统的实业投资项目决策一般应采用风险型决策与不确定型决策方法，但当对决策分析中某些主要影响因素的预期结果有相当的把握时，并不排斥确定型决策方法的运用。下面对三种类型的决策方法逐一进行分析。

一、确定型决策

确定型决策，即决策者对未来的情况十分有把握，如确知项目建成投产后销路较好，市场需求量较大。

静态分析法和动态分析法是确定型决策中两类最基本的分析方法。20世纪50年代之前大多采用静态分析法。50年代后，由于货币时间价值日益受到重视，人们开始采用动态分析法，到70年代，动态分析法已经成为确定型决策方法的主流。投资项目决策的动态分析法与静态分析法不同，它是将拟建项目整个经济寿命期内的全部资金流量按照一定的贴现率贴现后，再分析比较各方案的投资收益并进行决策。这种决策方法考虑了整个项目的经济寿命期，同时也考虑了货币时间价值，因此动态分析法在现代投资决策中处于主要地位。这里我们主要介绍动态分析法。投资项目决策的动态分析法有净现值法、内部收益率法等。

（一）净现值法

净现值（net present value，NPV）是指投资项目在整个经济寿命期内累计的净现金流量现值，即这一时期内项目的总收入与总支出现值之差额。其基本模式表示如下：

$$NPV = \sum_{t=0}^{n}(CI - CO)_t(1 + I_c)^{-t} \qquad (公式6-1)$$

式中：NPV为净现值；$(CI-CO)_t$为第t年的净现金流量；n为项目计算期；I_c为标准折现率。

应用净现值法评价时，NPV<0，应否决方案；NPV>0，则采纳方案；NPV=0，还需参考其他经济评价指标决定取舍；若干方案比较，则取NPV最大者。

【例6-1】有两个设备更新投资方案，设备A需投资35万元，年收入19万元，年经营成本7万元，寿命4年；设备B需投资50万元，年收入25万元，年经营成本14万元，寿命8年。若两个设备期末残值忽略不计，基准收益率为10%，试比较方案优劣。

解：两个方案在8年内的净现值分别为：

$NPV_A =$ [（19-7）（P/A，10%，4）-35]（A/P，10%，4）（P/A，10%，8）

　　　$=$（12×3.16987-35）×0.31547×5.33493=5.11（万元）

$NPV_B =$（25-14）（P/A，10%，8）-50=11×5.33493-50=8.68（万元）

以上计算表明，设备A和设备B除能获得10%的收益率外，还能获得5.11万元和

8.68万元的净现值收益。说明这两个方案在经济上都是可行的，但设备B的净现值较大，所以应选择设备B。

（二）内部收益率法

内部收益率（internal rate of return，IRR），亦称内部报酬率，是指投资项目在整个经济寿命周期内净现值为零的贴现率。它是具体测定投资的内部收益率，并据以分析和评价投资的经济效益，选择最佳投资方案的投资决策方法。

运用内部收益率法分析和评价投资方案时，可以将测得的投资内部收益率与资金成本率和必要报酬率相比较。如果内部收益率低于资金成本率，则表明该项投资对公司无一利反而有害，因为这样的投资不仅不能给公司带来利润，就连筹措资金所支付的资金成本也难以补偿；如果内部收益率高于资金成本率，低于投资必要报酬率，则表明该项投资在负担投资资金成本后，不能为公司提供满意的经济效益；若投资的内部收益率高于必要报酬率，则表明投资能取得比公司预期更好的经济效益。在排除所有内部收益率低于必要报酬率的投资方案后，其内部收益率最高的投资方案一般为投资的最佳方案。

内部收益率的常用测算方法是插值法，其基本计算步骤是：

（1）根据在投资的内部收益率下现金流出现值和现金流入现值相等的原理，求投资在寿命期内的年金现值系数，即：

n年的年金现值系数=现金流出现值总额/每年现金流入

（2）根据所求的年金现值系数，查"1元的年金现值表"，在已知的期数（n）行内，查找与所求系数相同的系数。若有恰好相等者，那么表中系数所对应的收益率即为内部收益率；若无恰好与该项现值系数相等的系数，则可找出与所求年金现值系数相临近的较大和较小的现值系数。

（3）根据两个临近的现值系数及其所对应的收益率和所求得的年金现值系数，采用插值法计算投资的内部收益率。

【例6-2】某企业拟年初投资10万元购买设备，当年安装当年生产，每年收入5万元，年支出2.2万元，设备经济寿命期为5年，求该方案的内部收益率。

解：本题可用两个步骤进行计算：

（1）因为该项目每年净现金流量相等为2.8万元（5-2.2），所以该项目的年金现值换算系数=10÷2.8=3.5714。

根据寿命期5年与年金换算系数3.5714查"1元的年金现值表"，得如下结果（表6-3）。

表6-3　　　　　　　　　　　某项目年金现值系数表

贴现率	12%	i	14%
年金现值系数	3.605	3.5714	3.433

可知该项目的年金现值系数3.5714介于3.605～3.433之间，其内部收益率介于12%～14%之间。

（2）根据插值法原理有：

（i-12%）×（3.433-3.605）=（3.5714-3.605）×（14%-12%）

变形得：

i=12%+（14%-12%）×（3.5714-3.605）÷（3.433-3.605）

=12%+0.39%=12.39%

即：该方案的内部收益率为12.39%。

内部收益率法的最大优点是它能反映各投资方案本身的投资收益率，而区别于净现值法与净现值率仅仅是从期望投资收益率计算投资方案的收益水平。因此，目前世界银行对投资方案进行分析与评价时，较多运用这种方法。

但是，内部收益率法的内部收益率是根据投资方案本身的数据计算出来的，所以不能较全面、直接地反映货币时间价值的大小；以内部收益率高低进行投资决策分析，只是从相对数角度反映投资收益的水平，可能会使那些投资很大、内部收益率较低，但收益总额也很大、对社会经济全局有重大影响的方案漏选。因此，在实际运用中，内部收益法有必要与净现值法结合运用，从相对数与绝对数两个方面把握投资收益水平的高低。

小思考6-3

当折现率为16%时，某投资方案的NPV是338万元；当折现率为18%时，其NPV是-22万元，则该方案内部收益率为（　　）。

A.15.88%　　　　B.16.12%　　　　C.18.14%　　　　D.17.88%

小思考6-3

答案

二、不确定型决策

针对每个投资方案结果是明确的前提下进行比较择优的决策称之为确定型决策。但是在实际工作中，决策者可能面临出现的自然状态有两种以上且各种概率无法估计的状况。在这种状况下，只能根据主观判断来确定各投资方案在不同的自然状态下可能出现的收益值并进行比较选择的决策，这就是不确定型决策。

对于这类投资决策问题，一般可采用最小最大收益法和最大最小后悔值法。

（一）最小最大收益法

最小最大收益法是在所有方案最小收益值中选择最大值并据此选取最优方案的决策方法。即，先找出各个方案的最小收益值，然后将其加以比较，这些最小收益值中最大的一个所对应的方案为最优方案。

【例6-3】某公司计划投资建设某项工程以增加某种新产品的生产能力。经过对该项目的可行性研究，认为该工程投产之后，市场对这种新产品的需求量有三种可能情况：需求量高、需求量一般和需求量低。但由于缺乏详细而准确的资料，对各种可能情况出现的概率无法估计。在项目的可行性研究之后，提出了三个方案，见表6-4。表中数据为各方案在不同需求量情况下的年销售利润。

从表6-4中可以看出，在各方案最小销售利润中，方案三的最小销售利润最大。因此，方案三为最优方案。

表6-4 某项目年销售利润表 单位：元

方案年销售利润需求状况	方案一 （新建）	方案二 （扩建）	方案三 （改建）
需求量较大	4 000	5 000	3 000
需求量一般	2 500	3 000	1 500
需求量最小	−1 500	−4 000	1 000
各方案中最小值	−1 500	−4 000	1 000

（二）最大最小后悔值法

最大最小后悔值法是在各方案中选择一个决策后不感到后悔的方案。所谓后悔值是指由于选错方案而少获得的收益或多蒙受的某些损失。具体而言，这种方法是选出各方案的最大后悔值，然后在这些后悔值中选一个后悔值最小的方案为最优方案。

【例6-4】仍以上面的例子为例。先计算三个方案在各种情况下的后悔值。

解：如果未来市场需求量较大，那么各方案的后悔值为：

方案一：5 000−4 000=1 000（元）

方案二：5 000−5 000=0

方案三：5 000−3 000=2 000（元）

如果未来市场需求量一般，那么各方案的后悔值为：

方案一：3 000−2 500=500（元）

方案二：3 000−3 000=0

方案三：3 000−1 500=1 500（元）

如果未来市场需求量较小，那么各方案的后悔值为：

方案一：1 000−（−1 500）=2 500（元）

方案二：1 000−（−4 000）=5 000（元）

方案三：1 000−1 000=0

将以上计算结果归纳成表6-5。

表6-5 某项目最大后悔值表 单位：元

投资方案	方案一	方案二	方案三
最大后悔值	2 500	5 000	2 000

从表6-5中可以看出，方案三的后悔值为2 000元，它小于方案一、方案二，因此，方案三为最优方案。

对于不确定型决策问题，是采用最小最大收益法，还是采用最大最小后悔值法，主要依据决策者已掌握的资料和计算数据来决定。此外，还要依据有关方面的经验来决定。

三、风险型决策

风险型决策就是根据几种不同自然状态下可能发生的概率进行的决策。因为在决策中引入了概率的概念，所以在依据不同概率所拟订的多个决策方案中，不论选择哪一种方案，都要承担一定的风险。所以，风险型决策又叫随机决策。风险型决策方法，主要有概率分析法、敏感性分析法和决策树分析法等。

这里，我们主要介绍决策树分析法。当决策涉及多种方案选择时，我们采用决策树方法进行分析研究。采用这种方法时，要将各种方案以及这些方案可能性的大小、可能出现的概率及可能产生的后果，都简明地画在一张图上，其伸出的线条像树枝，整个图形像棵树，故得名决策树。

决策树的绘制方法和步骤如下：

1. 画出决策树图形

（1）画出决策点，以方框"□"表示。

（2）从决策点引出若干条直线，每条直线代表一种方案，这些直线叫方案枝。

（3）在各方案枝的末端画个圆圈"○"，称为机会点。

（4）从机会点引出若干条直线，代表不同的自然状态，叫概率枝。

（5）把各种方案在各种自然状态下的收益值或损失值（或统称期望值）写在以"△"表示的结果点后面，这样就构成决策树。

2. 预计各种自然状态可能发生的概率

一般根据经验来判断与估计，以确定各状态可能发生的概率。

3. 计算期望值

期望值是各种自然状态下的收益分别乘以概率之积。

4. 选择最佳方案

一是分别将各方案期望值总和与投资总额之差标在机会点上方；二是对各机会点的备选方案进行比较，选择收益最大的为最佳方案。在要舍弃的方案枝上画"×"，表示不采用此方案。

【例6-5】某企业拟开发一种新产品，预计销路的可能性：畅销的概率 P_1 为0.7，滞销的概率 P_2 为0.3。可采用的方案有：A方案，建造一个新车间，使用期10年；B方案，对现有设备进行技术改造，既维持原来生产，又组成新产品的生产线，使用期10年；C方案，先按方案B进行，如果销路好，3年后进行扩建，扩建项目使用期7年。其有关数据见表6-6：

表6-6　　　　　　　　　　　　　某企业新产品方案　　　　　　　　　　　　单位：万元

方案	投资额		年收益值			
	当前	3年后	前3年		后7年	
			畅销	滞销	畅销	滞销
A	300	0	100	−20	100	−20
B	120	0	30	20	30	20
C	120	180	30	20	98	20

解：先绘制决策树，如图6-2所示，然后计算各机会点的期望收益值。机会点的期望收益值为该方案全部使用期内的期望收益总值与相应投资总额之差。各机会点的期望收益值计算如下：

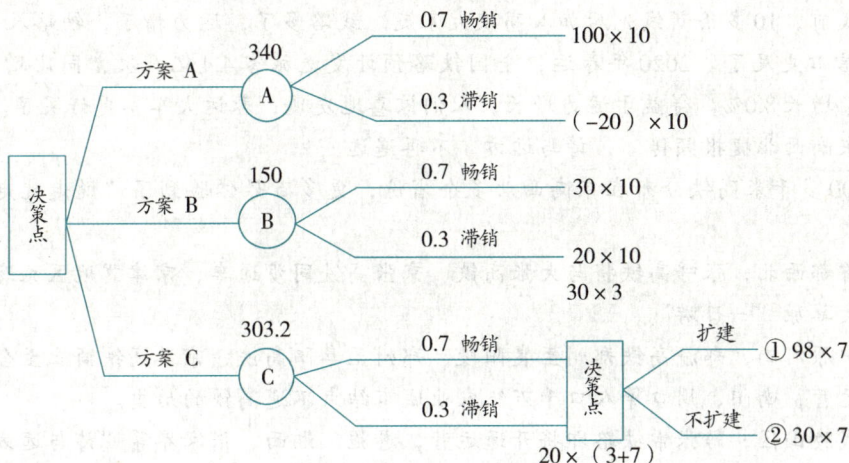

图6-2　某新产品开发决策树

机会点A的期望收益值=100×10×0.7+（−20）×10×0.3−300=340（万元）

机会点B的期望收益值=30×10×0.7+20×10×0.3−120=150（万元）

机会点C的期望收益值计算：

点①的期望收益值=98×7×1−180=506（万元）

点②的期望收益值=30×7×1−0=210（万元）

比较点①与点②的期望收益值，舍去点②。

机会点C的期望收益值=（30×3+98×7）×0.7+20×10×0.3−（120+180）=303.2（万元）

因为各方案使用期限一致，故可直接比较各方案期望收益值的大小，期望收益值最大的方案A为最佳方案。

小思考6-4

属于风险型决策方法的有（　　　）。

A.内部收益率法　　　　　　　　B.净现值法

C.最小最大收益法　　　　　　　D.敏感性分析法

E.决策树分析法

小思考6-4

答案

案例分析6-1　　2019年铁路建设成绩单公布：中国高铁突破3.5万公里

中国国家铁路集团有限公司23日公布了2019年铁路建设成绩单，预计到2019年年底，全国铁路营业里程将达13.9万千米，其中高铁3.5万千米，稳居世界第一。

※高铁突破3.5万千米　春运不再"压力山大"

2019年年初，中国国家铁路集团有限公司为全年建设工作设定的目标值为：确保投产新线6 800千米，其中高铁3 200千米。

眼下到了年末，铁路建设者超额完成任务：预计全年将投产50个项目、新线超过7 000千米，其中高铁20个项目、新线突破4 000千米。全国铁路营业里程将达13.9万千米，其中高铁3.5万千米，稳居世界第一。

年底前，10多条新线先后加入高铁大家庭。线路多了，运力增了，铁路人"迎战"春运的信心更足了。2020年春运，全国铁路预计发送旅客4.4亿人次，同比增加3 257万人次、增长8.0%。得益于运力增长，人们惊喜地发现，春运火车票更好买了。

※东南西北捷报频传　"诗与远方"不再遥远

4 000多千米高铁分布在东南西北多个省份，更多百姓体验到了"说走就走"的幸福感。

在首都西北，张呼高铁将与大张高铁、京张高铁同步通车，京津冀地区旅客可实现内蒙古大草原"一日游"。

在中原河南，郑渝高铁郑州至襄阳段、郑州至阜阳高铁、京港高铁商丘至合肥段同日开通运营，南阳、周口等人口千万级农业城市结束不通高铁的历史。

在武陵山区，黔张常铁路即将开通运营，恩施、湘西、张家界等"诗与远方"不再遥远。

在"塞上江南"，银川至中卫铁路将把宁夏拉入高铁朋友圈。

至此，全国34个省级行政区中，除了西藏和澳门，全部开通高铁。

在山东、江西、贵州、四川，随着日兰高铁日曲段、昌赣客专、成贵高铁宜宾至贵阳段的建成，临沂、赣州、毕节等多个革命老区和贫困地区接入全国高铁网。

"八纵八横"高速铁路主通道越织越密，中国变"小"了，人们的梦想变大了。"米"字成形、高铁成环、高铁全覆盖、市市通动车……人们用网络热词表达着自豪，也表达着对美好未来的憧憬。

※科技管理齐头并进　"精品""智能"亮点纷呈

尝鲜装配式一体化技术，京雄城际铁路桥梁工程像搭积木一样简单；借助盾构技术，京张高铁隧道施工像外科手术一样精准；落实"畅通融合、绿色温馨、经济艺术、智能便捷"的新时代客站建设要求，京张高铁、京雄城际铁路、昌赣客专、日兰高铁日曲段、黔张常铁路、徐盐高铁等铁路建设者将站房打造成精巧精致的地标建筑和底蕴深厚的文化展馆。

回顾一年来的铁路建设，"精品""智能""绿色""人文"光芒闪耀。广大建设者认真贯彻新发展理念，全面落实"精心、精细、精致、精品"要求，打造精品工程，推进智能建造，注重绿色发展，厚植人文内涵，让铁路建设实现"颜值"与"品质"齐飞。

与"精品""智能""绿色""人文"相比，"EPC""动态设计""专业分包"等则是"小荷初露"的新概念。

2019年，国铁集团建设管理部制定勘察设计质量红线管理规定，建立监理单位及人员"黑名单"，由原来单一抓施工单位管理向抓设计、施工、监理等单位管理并重转变；推进杭绍台、盐通铁路等EPC项目实施，试行监理直接向工程监督机构报告制度，依法全面推行专业分包。

从脱贫攻坚战、蓝天保卫战，到"千年大计""一带一路"，在落实国家重大决策和履行交通强国、铁路先行使命的进程中，铁路建设者始终是阔步向前的开路先锋。

问题：

1.国家下大力量建设高速铁路的意义有哪些？

2.试从中国高铁发展案例分析如何提高政府项目投资决策的科学性。

思政专栏

有媒体报道说，神州企业家投资平台的企业家们以收购原股东股权方式到东北的吉林省参与一个项目的企业重组。投入巨款后，因为种种投资约定之外的因素，投资人的股东权利没有被确认，却被认定为"案外人"而排除在重组过程之外。在参与重组而不得的情况下，企业家们决定抽身而退，但是，不想其巨额的投资却莫名其妙地变成了"代偿款"，万般努力之下得到的允诺，就是"重整完成后全额'补偿'退回"。就这样，重整参与不了，投资款也拿不回来了……这个投资的实例，真是让人瞠目结舌！不能不让人想起"投资不过山海关"的"流言"。

"投资不过山海关"这个说法在最近一些年颇为流行。"投资不过山海关"，如果是投资者意愿的表达，那么，这个表达的构成必有经验的成分；而如果是对投资走向的客观描述，那么，这种客观现状的形成也必有其缘由。即使这个说法本身存疑处多多，但如果当下东北的投资情势脱不开这个说法所描述的现实，对环境极其敏感的资本就不会明知风险而闯关东。因此，对于处于经济增长压力之下的东北，最现实的做法就是，打理好自己的投资环境，筑好鸟巢，等燕归来。

资料来源 光明网评论员.这个案例可解为什么投资不过山海关 [EB/OL].[2021-01-11].http://views.ce.cn/view/ent/201905/21/t20190521_32140957.shtml.

点评：从上述报道看，东北一些地方的做法不是筑巢引燕，而是为渊驱鱼，关门截财。"投资不过山海关"，其实还不是单指东北的投资风险，而是指资本安全。若论风险，何处不在呢？投资环境再好，投资者也会面临公司治理、政策变化、市场起伏、经济周期以及天灾人祸等不可抗力的风险。对资本安全的最大威胁正是人为的软环境。这个环境的构成，无非是法治、行政以及社会治理的效率和效果。就如上述案例，行政部门不认可法院裁定所产生的投资者股东身份及地位的现实，也就罢了。既然不认可，就让人家全身而退，此次买卖不成，只要留得仁义，可待以后再见。非要关起门来，抽掉一两根筋，刮下几片皮，如此冷酷的环境，哪个敢越是凶险越投钱？

本章小结

实业投资就是为获取预期收益，以货币购买生产要素，从而将货币收入转化为生产资本。它是现代投资的重要内容，也是国民经济的重要组成部分，具有投资领域广泛、复杂，投资周期长，收益不确定等特点。按照不同的划分标准，可以对投资进行不同的分类。实业投资的全过程可划分为三个阶段：投资前期、投资期和投资回收期，本章对投资前期进行可行性研究和资金筹措的工作内容，投资期的设计、施工、验收、交付工作，以及投资回收期的工作内容进行了详细阐述。

科学的实业投资决策方法能使投资者的投资决策更准确。本章介绍了实业投资决策的一般程序，并提出了建立项目决策责任制及项目后评估制度等进一步完善我国投资项目决策程序的建议。根据决策者对自然状态预测的了解程度，传统的实业投资项目决策可划分为三种类型，即确定型、非确定型和风险型。几种常用的决策分析方法为：确定型的净现值法、内部收益率法，不确定型的最小最大收益法、最大最小后悔值法和风险型的决策树法。

思考题

1. 什么是实业投资？它有哪些特点？
2. 实业投资全过程可分为哪几个阶段？各阶段的主要工作内容有哪些？
3. 实业投资的决策方法主要有哪些？

第七章

风险投资

学习目标

知识目标：了解风险投资的概念及特点，了解风险投资的当事人及其在风险投资中的作用，掌握风险投资的运作过程。

思政目标：深刻认识风险投资者在风险投资的过程中要能够承担风险、敢于创新、整合资源，不仅只为获得自身效益，更应当承担社会责任，要努力成为能带领企业战胜困难、走向更辉煌的未来的企业家，在爱国、创新、诚信、社会责任和国际视野等方面不断提升自己，努力成为新时代构建新发展格局、建设现代化经济体系、推动高质量发展的生力军。

导引 2019年前10月我国企业风险投资行业投资金额及数量出现明显回落

自2014年至2019年10月，我国企业风险投资（corporate venture capital，CVC）行业市场投资金额及投资数量呈现出逐年上升趋势。中国企业投资协会的数据显示，2016年我国投资案例数量最多，达4 032件，投资金额则在2018年达到峰值，达5 393亿元。而与2018年相比，2019年我国企业风险投资行业投资数量和投资金额均有明显回落，截至2019年10月，我国投资案例数量仅为1 462件，投资金额仅达2 789亿元。

从我国CVC投资所在轮次分布来看，在投资总量上，天使轮以及A轮投资案例数量共占据了49%；战略投资和并购案例数量则占据了27%。可以发现，我国CVC投资轮次分布呈现出了两头大中间小的分布形式。

具体从我国各企业的投资来看，腾讯投资在2014年到2019年10月期间累计投资总额约3 300亿元，投资案例数量达635件，投资轮次数量累计达666次。数据显示，2019年10月，腾讯投资金额约840亿元，投资案例数量96件，预计年均投资水平与2017年相当。

阿里巴巴从2014年至2019年10月累计投资项目数量为350个，累计投资金额约4 100亿元。其中投资案例数量在2014年至2018年期间波动上升，并在2018年达到89件的峰值，2019年前10月投资案例数量则开始下降，减少至39个；从投资金额上来看，2018年阿里巴巴投资金额最高，约1 567亿元，2019年前10个月投资金额则为514亿元。

字节跳动从2014年至2019年10月累计投资项目数则仅为58个,投资金额累计约为133亿元。从投资数量上来看,字节跳动在2014年至2019年期间,投资数量不断增加,并在2018年和2019年达到投资数量的高峰,分别达到15件;从投资金额上来看,字节跳动在2014—2016年投资金额较小,在2017年经历了骤增,投资金额约达80亿元,随后在2018年以及2019年开始逐渐减少。

从百度的投资情况来分析:2014—2019年前10月,百度的投资数量和投资金额的整体趋势均是先缓慢增加后逐渐减少。其中2016年投资数量和金额开始减少,其投资金额仅为前一年的40%;2017年百度的投资数量和投资金额开始剧增,其投资金额达到了143亿元,2018年其投资案例数量为71件,达到顶峰。

2014—2019年前10月,小米科技的投资金额总体逐渐下降,投资数量则先小幅增加后逐渐减少。2019年前10月其投资金额为35亿元,投资案例数量为22件。

美团网2014—2019年前10月累计投资项目案例数量51个,累计投资金额约288亿元。在2014—2018年期间,美团网的投资情况整体呈递增趋势,并在2018年投资案例数量以及金额均达到最高值。

资料来源　佚名.2019年前10月我国企业风险投资行业投资金额及数量出现明显回落［EB/OL］.［2020-02-11］.http://free.chinabaogao.com/gonggongfuwu/202002/02114N9422020.html.

第一节　风险投资概述

一、风险投资的概念

风险投资是指将资金投入具有巨大增长潜力,但同时在技术、市场等各方面都存在巨大失败风险的高新技术产业的一种投资行为。这主要是基于风险投资涉足的大多是高新技术产业领域,而高新技术产业的突出特征就是:高投入、高风险,一旦成功,就会带来高收益。风险投资家以专业知识主动参与经营,使被投资企业(通常为高科技企业)能够稳健经营、迅速成长。风险投资家可在被投资企业成功后,将所持股票卖出,收回资金,获得高额利润,再投资于另一新创立企业,周而复始,进行中长期投资并参与经营。风险投资家以获取股息、红利及资本利得为目的,其最大特征是甘冒较大风险以获取巨额资本利润,故得此名。

现代风险投资始于美国。1946年,哈佛大学商学院教授乔治·多瑞尔特(George Doriot)和波士顿联邦储备银行行长拉尔夫·弗朗德斯(Ralph Flanders)发起成立了旨在利用市场机制解决新创立企业资金不足的封闭式投资公司——美国研究与发展公司(American Research and Development Corporation,ARD),ARD是第一家现代意义的风险投资基金。20世纪70年代以前,由于美国各界对风险基金的认识不足以及制度和政策环境不够完善，风险基金的发展一直处于萌动状态。20世纪70年代以后，随着高新技术的发展，以及自20世纪50年代末以来美国鼓励中小企业发展的法律相继出台，风险基金步入了高速发展时期。在美国的带动和启示之下，其他发达国家的风险基金业逐步建立和发展起来，甚至一些新兴工业化国家也效法发达国家建立了风险基金。从世界范围看，美国风险投资业独领风骚，英国、法国、德国和日本发展迅速，上述国家的风险投资占世界风险投资的90%以上。以美国为例，它是当今世界上风险投资业最发达的国家。接受风险投资的企业中80%以上是高新技术企业，许多新建高科技企业的股权资本中3/4以上由风险投资提供。闻名世界的微软公司、英特尔公司、苹果公司等无一不是借助风险投资起家，正是风险投资推动了全球高新技术产业的迅猛发展。

二、风险投资的特点

与其他投资相比，风险投资具有以下几个特点：

1.风险投资是一种无担保、高风险的投资

风险投资主要用于支持刚刚起步或尚未起步的高新技术企业或高技术产品，这些企业或产品一方面没有固定资产或资金作为贷款的抵押和担保，因此无法从传统融资渠道获取资金，只能开辟新的融资渠道；另一方面技术、管理、市场、政策等风险都非常大，即使在发达国家，高新技术企业的成功率也只有20%～30%，但由于成功的项目回报率很高，故仍能吸引一批投资人进行投资。

2.风险投资是一种组合投资

为了分散风险，风险投资通常投资于一个包含10个项目以上的项目群，利用成功项目所取得的高回报来弥补失败项目的损失并获得收益。

3.风险投资是一种流动性较弱的中长线投资

风险投资往往是在风险企业初创时就投入资金，一般需经3～8年才能通过退资取得收益，而且在此期间还要不断地对有成功希望的企业进行增资。其流动性较弱，因此有人称之为"呆滞资金"。

4.风险投资是一种权益投资

风险投资不是一种借贷资本，而是一种权益资本；其着眼点不在于投资对象当前的盈亏，而在于它们的发展前景和资产的增值，以便通过上市或出售达到退资并取得高额回报的目的。因此，产权关系清晰是风险资本介入的必要前提。

5.风险投资是一种金融与科技、资金与管理相结合的专业性投资

风险资金与高新技术两要素构成推动风险投资事业前行的两大"车轮"，二者缺一不可。风险投资家（公司）在向风险企业注入资金的同时，为降低投资风险，必然介入该企业的经营管理，提供咨询，参与重大问题的决策，必要时甚至解雇公司经理，亲自接管公司，尽力帮助该企业取得成功。

可见，风险投资是一种积极的投资活动，而不是一种消极的赌博。它是对传统投资机制的重要补充，对一国生产力发展和经济结构升级换代起着极为重要的作用。

三、风险投资与一般投资的区别

一般投资常投向确立了一定的市场地位、现金收益较为稳定的企业，其形式包括各种期限的贷款、优先股和普通股等。这些投资的利息或股息收益构成了投资收益的较大部分。因此其投资计划往往要求投资具有安全性，比如，股权投资要求优先获得股息，在贷款时则要求优先受偿权等。投资者一般不参与公司管理，而且往往是待情况发生变化之后再作出反应。只要公司的业务活动与投资的预期大致相同，投资者就不会给公司的管理者施加太大压力。风险投资是一种接受风险（risk-accepting）（虽然不一定是追求风险（risk-seeking）），而不是厌恶风险（risk-averse）的投资活动（一般的投资都是尽量回避风险的）。作为风险投资对象的新型企业往往现金流严重不足，未来的收益不稳定、无法预测，而投资者对其周边环境、原料、市场、配套等方面的了解也不够深入、具体，因此对其投资的方式、风险控制的手段和措施、参与管理的程度以及其自身建设均提出了特殊的要求，这也是风险投资得以产生和发展并且独树一帜的原因所在。风险投资的投资期限较长，所投资企业一般也较多（通常为10家以上），所投资企业中有相当大的一部分都是亏损的，利润主要依靠少数几个明星企业来实现。由于其风险较大、信息不对称的问题远较一般企业严重，所以其组织结构常常采用代理成本非常小、利益结合十分紧密的有限合伙制，但也有不少以基金的形式出现。

风险投资的投资对象应有很大的增长潜力，并且拥有无法被复制的专利产品、服务或其他特殊优势，不会承受太大的竞争压力。这些高速成长的企业一般都急需现金，而此时债权融资会导致部分资金的流出，对企业不利。风险资本主要通过上市或被收购来获得资本收益（股权增值），利息收入只占一小部分。因此投资方式以股权为主，很少要求优先偿付股息，对公司的现金流不会构成压力。上述区别可以概括为表7-1。

表7-1   风险投资与一般投资的区别

比较对象	风险投资	一般投资
目标	高额资本收益	日常利息与资本收益的结合
投资对象	消耗现金	产生现金流
典型的投资结构	绝大多数都是股权投资	债权与股权的组合
付息情况	不稳定	正常、稳定
与投资对象的关系	积极主动参与	不主动
投资形式	多阶段，有期限	一次性
投资主体的组织结构	独特，常为有限合伙制	大多为公司制或基金方

总而言之，风险投资以其谋求长期资本收益、分散投资、专业化管理的特点适应了高新技术产业的资金需求，以其特别的投资方式、合同方式、组织架构部分地解决了信息不对称和激励约束不当所带来的问题，同时，高新技术企业高成长、高收益的特点也使之成为风险投资实现自身目标的首选对象。

小思考 7-1

风险投资最先出现在（　　）。

A.英国　　　　　　　B.欧洲　　　　　　　C.日本　　　　　　　D.美国

小思考 7-1

答案

第二节　风险投资主体

风险投资是一个三位一体的运作流程。无论是哪个阶段的风险投资，一般都包括三方面当事人，即风险资本的提供者——风险投资者，风险资本的运作者——风险投资机构，风险资本的使用者——风险企业，风险投资机构是风险投资运作流程的中心环节。

在风险投资运作实践中，风险资本的提供者与运作者也可合二为一，即风险投资者不经过中间环节，直接行使风险资本运作者的职能，将资本投入风险企业。

一、风险投资者

对于风险企业而言，最主要的问题就是风险资本的来源问题，即由谁来提供风险资本。风险资本的来源渠道、充足程度以及资本结构，直接决定了风险投资机构的数量、风险资本的管理额，进而影响风险投资机构的组织形式与运作效率，最终对风险投资的发展水平产生不同的影响。

（一）风险资本的来源

在风险投资发展的早期阶段，风险资本主要来源于富裕的家庭和个人。随着风险投资的发展，各国或地区政府给予种种政策上的支持，吸引了许多机构投资者的加入。目前，风险资本提供者主要包括：公共与私人的退休基金、捐赠基金、银行持股公司、保险公司、投资银行、其他非银行金融机构、公司、个人与家庭、外国投资者和政府资金。

（二）风险资本来源的差异分析

国家的经济结构、法律环境和市场环境的不同，以及风险投资发展程度不一，使得风险资本的来源在不同国家有着较大的差异。美国是风险投资产业发展最早和最成熟的国家，发达的资本市场、完善的法律环境和积极的政策引导造就了美国风险资本来源的多元化以及风险投资产业的快速发展。CrunchBase 在 2019 年初预计，到 2019 年第三季度，全球将实现 9 100 笔风险资本交易，投资额为 756 亿美元。第三季度，美国和加拿大占全球风险投资交易量的 39.2%；相比之下，2018 年第三季度的份额为 43%。北美初创企业占全球风险资金总额的 47.8%，高于 2018 年第三季度（43%）。

欧洲国家风险投资业的发展晚于美国，风险资本总额也呈较大的波动状态。在 2000—2006 年，欧洲私募风险资本总额从 480 亿欧元下降到 270 亿欧元后，快速增长到 1 123 亿欧元，2008 年和 2009 年由于受金融危机的影响又急剧下滑到 814 亿欧元、161 亿欧元。但自 2000 年以来，欧洲国家的风险资本开始呈现出多元化发展态势，其风险资本主要来源于养老金、银行、基金、保险公司，分别占全部风险资本的23%、16%、15%和10%，而政府、个人和公司投资者也占一定的比例，分别占全部风险资本的8%、7%和4%。对于欧洲创业公司而言，2019年是创纪录的一年，融资总额超过了360亿美元，创下5年来的新高，比2018年多出73亿美元，增幅达25.4%，相比2015年翻番不止。在2019年，欧洲北部国家——包括英国、北欧国家、立陶宛、拉脱维亚和爱沙尼亚——风投总额为186.3亿美元，在欧洲所有地区中排第一。其中，英国无论是风投总额还是投资笔数均位列欧洲首位。

在中国经济的长期增长和开通创业板的背景下，中国风险投资产业快速成长，无论是风险投资机构还是管理资本总额都在持续增加。2003年，中国风险资本总量为325亿元，到了2008年年底，中国191家样本风险投资机构管理的可投资于中国内地的风险资本总额达到2 056亿元，是2007年年底的2.08倍。国内风险投资机构数量和管理资本的数额虽然表现出很快的增长趋势，但国内风险资本来源存在明显的结构性问题，主要表现为政府和国有独资机构所占比重过大。麦肯锡全球研究院最新发布的《数字时代的中国：打造具有全球竞争力的新经济》报告指出，中国风投行业发展迅猛，投资总额从2011—2013年的120亿美元跃升至2014—2016年的770亿美元，在全球风险投资总量中的占比也相应从6%提升到了19%。大部分风投资本流向了数字技术；在虚拟现实、自动驾驶汽车、3D打印、机器人、无人机和人工智能领域，中国的风险投资规模位居世界前3名。我国风险投资金额在2018年达到峰值，达5 393亿元。而与2018年相比，2019年我国企业风险投资行业投资数量和投资金额均有明显回落，截至2019年10月，我国投资案例数量仅为1 462件，投资金额仅达2 789亿元。

二、风险投资机构

在理论上，风险资本的运作者可分为风险投资机构和个体风险投资者；在实践中，风险资本的提供者与运作者也可合二为一，即资本提供者直接行使资本运作者的职能。但是，风险资本运作者作为风险投资运作流程的中间环节的地位不可动摇。随着风险投资的发展，各国给予风险投资各种政策扶持，促使风险投资机构成为风险投资运作的主体。

（一）风险投资机构的类型

概括世界各国风险投资机构的组织形式大致可以分为以下三类：

1.公司制

这是指风险投资机构以股份有限公司或有限责任公司的形式设立。这是最早出现的风险投资的组织形式。按照《公司法》设立的风险投资机构，在架构上与普通公司一样，都设有股东大会、董事会、监事会以及由董事会决定的经理人，经理人员实施风险投资管理。风险资本提供者投入资金成为公司股东，只承担有限责任，享有股东权益，可以采用诸如"用手投票"和"用脚投票"的方式对经理人员进行监督与控制。由于公司一般不会轻易解散，因而会增加潜在风险投资者对其的信心，所以在风险投资发展的早期阶段和当今的发展中国家，公司制的风险投资机构成为最主要的组织形式。但是，在风险投资这一特殊行业，公司制采用的激励与运作机制存在着较大的缺陷。在公司制的风险投资机构中，经理人员的报酬明显不如有限合伙制中的普通合伙人，各国对公司经理人员股票期权问题都做了慎重规定，即使公司的经理人员能够享受到公司的年终分红，其分成水平也较低，这种业绩报酬不对称难以起到激励作用。在风险投资市场上，风险资本提供者与使用者之间存在信息不对称，往往导致直接投资效率低下，因而产生对中介——风险投资机构的需求。但在公司制中，大股东与董事在决策上有更多的主动权，经理人员的作用难以充分发挥，往往影响投资效率。20世纪80年代以后，随着公共退休基金、私人退休基金等机构投资者的介入，这种组织形式的风险投资机构的数量很快减少。

2.子公司型

这是指大公司、大财团以独立实体、分支机构或部门的形式设立的风险投资机构。20世纪60年代中后期，一些大公司、大财团通过设立子公司型的风险投资机构，逐步进入风险投资市场，这些实力雄厚的大公司逐渐成为风险投资的主要资金来源之一。

实体公司下属的风险投资机构代表母公司的利益进行投资，其投资的重点为：一是产品有望进入母公司目标市场领域的企业；二是拥有或正在研发母公司所需技术的企业。这类风险投资机构的资金和经理人员一般来自母公司，投资项目的成功与否与经理人员报酬的关联度有限，而其运作上往往受到母公司的严格控制。实践表明，随着风险投资市场的发展与成熟，投资项目的种类与数量越来越多，有限合伙制风险投资机构更具旺盛的生命力。因此，实体公司下属的风险投资机构的市场份额呈下降趋势。

金融机构下属的风险投资机构代表外界投资者或母公司的客户进行投资。这类风险投资机构的经理人员往往来自金融机构，商业银行作为金融机构的主体，其安全性、流动性与收益性三位一体的稳健运作理念必然影响投资决策。这类风险投资机构通常将投资切入点放在企业发展后期，以扩展期尤以成熟期为主。

3.有限合伙制

在风险投资较为发达的国家与地区，有限合伙制的风险投资机构较为普遍。这类风险投资机构虽被称为公司，但其实质是合伙企业。由于风险投资的高风险性与长期性，所以风险资本提供者多为机构投资者且数量少。因此，由风险投资公司或基金管理公司作为发起人，采用私募方式筹集资金，设立风险投资基金。该基金不是独立法人，而是有限合伙的形式。其合伙人又分为有限合伙人和普通合伙人两种：有限合伙人对公司负有限责任，是风险企业的真正投资者，出资比率约占99%；普通合伙人对公司承担无限责任，一般是具有丰富的专业或科技经验知识的经理人员，主要以人力资本作为投入，通常只占1%。普通合伙人的年管理费占风险投资总额的1%~3%，作为对管理的回报，他们还能够得到资本增值20%左右的附带权益。这种有限责任与无限责任相结合的组织形式，一方面，可以吸引更多的可以作为有限合伙人的风险投资者，以筹集更多的风险资本；另一方面，解决风险投资机构的内部激励问题，也符合风险企业必须进行专业化管理的要求。自1992年以来，美国有限合伙公司参与的风险投资占全部风险投资市场份额的80%以上，是美国风险投资的主要组织形式。

（二）风险投资机构类型的差异分析

1.有限合伙制与公司制的差异分析

（1）法律架构。有限合伙制风险投资机构在法律上的最大特点是其不以公司的名义注册，因而不存在公司税。其税收是在各个合伙人的收入实现后上缴的所得税，避免了重复纳税的问题。而公司制风险投资机构作为独立实体要缴纳所得税，然后才能进行利润分配。

（2）生命周期。有限合伙制风险投资机构普遍的生命周期为10年，但在征得合伙人同意后可以延长1~3年。在生命周期结束后，所有的股票与现金分配完毕，对账户进行彻底清算。而公司制风险投资机构除非被兼并收购或破产，一般可以长期存续。

（3）注资时间。有限合伙制风险投资机构中的有限合伙人的资金支付一般可分期进行，通常合同规定有限合伙人在合同签字后立即投入并承诺兑现的占25%~35%，然后在规定的时间按规定的比例投入。而公司制风险投资机构由于采用公司组织形式，其资本金必须一次到位。

（4）报酬激励。有限合伙制风险投资机构的普通合伙人的投入通常为基金资本的1%，其报酬由管理费用和利润分成两部分组成：基金的生命周期内每年的管理费用一般为承诺资本的1%~3%，利润分成部分通常占基金总利润的20%。而公司制风险投资机构对基金经理人员的激励乏力。美国《1940年投资公司法案》规定，公开交易的投资公司经理不得接受股票期权或其他以业绩为基础的报酬。

（5）承担责任。有限合伙制风险投资机构所获得的投资收益一般立即分配给有限合伙人，收益分配的形式可以是现金也可以是股票；普通合伙人的利润分成要到有限合伙人收回其全部投资后方可提取。而公司制风险投资机构所获得的投资收益既可按投资的比例向股东分配，也可作为积累留在公司。

（6）基金性质。有限合伙制风险投资机构属于私募基金的性质，无须定期公告业绩，运作较为自由；而公司制风险投资机构属于公募基金，并且大多数公开上市，其运作要求有高度的透明度，这与风险投资的高风险特征存在冲突。

2.有限合伙制与子公司型的差异分析

（1）资金来源。有限合伙制风险投资机构的资金主要来自其出资者，即有限合伙人，通常包括公司退休基金、私人退休基金等机构投资者以及个人投资者；而子公司型的风险投资机构的资金主要来源于母公司。

（2）投资策略。有限合伙制风险投资机构独立于出资者，对投资对象的选择完全取决于普通合伙人的经验与评价；而子公司型的风险投资机构的投资策略通常由母公司的发展战略所决定。

（3）报酬激励。有限合伙制风险投资机构的普通合伙人只有在其投资的风险企业项目获得成功时才能获得收益，但投资项目一旦取得成功，其收益水平相当高；而子公司型的风险投资机构的经理人员一般为母公司的雇员，投资项目的成功与否对其报酬影响很有限，他们一般以工资的形式取得收入。

三、风险企业

风险企业是风险投资的对象。从其内涵上看，风险企业大多数为具有创新性和良好市场发展潜力的中小企业；而在实际操作中，美欧在风险企业范畴的外延上有所区别。从美欧风险资本投资的产业分布可以看出，美国的风险企业主要集中在通信、电子、计算机、生物技术等高新技术行业；而欧洲国家对高新技术产业的风险投资比例明显偏低，一般加工业和新兴文化娱乐业的比例相当高。

作为风险投资的对象，风险企业发展的不同阶段相应地对风险资本有不同的融资需求。根据风险资本在企业不同发展阶段投资的特性，可将风险投资分为前期融资投资、后期融资投资和投资转型资本。

（一）前期融资投资

前期融资投资包括创业资本、开业资本和早期发展资本三种形式。这三种形态的风险资本的共同特征是投资期限长、风险高，尤以创业资本为甚。

1.创业资本

研发阶段是指产品或技术的酝酿与发明阶段。这一阶段的风险企业尚未成型，可能还只是一种创意、专利或一项新技术、新发明，资金需求量很少，投资期限最长、风险最大。这一阶段风险投资机构投入的资本称为创业资本。

创业资本主要用于帮助风险企业家研究其创意、进行市场调研、编制创业计划、组建管理团队等。对于风险企业家而言，接受创业资本将付出极大的代价，意味着要失去相当一部分企业的股权，但他得到的不仅仅是创业资本的支持，通常还包括未成型企业特别需要的实践经验的指导。对风险投资家而言，投入创业资本将要承担长时期的高风险，因此必须拥有较多的企业股权，才能确保在企业成功后获取对应的高额回报。

2.开业资本

创建阶段是指技术初步完善和产品试销阶段。这一阶段风险企业在新发明、新技术基础上开始了初步运行，一方面，要进一步解决创意或发明的产品化，排除技术障碍；另一方面，需要制造少量产品进行试销，反馈市场信息。这一阶段风险企业的资金需求（相对上一阶段）明显增加，而且投资期限长、风险大的特征仍然存在。这一阶段风险投资投入资本称为开业资本。开业资本的资金需求量较大，其资金来源主要是原有风险投资机构的第二轮资金投入，如果这一渠道无法完全满足需要，也可从其他风险投资机构获得资金支持。风险企业家为获得新一轮长期资本支持的代价是进一步出售企业的股权。风险投资机构在拥有风险企业股权比重提高的情况下，对风险投资家提出了管理素质的要求，即在这一阶段中风险投资家需要直接或间接地介入风险企业的管理。

3.早期发展资本

早期发展阶段是指风险企业开始正式生产，初步形成规模阶段。在这一阶段，风险企业在市场开拓方面已有进展，但一般还没有盈利。为了塑造产品的品牌，提高公司的知名度，确立在行业中的先导及主导地位，风险企业需要第三轮投资。这一阶段风险投资机构投入的资金称为早期发展资本。

早期发展资本的介入往往会引起风险企业资本结构多元化趋势。就风险企业家而言，不希望原有风险投资机构拥有的股权比例进一步提高，并且担心原有风险投资机构一旦对其失去信心会影响企业发展，因而要求扩大股东数目分散股权，并希望通过吸收新投资者得到其所需技术或市场份额。就原有风险投资机构而言，则可能担心对单一风险企业投资过多，承担的风险过大，影响其投资组合多元化以分散风险的投资宗旨；或者风险企业要求第三轮资本投入量超过了其投资能力，也会同意吸收新投资者。但是，原有风险投资机构仍有是否投入早期发展资本的主动权。

（二）后期融资投资

后期融资投资主要包括扩展资本与过渡性资本。相对早期融资投资而言，该阶段投资的周期较短，风险较低。

1.扩展资本

扩展阶段是指风险企业技术完善与生产扩展阶段。在这一阶段，风险企业一方面要扩大生产规模；另一方面要开拓市场，提高销售能力，以尽快达到最低经济规模或实现规模经济效应。这一阶段风险投资机构投入的资金称为扩展资本。这一阶段风险企业资金来源已不仅是原有风险投资的增资和新的风险投资机构的投入，企业开始销售产品，资金部分回笼，银行等其他金融机构的稳健资金也会择机进入。处于这一阶段的风险企业的管理与运作基本成型，已具有较为成功的业绩，投资风险明显降低。更为吸引风险投资家的是，风险企业在较短的时期内便可迅速成长壮大走向成熟，并接近公开上市的最低标准。风险投资机构投入的扩展资本，将会帮助风险企业完成公开上市的飞跃。因此，扩展资本投资具有周期较短、流动性较强和风险较低的特征。

2.过渡性资本

风险投资的过渡性阶段也是风险企业的成熟阶段，是指企业技术成熟和产品进入大工业生产阶段。在这一阶段风险企业产品销售已能产生相当的现金流入。因为技术成熟，市场稳定，所以风险企业已有足够的资信去吸引稳健型金融机构的投入，或利用债券、股票等金融工具融资。虽然这一阶段风险企业的资金需求量很大，但风险投资机构已很少增加投资。这一阶段一般是风险投资企业的收获季节，即风险投资的退出阶段。

如果风险企业需要进一步改善资产负债结构，或吸引著名风险投资机构进入以提高企业形象，增强公开上市的能力，就会接受风险投资机构的资本投入。风险企业走向公开上市的最后阶段的投入资本，也被称为过渡性资本。过渡性资本具有周期短、流动性强、风险小等显著特征。

（三）投资转型资本

风险投资机构主要培育创新型企业，必要时也为处于破产边缘或资金周转失灵的成熟型企业提供资金，在使其重获新生后退出。投资转型资本主要以重组资本与风险杠杆收购资本的形式出现。

1.重组资本

企业拥有相当的优质资产或拥有先进的技术及产品，但当企业管理层能力不足，财务控制失衡，负债过重，或缺乏运作资金而陷入困境时，风险投资机构经过实地考察与市场调研，也可以为企业提供一定的股权资本，帮助企业改善资产负债结构，通过资产重组使其起死回生。风险投资机构投入企业重组的资本被称为重组资本。

风险投资机构根据企业潜力与市场前景的调研，决定投入重组资本，要实施管理辅助或完全接管。经过资产重组企业度过危机后，风险投资机构则通过企业股价上扬后出售股权获利或将企业整体出售获利。风险投资机构投入重组资本的最大风险是企业重组失败。

2.风险杠杆收购资本

风险杠杆收购通常是企业经理人员以及技术专家利用风险投资机构提供的资金，买下自己所在企业的所有权。风险投资机构投资于杠杆收购活动的风险资本称为风险杠杆收购资本。风险投资机构之所以帮助这些经理人员及技术专家，关键在于他们已经掌握了先进的技术或产品，具有丰富的市场运作经验，协助他们获得成功的概率远远高于扶植创新型的风险企业。

此外，风险投资机构还可通过收购有潜力的现存公司合并成具有一定规模的大公司，然后在公开资本市场上市，以达到风险资本增值的目标。风险投资机构投资于一般意义上的收购合并活动的资本就是风险并购资本。

小思考7-2

最早出现的风险投资组织形式是（　　　）。

A.子公司型　　　　　　　　B.公司制

C.中小企业投资公司　　　　D.有限合伙制

案例分析7-1　　　2019VC/PE太难了：早期投资锐减4成，创投交易几近腰斩

2019年VC/PE年报显示：募资方面，私募股权投资基金成立难度加大，新成立基金数量缩减两成；投资方面，VC/PE投资活动显著降温，机构普遍放缓投资节奏，创投市场全面回调，创投交易数量几近腰斩，尤其早期投资大退潮。

第一部分：新成立基金缩减两成，562只基金完成募集1 408亿美元。

由于监管趋严，私募股权投资基金成立难度逐渐加大，2019年新注册成立基金数量环比缩减两成，机构成立新基金意愿减弱。从地域分布来看，凭借政策鼓励及扶持，广东深圳地区脱颖而出，逆势成为全国私募股权基金成立最多的地区。

受国内金融去杠杆、银行募资通道受阻、监管趋严等政策的影响，募资周期延长，人民币基金募资难尤为明显。相比之下，美元基金受影响较小，市场对美元基金的预期更高，信心更充足，多家机构开始开展美元基金的募集。

※机构新成立基金意愿减弱

从近几年趋势来看，新成立的基金数量在2015年以来猛增，增幅一度高达116%，而受资本市场监管趋严影响，2017年以后，新注册成立基金数量接连缩减，并且缩减幅度有明显扩大趋势。

完成成立新基金的机构数量也存在同样趋势。2017年之后，由于资金端收紧，基金募资日渐艰难，部分机构还存有未完成募集的基金，进而成立新基金的意愿也相应减弱。

※机构新成立基金数量呈两极分化

2019年，1 891家机构共计新成立3 332只基金，其中，新成立10只及以上基金的机构仅17家，而仅新成立1只基金的机构多达1 302家。新成立多只基金的机构多为头部机构或有政府背景的机构。

在资本寒冬背景下，大多中小机构或减少或已停滞新基金的成立，但像高瓴资本、红杉中国等头部机构，或像景洲投资、广州基金等有上市公司或政府背景的机构，依旧在积极设立私募股权基金。

※深圳市成私募股权资产配置主要聚集地

2019年，新成立的3 332只基金分布在30个地区，其中，在政策的扶持和推动作用下，广东省新成立1 046只基金，其中深圳市新成立540只基金，强势领跑全国。

2019年年初，深圳出台《促进创投行业发展的若干措施》鼓励市政府引导基金、国有企业、专业化创投机构、天使投资、金融机构等主体进入创投行业，通过丰富创投主体实现创投资金集聚，创新创投募集资金方式拓宽资金来源渠道，解决创投行业发展中存在的募资难问题。目前，深圳市已逐步成为中国私募股权资产配置的主要聚集地。

※562只基金完成募集，共计募集1 408.23亿美元

2019年资管新规效力显现，银行等资金端持续收紧，LP加强对机构业绩的考量，在GP的遴选上更为挑剔，导致基金募资周期延长，募资规模预期降低，基金募资难持续深入。2019年，共计562只基金完成募集，募资总规模1 408.23亿美元，基金数量和募资总规模较2018年均显著下降，而且2019年募资总额主要源于头部机构的大额募资，基金募资规模Top10共计募集约620亿美元，占全部总募资金额的44%，募资战场头部效应加剧。

由于美元基金币种的投退优势，市场对美元基金的信心相对更充足，2019年，美元基金募资均值（8.78亿美元）远超人民币基金（1.89亿美元），部分中资机构也陆续开始了美元基金的募集。从2019年基金募资规模Top10可以看出，其中7只都是美元基金，大额美元基金层出不穷。

第二部分：VC/PE机构投资活跃度降温，出手机构数量减少近三成。

2019年资本大退潮，VC/PE机构投资活动显著降温，参与投资的机构数量与2018年相较减少近三成。在投资弹药不足、项目成本贵的大环境下，机构普遍放缓投资节奏，即便是头部机构，也加大了对项目商业模式、财务数据的考量，减少出手次数，致力优投精投。

※机构放缓投资节奏，致力优投精投

受募资难、投资贵、退出难多方影响，部分机构基金的募集尚未到位，缺乏可持续投资弹药，更多机构选择观望等待，一些小机构甚至难以延续而宣布解散，因此2019

年参与投资活动的VC/PE机构大幅减少。

在参与投资的机构中，2 923家（占62.86%）仅投资1起，投资30起以上的机构仅16家（占0.34%）。投资较活跃的机构主要为头部机构和有政府或上市公司背景的国家队机构，多数机构仅投资1起或尚未参与投资。

※VC/PE活跃投资机构Top10

盘点2019年投资最活跃的机构Top10，深创投以127起案例夺魁，红杉中国以106起位居第二。

在投资弹药不足和项目成本贵的大环境下，即便是头部机构也普遍放缓了自己的投资节奏。2019年投资活跃机构Top10，投资次数与前两年相较都有不同程度的减少。机构普遍对投资持理性和谨慎的投资态度，将更多的精力放在过往投资项目的投后管理和项目资源服务上。

第三部分：创投交易数量几近腰斩，早期投资大退潮。

由于2018年资产端的突然收紧，活跃的创投市场逐渐进入寒冬，VC/PE投资市场正面临行业洗牌，全面进入回调期，在投资弹药不足和项目成本贵的大环境下，无论是头部机构还是中小机构都在放缓自己的投资节奏，对项目持理性和谨慎的投资态度，将更多的精力放在过往投资项目的投后管理和项目资源服务上，着重思考基金未来的投资赛道等。

※创投市场全面进入回调期

2015年以来，创投市场经历了几年的非理性繁荣，热点、风口层出不穷，而进入2019年后，中国创投市场全面进入回调期，行业整体投资节奏放缓，从迅猛发展回归理性常态。与2018年相较，创投交易数量几近腰斩，降幅高达48.05%，同时交易总金额骤降44.51%。

从投资均值来看，除2017年小幅回落外，自2014年以来投资均值几乎一路攀升，2019年投资均值已高达1 012万美元。投资均值日渐增长，主要源于机构日渐减少非理性投资，投资阶段向成长期发展期偏移，在项目的遴选上回归价值投资本源，大额交易层出不穷。

※早期投资显著减少，投资阶段后移

从创投市场细分轮次来看，近三年来，处于初创期的种子轮、天使轮交易数量在全部交易轮次中比重逐年递减，其中天使轮投资降幅尤其显著，由2017年的37%降至2019年的18%，幅度为51.35%；而相比之下A/B/C轮投资数量币种逐年增长，尤其A轮投资增幅显著。早期天使机构开始撤出或者整体投资阶段向后偏移。

※细分行业融资情况

2019年，中国创投市场的投资热点集中在IT及信息化、互联网、医疗健康等领域，具体如下：①融资数量：IT及信息化融资活跃度最高，案例数量共808起。②融资规模：互联网成重点吸金行业，融资总规模达104.88亿美元。③融资均值：汽车行业虽案例数量仅107起，但头部明星企业频现超大规模融资，融资均值为3 524.98万美元。

※创投市场重点融资案例

2019年，汽车行业大额融资频现，其中规模最大的一起为——威马汽车完成总额30亿元人民币的C轮融资，由百度集团领投，太行产业基金、线性资本等参与投资，本轮融资将主要用于用户体验与技术研发。截至目前，威马汽车累计融资金额已近230亿元人民币。本轮融资后，威马汽车的估值有望得到进一步提升。

第四部分：私募股权市场趋势下行，案例数量下滑超三成。

2019年，中国私募股权投资市场发展趋势整体下行，活跃度同2018年相较下跌超三成。然而在宏观环境趋紧的形势下，私募股权市场相对创投市场更沉稳。

※私募股权投资市场相对更沉稳

纵观近几年的情况，中国私募股权投资市场发展相对创投市场更沉稳。2019年，私募股权投资虽受资本寒冬影响交易数量有所下降，但与创投市场腰斩的形势相比，其波动在合理可控范围内。2019年私募股权交易2 189起，与2018年相较下降31.55%，交易规模1 073.16亿美元，与2018年相较下降26.82%。

从投资均值来看，中国私募股权投资均值无明显趋势性变化，除2016年以外，投资均值基本稳定在万美元区间内，PE机构在私募股权投资金额上有较稳定的把控。

※私募股权投资市场细分领域融资情况

2019年，中国私募股权市场细分领域融资情况如下：①融资数量：制造业融资交易最活跃，案例数量共计422起；②融资规模：互联网强势吸金，融资总规模达16 442.36亿美元；③融资均值：生活服务、运输物流、汽车行业现大额融资交易，融资均值均超亿美元。

※私募股权市场重点融资案例

2019年，中国私募股权投资市场中，汽车行业表现亮眼，在融资规模Top10案例中，3家汽车行业项目上榜。其中包含汽车交易平台瓜子二手车15亿美元D轮融资、汽车配件厂商康众汽配3.8亿美元D+轮融资和新能源汽车厂商博郡汽车的25亿元人民币战略融资。

资料来源　佚名.2019VC/PE太难了：早期投资锐减4成，创投交易几近腰斩［EB/OL］.［2020-01-12］.http://www.360doc.com/content/20/0112/17/55092353_885797944.shtml.有删减.

问题：

如何看待PE、VC在不同的经济发展环境下的表现及在产业发展周期的不同阶段和时点所发挥的作用？

第三节　风险投资的运作过程

风险资本从提供者手中流向运作者，风险投资活动具体由风险投资机构运作。风险投资活动的投资过程一般包括项目选择、项目投资合约的设计与签订、项目管理与监控以及风险投资的退出等几个基本环节。

一、风险投资项目的选择

风险投资是否成功，关键之一在于所选择的风险投资项目，所选项目的好坏将直接与未来的风险与收益相联系。

（一）风险投资项目的选择原则与选择方法

经过多年国际风险资本运作，风险投资机构逐渐形成了三大投资选择原则：

1.每项投资不承受两项以上的风险

企业在早期阶段，会遇到研发风险、生产风险、市场风险、管理风险和发展风险这几项典型的风险。对企业来说，是否能开发出技术，生产出产品并销售出去，最后获得足够的利润以维持企业的发展，是有一定的风险的。对风险投资机构来说，一般只能同时接受其中的两种风险，而且风险投资机构最能有效控制的风险应是市场风险和管理风险，其他风险则较难把握。一般超过两项风险的项目再好也不投资。

2.遵循 V=P×S×E 的公式

这里的 V 为投资价值，P 为市场需求大小，S 为产品、技术或服务的独特性与可行性，E 为企业家（管理团队）的素质。项目有了高价值的因素 P、S 和 E，才会激发风险投资机构的兴趣。如果定义 P、S、E 有效的比值系统是 0～3，那么交易发生价值在 0～27 之间。在这样的评价系统中，一般来说只有 V 值达到 20 以上，项目才具有投资价值。因为选择投资价值（V）高的项目，投资才能获得高回报。

3.其他因素相近时以 P 为参照系

这也就是说，风险投资家在几个项目风险与收益相近的情况下，更愿意投资市场需求较大的项目。从某种意义上说，风险投资机构投资的并非项目本身，而是项目（技术）未来的市场。没有市场也就不可能有回报，因此一个好的风险投资项目的灵魂是其未来的市场需求性。

风险投资项目的选择实际上是一个多目标的决策过程，成熟的风险投资机构通常应用系统工程和决策论的方法。层次分析法（AHP法）是当今解决项目评估和选择的一种行之有效的方法，其中就体现了风险投资的三大原则。确定投资项目的评估值是层次分析的总目标。项目评估的一般标准（创业计划书、管理、技术和产品、市场、财务、退出等）则作为分目标，分目标又可细分为技术的先进性、成熟性和市场接受程度等指标，最后量化指标以便比较。在确定各个指标的权重以及对各指标进行具体评价时则可以采用专家打分法。项目的评估值确定后，将项目的评估值和最低的预期值要求相比较，大于预期值的可以考虑投资，小于预期值的不予投资；若有几个项目可供选择，则评估值最大的项目优先。

（二）风险投资项目的操作流程

确定投资项目是风险投资运作的第一步，也是最为关键的一步。在如何确定项目上，风险投资机构都有一套十分严格的专业化操作流程，一般包括以下三个主要步骤：

1.项目遴选

一般在遴选阶段，项目通过率只有 1/15～1/10。一个典型的风险投资机构每年都能接到数以千计的项目建议书或项目信息,风险投资机构的专业人员对收到的创业计划和投资信息进行筛选,以快速舍弃不合适的投资方案。在该阶段,选择的主要依据是风险投资机构根据其投资战略、目标所制定的项目筛选标准,所评估的对象基本只是项目计划书本身。项目选择一般遵循如下要求:①是否符合投资方向;②是否达到一定的技术含量标准;③是否具有一定的商业前景。

2.项目评估

通过筛选阶段的淘汰,只有风险投资机构认为合适的、有价值的少数项目得以保留,进入投资评估阶段。

(1)风险企业所处的行业。风险投资机构出于控制风险、增加回报的考虑,大都坚持集中投资的原则,对风险企业所处的行业有自己的偏好和专长。

(2)风险企业所处的阶段。企业的发展阶段通常被分为研发阶段、创建阶段、开拓阶段、扩展阶段、成熟阶段。风险投资机构对风险企业所处的阶段也有自己的偏好和专长。一般致力于投资早期企业的风险投资机构会强调自己专一的投资政策。只有一些优秀的风险投资机构和经验丰富的投资家才致力于创业阶段企业的投资。一般的风险投资公司则投入开拓期和扩展期以规避风险;金融机构下属的风险投资公司则明确表示更愿投资后期乃至过渡、转型的企业以求迅速变现,从而发挥它们特有的经验优势,并避免它们对早期企业的管理和行业技术不熟悉的缺陷。

(3)风险企业要求的投资规模。投资规模的选择是一个规模效益和风险控制的平衡问题。和成熟企业一样,投资规模过小,管理成本就会上升;规模过大,则风险过大。风险投资机构必须结合自身条件给予全面考虑,寻找两者的最佳结合点。

(4)风险企业的地理位置。出于辅助管理风险企业的便利条件考虑或政策所限,风险投资机构一般选择在其所在地周围的风险企业进行投资,而且往往会自发地集中到某些投资环境优良的地方,比如美国的硅谷、英国的剑桥和中国台湾的新竹等。

(5)风险企业家的素质。企业家素质是否符合要求,是风险投资需要考虑的重要因素。有经验的风险投资机构认为环境与市场的变化是不可预知的,也是无法控制的,只有经营者的强烈愿望和意志力才能克服困难和挑战,确保成功。因此,投资对象应是具有技术创新精神和经营专业能力的高素质的管理团队。

3.项目决策

风险投资机构认为好的项目应该是合适的企业家在合适的时候拥有合适的技术,并存在或能够创造出合适的市场,最终必会带来丰厚的回报。经过一系列的筛选,只有极少数的投资项目得到保留,但还需从宏观上加以考虑,判断是否有合适的投资时机。

在绝大多数情况下,风险投资机构是以创业企业的计划书为基础,依靠风险投资的知识、经验甚至直觉来进行项目选择的。这种决策很大程度上带有决策者的主观性,但是这种主观性不等于随意性,事实上风险投资家必须有全面的金融、管理知识和高度的风险意识并且对某个产业(技术)有着深入的了解,才能准确地作出投资决策。

风险投资的风险确实很大,但这种风险是可以预期的,尤其是各类非系统性风险。

风险投资机构在项目评估和选择时往往依靠各种专业人才和机构来做大量审慎、严格的调查工作，以求达到项目决策的最大限度的科学性，获得在控制风险条件下的最大化收益。

二、项目投资合约的构造

风险投资机构与风险企业之间的默契与合作是风险投资能否取得成功的又一关键因素。这种默契，从国际风险投资的游戏规则分析，更多的是依靠投资合约中所设定的各种契约关系以及由此形成的内在机制来实现的。项目投资合约的内容主要包括以下几个方面：

（一）项目投资定价方法

风险项目投资的价格是指风险投资家在投资寿命期内获得的总回报，它既包括当期收入（股利与利息），也包括资本利得。由于风险企业经营业绩的不确定性，风险项目投资的价格一般表示为风险企业为获得风险资本而提供的股权份额，或风险投资机构对风险企业投入资金所要求的股权份额，也反映了风险投资机构与风险企业在共同合作过程中所要承担的风险与应得的利益。

1.哈佛定价方法

哈佛定价方法对风险企业定价的一般程序为：

（1）对风险企业长期目标的实现进行预测，主要是投资的收回时间，即第 n 年的税后利润 C_n。

（2）估算第 n 年投资收回时风险企业的可能价值 V_n。

V_n 为第 n 年行业平均市盈率 $\left(\dfrac{P}{E}\right)$ 与第 n 年风险企业税后利润（C_n）的乘积。

（3）估算投资期限内调整风险的贴现率（r），并将投资收回时的风险企业价值（V_n）折为现值 P_n。

$$P_n = \frac{V_n}{(1+r)^n} \qquad\qquad \text{（公式 7-1）}$$

（4）将所需投资额现值（I）除以风险企业价值的现值（P_n），求得风险投资机构应得到的股权比例，即风险投资机构要求的股权份额 $= \dfrac{I}{P_n}$。

2.曲棍球法

该方法将风险企业的财务状况类比成曲棍球棒，即当前风险企业处于曲棍球棒的底部，如果筹集到一定资金，则风险企业财务状况可在若干年内达到球棒的顶端。利用该方法对风险企业定价的一般程序为：

（1）预测第 n 年投资收回时风险企业的可能价值（V_n），方法同上。

（2）估算投资回报倍数（R）。

（3）估算风险投资机构投入资本的现值（I）。

（4）估算风险投资机构的预期投资收回价值，即 $I \times R$。

（5）估算风险投资机构要求的股权比例，即 $I \times \dfrac{R}{V_n}$。

上述定价过程中的一个核心问题是贴现率（或投资回报倍数）的估算。这些收益率应当明显高于市场上其他投资的收益率水平，因为风险投资要求的收益率包含市场上的无风险收益、风险收益以及资产的流动性等的补偿。实践中，风险投资家使用高贴现率的另一目标，就是防止风险企业对预测过于乐观。

（二）确定金融工具

风险投资机构投资风险企业，一般运用的金融工具有债券、普通股以及介于两者之间的混合证券。风险投资机构可以依据投资的变现、对投资的保护及对企业的控制等来选择金融工具。

1.债券的选择

以债券形式投入的优点是有固定的利息收入，清算时具有优先权。但它的不利之处在于风险投资机构不能分享风险企业未来的增长成果，无法对风险企业实施有效的控制。对风险企业而言，采用债务融资将使资产负债水平过高，影响其进一步融资，也阻碍了其他传统金融机构的进入。

2.普通股的选择

以普通股形式投入的优点是风险投资机构可以享受风险企业价值上升的成果。但它的不利之处在于企业清算时，普通股股东剩余求偿权排在最后。此外，拥有风险企业少数股权会导致风险投资机构对企业控制能力的削弱，而若拥有多数股权，则风险投资机构须加大资金投入。

3.混合证券的选择

大多数风险投资机构采用隐含选择权在内的混合证券形式投入，最常见的是优先股、可转换优先股、可转换债券、附认股权债券。风险投资机构往往还要求投资合约中加入控制投票权等其他条款以加强对风险企业的控制。

优先股是企业股本的构成部分，而且当企业有税后利润时才支付股利，但在企业清算时其剩余求偿权次序先于普通股。可转换优先股还具有在一定期限内按约定的条件转成普通股的权利。

可转换债券是债券与股票的混合体。当股价低于转换价时，可转换债券只是一种债券；当股价高于转换价时，可转换债券可转成普通股，因此在企业经营不景气时，可转换债券的价值损失小于股票。对风险企业而言，转换价一般高于直接购股价，等于发行一定量的普通股，可以获取较多的资金；反之，则获得一笔利率较低和期限较宽松的债务资金。

附认股权债券是由债券与认股权组成的，认股权允许风险投资机构进行选择，当企业前景明朗、股价上升时，风险投资机构有权按约定的价格（低于股票市价）购买普通股；否则放弃认股权。对风险企业而言，因为认股权的潜在价值，将使其能获得利率较低和期限较宽松的债务资金。

显然，风险投资机构掌握的混合证券比风险企业家的证券优先级高，且隐含的选择权在一定程度上起到了保护投资者的作用。

（三）分阶段投资

风险投资机构一般不是将其创业计划书所需的全部资金一次性投入风险企业，而是分阶段投入，这样较好地解决了信息不对称与控制投资风险的问题。分阶段投资使风险投资机构拥有了一个有价期权，可以在风险企业经营不善时放弃投资，减少损失。因为只要风险投资机构还在提供资本，风险企业几乎从不停止对一个失败项目的投资。风险投资机构拥有放弃的权利，这样才能在高度不确定的风险环境中保护自身的利益。

在风险企业发展不顺利的情况下，风险投资机构给予风险企业家严厉的惩罚。惩罚主要采用两种形式：

（1）超过额度使用标准部分的资金，风险投资机构将要求更高的股权份额，从而加速稀释风险企业家的股份。

（2）完全停止投资，关闭企业。

这两种情况不仅会给风险企业带来巨大的经济损失，降低市场信誉，增加筹资成本，甚至可能使其失去在市场上的立足之地。因此，风险企业家要通过全面分析，相信有能力达到预定的目标，才会接受分阶段的投资安排。而风险企业一旦获得成功，分阶段投资安排下的风险企业家所得就远超过一次性投资安排下所得。由于成功的风险企业价值总是在不断上升的，所以同样资本所换取的股份会递减，从而风险投资机构的增量投资对风险企业家股份的稀释作用会降低。所以，分阶段投资是一种有效的监督制约工具，也是一种激励机制。

除了分阶段投资外，风险投资机构还采用对风险企业管理人员进行直接监控的手段，如降职、解职等。风险投资机构还可通过投资合约中的有关股份回购条款来制约企业管理人员，如当管理人员离开企业时，企业有权以低于市价或账面价值的价格从其手中回购企业股票。股权分配计划也会将分配给提前离开企业的管理人员的股票限制在最低水平。这些措施的目的就是将企业管理人员的利益与企业的利益捆绑在一起，从而降低风险投资机构的投资风险。

（四）报酬体系

在风险企业中，管理人员的报酬是同企业的业绩挂钩的。他们的现金收入一般低于劳动力市场的价格，现金收入的不足由他们得到的风险企业的股权来弥补，其潜在价值往往远远高于现金收入。然而，管理人员拥有的股票只有在企业创造了价值并变现后才能实现。通过这种报酬体系，风险企业管理人员与风险投资机构的利益趋于一致，降低了委托代理关系中的"道德风险"。这种报酬体系也有利于风险企业对其雇员的有效管理。当风险企业终止雇佣合同时，离职人员的股票不能在市场上出售，只能按固定的价格由企业回购。由于预定价格远低于账面价值，而雇员的主要收入来自股票，这就大大增加了雇员离职或被解职的机会成本。

当然，股票代替现金的收入分配方法存在着一个重大缺陷，即客观上刺激了风险企业家去冒风险。在经济学中，股票期权可以被看作或有权利，它的价值是随着企业价值的不稳定性而增加的。因此，除了设计合理的、科学的报酬体系机制外，风险投资家还应积极参与企业的管理。

（五）直接参与管理

由于信息不对称的存在，任何设计严密的投资合约都不可能预见所有的问题、冲突与分歧。在高度不确定的风险投资环境中，风险投资家需要扮演积极的角色，直接参与企业管理，发挥减少信息不对称、降低风险、降低委托代理成本的作用。风险投资机构占据董事会席位，帮助招募关键员工，与供应商和客户打交道，帮助制定战略战术，承担主要的筹资职能，协助企业进行收购兼并等。所有这些活动都是为了提高企业成功的可能性和投资回报，降低信息不对称，保护风险投资机构的利益。

风险企业获取风险投资的最大好处是，在获取风险资本的同时，也获得了风险投资机构在资金、人才、管理、信息等方面的优势，为企业经营提供了便利。风险投资机构与投资银行之间也保持着十分密切的联系，为企业的上市与并购提供了机会。

（六）投资变现

风险投资机构和风险企业家都希望最终将手中股权资产变现，但由于它们在企业中所处的地位不同，对变现的时机与方式可能会有不同意见，因此，风险投资机构在投资合约中设置了一些保证实现双方目标的条款。

（1）风险投资机构拥有对其所持股份的卖权。这一权利常常在企业财务状况良好但因企业太小等原因不能上市的情况下执行。

（2）大多数风险投资合约给予风险投资机构在某个时候将其股份拿到交易所注册的权利，并且由风险企业承担全部的注册费用。

（3）投资合约还规定风险投资机构可以在风险企业家出售股份的同时，以相同的条件出售自己的股份，以避免风险企业家抢在风险投资机构前面出售股份。

三、项目的管理与监控

风险投资机构与传统金融机构最大的区别，就在于风险投资合约签订后，风险投资机构的角色从投资者扩展为合作者，即风险投资机构还要参与风险企业的运作管理。

风险投资机构参与风险企业管理的程度与侧重受到各种因素的影响，其中最主要的因素包括企业管理人员的经验与技能、企业所处的发展阶段、企业所采用技术的创新程度以及风险企业家与风险投资机构在企业发展目标上的一致性等。

风险投资机构参与风险企业管理与监控的方式分为三类，即积极参与型、间接参与型和放任自由型。

（1）积极参与型是一种紧密式参与类型，风险投资家的意见直接影响风险企业的决策与运作。

（2）间接参与型，风险投资家仅提供咨询建议，但并不强求风险企业完全接受。

（3）在投资规模较小、风险企业已处于成熟期或对企业管理团队有信心的情况下，风险投资机构也可采用放任自流的管理与监控。

风险投资机构参与风险企业的管理与监控，最主要的两项工作是帮助企业筹集资金和提高管理能力。前者是风险投资机构利用其在资本市场上的良好人际关系与运作技能为风险企业的进一步发展筹措资金；后者是风险投资机构通过在经理市场上寻找和吸收高素质的经理人员，及时更换不称职的企业主管来实现。由于多数风险投资家认为管理能力是决定项目投资成功与否的关键因素，所以提高风险企业的管理能力成为其参与管理与监控的最主要的工作。

对处于不同发展阶段的风险企业，风险投资机构参与企业管理的侧重点存在明显的差别。在风险企业发展早期阶段，风险投资机构在投入资金的同时，还参与制定风险企业战略规划，提供建立、组织和管理新企业所需要的技能，招募经理人员等。在风险企业发展中后期阶段，风险投资机构一般不干涉企业的日常经营管理，放手让他们选中的信任的企业经理人员去经营发展风险企业。同时，风险投资机构为了保护其投资者的权益，也会以积极支持的态度与企业经理人员保持密切的伙伴关系。当风险企业出现财务危机或管理危机时，风险投资机构往往利用控制投票权的方式实现对风险企业的控制、干涉，直至接管企业更换管理团队。在投资退出阶段，风险投资机构则直接指导企业的收购兼并和股票的发行上市。

四、风险投资的退出

风险投资的退出是风险投资活动的最后一个环节，也是非常重要的一个环节。如前所述，风险投资公司是为卖而买，能够顺利套现退出，并取得预期盈利，是风险投资公司投资的目的。顺利实现退出又是风险投资公司进行下一轮投资的条件，如果不能顺利退出，大量资本将被"套"在投资环节，长期下去，存量资本将会枯竭，增量资本也会因此得不到补充，风险投资公司的投资将难以为继。顺利实现退出还是衡量风险投资成败的标准，风险投资是否成功是看其退出时的所得，所得越多，意味着越成功。风险投资退出的方式通常为公开上市、出售、股份回购和破产清算。

（一）公开上市

公开上市（initial public offering，IPO）是风险投资退出的最理想的方式。对风险投资公司来说，其持有的股份可由此在市场上出售，方便快捷，可以很快实现投资的回收和增值。对风险企业来说，公开上市表明了市场对企业资产、业绩、成长性等方面的认可，企业不仅可以继续筹集到发展所需的资金，还可以吸引各方面的人才，使企业进入快速发展的轨道。在美国，IPO方式约占风险投资退出量的30%。

由于市场普遍对风险企业的期望较大，所以采用IPO方式往往能给风险投资公司带来巨额的投资回报。如苹果公司首次发行股票获得235倍的投资回报，莲花公司获得63倍的投资回报，康柏公司获得38倍的投资回报，微软、英特尔、雅虎等也有类似的情况。

以美国NASDAQ为例，IPO方式的程序大致要分为：

（1）选择券商，由券商对企业的财务和经营情况进行初步考察，并出具初步报告。同时，就上市计划及有关细节，包括发行总额、资金的运用、派息政策、上市费用等达成协议。

（2）由会计师事务所对要求上市的企业进行审计，出具财务报表。

（3）确定承销商，并协助承销商对企业的经营运作状况、IPO集资的目的等进行考察，签订承销协议。

（4）制定上市招股书，并聘请律师审查各项文件。

（5）向SEC申请上市，获得批准后，股票即可挂牌交易。但考虑到企业股价的稳定性，根据144规则，风险投资公司在风险企业首次公开发行时，不能立即售出其所拥有的全部股份；同时，证券承销协议也往往有限制风险投资公司出售其股票的条款。因此，首次公开发行后，风险投资公司持有的股份通常只会有很小的变化。

（二）出售

当风险企业难以达到或尚未达到IPO条件，或风险投资公司认为风险企业的发展前途不大，或风险企业不愿受IPO种种约束时，风险投资公司可以选择以出售的方式退出。

出售有两种形式：一种是将股份出售给对风险企业感兴趣的其他企业，这种出售称为第一期收购；另一种是将股份出售给另一家风险投资公司，称为第二期收购。统计表明，在退出方式中，一期收购约占23%，二期收购约占9%，但回报率大约仅为IPO的1/5。

为了获得较好的出售价格，提高投资回报率，采用出售方式应注意以下几点：

（1）选择正确的出售时机。任何一个企业，包括风险企业，在生产经营过程中，运行状况、业绩状况等总会有一定的起伏，当企业的各方面状况处于相对高峰时，售价会偏高；反之，则会偏低。因此，风险投资公司在出售所持有股份的时机把握上，应选择风险企业境况相对良好的时候。

（2）了解购买者购买的迫切性。如果这项购买对购买者生存具有重大意义，或风险企业的产品技术对购买者十分重要等，购买者的购买欲望就会很强，购买的心理就会很迫切。在这种情况下，出售者在谈判中就会处于十分有利的地位。因此，在寻找购买者时，必须有针对性，要物色那些可能对本企业兴趣很大的企业或公司。

（3）风险企业状况。购买者总是出于某种目的才会购买风险企业的股份，如看中风险企业某项资产、某项技术、未来的盈利能力、销售网络等。也就是说，风险投资公司能否出售持有的股份、出售价格是多少，与风险企业的状况有关，其中对购买者影响较大的是风险企业产品的市场增长率和风险企业在该市场的占有率。一般而言，购买者最感兴趣的是高市场增长率和高市场占有率的风险企业股份；其次是高市场增长率和低市场占有率的股份；再次是低市场增长率和高市场占有率的股份；最不感兴趣的是低市场增长率和低市场占有率的股份。

（三）股份回购

许多风险企业在签订投资协议时，加列了在一定投资期限之后，风险企业回购风险投资公司的股份的条款，从而形成了风险投资退出的又一方式。

在投资协议中加列回购条款，主要是为了降低投资风险，保证风险投资的最低收益。由于风险企业负有在一定期限后，按一定价格购回股份的责任，这就保证了风险投资至少可以收回按协议回购价格计算的收益，因此受到部分风险投资公司的欢迎。对风险企业来说，也比较喜欢回购的方式，因为通过回购，风险企业可以摆脱风险投资公司相应的控制，进一步强化自身的控股权。也有一些风险投资在投资协议中没有加列回购条款，在一定投资期限之后，经投资双方协商，另外签订企业回购协议。

（四）破产清算

破产清算可能是风险投资公司和风险企业最不愿看到的结果，但风险投资高风险的特征决定了这个结果出现的概率不会很小。当风险企业的经营状况恶化，无法维持正常运营，又没什么发展前景时，破产清算不仅可使风险投资公司了结与风险企业的关系，而且有可能收回一部分投资。风险投资公司所能收回的投资与风险企业的净资产值有关，也与当初的投资形式有关，如采取优先股的形式，清偿顺序就先于普通股；如采用股权与债权结合的形式，债权部分的清偿就先于股权。也有一些失败的风险投资并没有申请破产清算，而只是简单地关门大吉，其残值的分配主要通过双方协商的办法解决。

需要指出的是，风险投资退出的方式一般在投资协议签订时就确定下来了，它是投资协议的重要条款。当然，随着情况的变化，经双方协商，这些条款也是可以修改的。

小思考 7-3

风险投资退出的最理想方式是（　　　　）。

A. 股份回购　　　　　　　　B. 第二期收购

C. 公开上市　　　　　　　　D. 破产清算

E. 出售

小思考 7-3

答案

案例分析 7-2　　　　　　　　2019 年消费类设备初创公司们发生了什么？

据 Crunchbase 消息，风险投资者一直十分关注高科技行业。但是最近，他们对消费电子初创企业的风险投资已经放缓，在 2019 年出现同比下降。这标志着该领域北美初创企业获得的投资连续第三年减少，甚至硬件投资者也看跌。

"这目前是下降的趋势。"Lemnos 的合伙人 Eric Klein 表示。Lemnos 是一家专注于硬件的种子和早期投资者，过去两年来一直在与消费电子产品的新交易流程保持距离。根据 Crunchbase 对北美消费电子初创企业投资的分析，2019 年的已知资金总额为 17.4 亿美元，低于 2018 年的 24.5 亿美元。Crunchbase 将过去五年的总数细分如下：

※驱动因素

Klein 指出消费设备投资下降的三个主要驱动因素。第一个因素是四大巨头——苹果、三星、谷歌和亚马逊——的统治地位日益增强。这些企业巨头正在垄断越来越多的消费电子产品类别，使初创企业难以竞争。

第二个因素是 Kickstarter 革命令人失望的后果。十年前，当众筹平台开始受到人们的欢迎时，风险领域的人们对流行产品的开发者将继续为庞大的市场服务感到乐观。这并没有像预期的那样成功，早期追随者的热情很少能在未来的大众市场掀起热潮，反而带来了诸多失败。

第三个因素是迄今为止，向经验丰富的企业家开出大笔早期支票的效果不佳的策略。

Klein表示："这些交易并没有所有人都认为的那样成功。"这尤其具有挑战性，因为创始人必须建立产品和可销售品牌。两者都是昂贵且冒险的主张。

Klein没有透露具体的公司名称，但想到的初创公司包括在两个早期融资中筹集了3.3亿美元的手机和设备制造商Essential，以及迄今为止筹集了超过26亿美元的VR可穿戴设备独角兽企业Magic Leap。

※B轮融资特别困难

值得注意的是，在消费设备投资的所有融资中，B轮融资2019年尤其困难。根据Crunchbase的数据，仅9家北美消费电子公司在2019年宣布了B轮融资，带来了2.09亿美元的资金。

由于大量真正的初创公司融资大部分发生在B轮融资之后的后期，因此此处的放缓表明，未来消费类电子产品的超级巨额资金可能会减少。

※成功与失败

由于消费电子产品的成功需要一个公认的品牌，因此我们更有可能听到那些盛行的公司以及那些没有尽早宣传的公司。因此，让我们看看这两个类别中的一些知名公司。在成功方面，2019年的佼佼者可能是连接健身设备制造商Peloton，该设备于9月上市，市值缩水约80亿美元。这家位于纽约的公司成立于2012年，在首次公开募股前筹集了将近10亿美元的资金。

其他交易涉及的交易数量较少，包括亚马逊以未公开的价格收购了风险投资支持的家用路由器初创公司Eero，以及谷歌以21亿美元收购了健身可穿戴设备制造商Fitbit。

至于失败的例子，2019年最显著的失败事件是机器人玩具制造商Anki，该公司此前筹集了超过2亿美元的风险资金，但因资金周转失败而宣布倒闭。其他失败的例子包括联网家庭设备开发商Halo Smart Labs和智能吸奶器公司Naya Health。

※资金不足预示着未来的失败更少

最近几个季度，超大型消费电子产品资金的匮乏意味着有少量公司准备成为下一个大获成功的公司或臭名昭著的失败公司。Klein表示，挑战的一部分是在四大巨头尚未发挥市场主导作用的地方找到利基。互联健身就是其中一个领域，它帮助推升了Peloton的估值，并为该领域的其他公司增加了投资。另一个例子是制造空气净化器的初创公司Molekule。

在未来的几年中，新的传感器、VR空间的成熟以及其他发展中的技术也有可能为消费类电子产品开辟新的用例。但是Klein认为可能要花一点时间，并指出："历史总是告诉我们，下降的趋势会回升。然而真的很难分辨将于何时出现。"

资料来源　佚名.2019年消费类设备初创公司们发生了什么？[EB/OL].[2020-01-02].https://www.cnbeta.com/articles/tech/927937.htm.有删减。

问题：

1.风险资本给消费类设备初创公司带来了什么？

2.参照本案例，试分析在风险投资浪潮下中国民营消费类设备初创公司的发展模式及前景。

思政专栏

2019年5月30日至6月1日，"2019（第二十一届）中国风险投资论坛"在广州南沙隆重召开，本届论坛以"新时代、新经济，资本赋能粤港澳大湾区：开放、合作、创新"为主题，由民建中央、广东省人民政府、广州市人民政府、深圳市人民政府共同主办，中国科学技术部支持，中国风险投资研究院、中国证券投资基金业协会等14家单位联合承办。

全国政协副主席、民建中央常务副主席、经济学家辜胜阻表示，发展股权投资不仅有助于提高直接融资比重、形成长期资本、改善资本配置效率，有助于解决"实体加油门，金融挂空档"的问题，同时还能从培育创新型企业、集成创新要素、优化制度供给等方面赋能大湾区的创新驱动发展。关于如何促进股权投资赋能粤港澳大湾区创新高地建设，辜胜阻建议：一是要拓宽资本来源，实现投资主体多元化；二是要强化技术攻关，发展非对称性"杀手锏"技术；三是要深化人才激励，推进风险投资家与企业家、科学家的深度合作；四是要优化投资环境，让创新创造活力竞相迸发；五是要活化退出通道，畅通"募投管退"的投资闭环。

中国证券监督管理委员会首席律师焦津洪表示，30年来，股权投资基金在推动企业技术创新、产业升级等方面发挥了重要作用，为我国迈向高质量的发展提供了资本活力。行业快速发展的同时，部分私募基金管理人出现从事或者变相从事资金的拆借、违规借贷、非法集资，同时运作多个基金，及托管人履职不到位等情况。证监会持续完善推动相关私募股权投资基金的监管制度：一是加快私募投资基金管理条例的出台。证监会全力配合司法部推进相关立法工作；二是全面修订《私募投资基金监督管理暂行办法》，已列入2019年证监会的立法计划中；三是完善基金退出的相关机制，尤其在科创板并试点注册制相关制度规则的制定过程中，广泛听取了创投基金行业专家的意见；四是明确基金托管人责任，针对当前托管人责任边界不清的问题，正在研究在相关的条例和办法中，对托管人作出更明确的制度安排；五是优化监管协作，切实构建起以证监会、地方证监局、基金业协会、交易所以及地方政府的部门共同构成的五位一体框架，共同做好区域风险防控；六是提高行业违法违规成本，同时推进行业自律，行政监管和司法审判的有效衔接，加强与市场监督等其他部门的联系。

汪康强调，近年来，国家实施了一系列减税降费政策和优化营商环境措施，成效显著。特别是2019年国家减税降费2万亿元，力度是空前的、超出市场预期，这里面也包含了风险投资税收优惠。风险投资除享受普惠性减税降费政策外，还有一些特殊优惠规定，比如创投企业和天使投资个人所得税投资抵扣优惠，这些政策含金量很高，针对性也很强。当然我们也要看到，目前符合税收优惠条件的创投企业和天使投资个人数量少，享受所得税投资抵扣政策的覆盖面还不大，这是由多种因素叠加造成的。我们要加强风险投资政策落实情况评估，深入开展投资领域国际税收的比较，不断增强税收国际竞争力，进一步推动政策落实和完善，为推进我国经济高质量发展作出积极贡献。

中国证券投资基金业协会党委书记、会长洪磊认为，创新发展离不开创新资本形成，而股权投资活动越发达，创新资本形成能力越强。股权创投基金通过高度分散的市场化投资直达实体经济，承担投资风险，支持企业创新，其投向以民营经济和中小企业为主，成为创新资本形成的关键力量。应当因势利导，从创新发展的战略大局出发，推进供给侧结构性改革，构建有利于创新资本形成的制度体系。

一是修改《证券法》，明确证券的实质性定义，将基金份额、非公开交易的股权、不动产投资信托份额列举为证券，按公开发行和非公开发行统一规范各类股权融资活动，统一证券发行、交易、信息披露规则和违法处罚标准，实施功能监管。应当在早期股权融资市场中引入做市商制度，当做市交易足够活跃，可转为公开发行，形成市场化功能连续的多层次资本市场。二是尽快推动《私募基金管理条例》出台，弥补《中华人民共和国基金法》（以下简称《基金法》）对股权投资基金约束不清晰的缺憾。应当进一步细化《基金法》第一百五十三条，明确契约型、合伙型、公司型基金的信托关系当事人及其权利义务，明确契约型基金的管理人和托管人共同受托责任部分的具体要求，明确合伙型、公司型基金中，投资人与该合伙企业或公司之间的关系，以及该合伙企业或公司与基金管理人和托管人之间的关系，将受托人义务落到实处。三是尽快建立全国统一的个人养老账户。四是完善资本市场税制和征缴机制，提供有利于创新资本形成的税收激励。五是落实《基金法》自律职责，加强从业人员执业标准和业务规范管理。

资料来源　叶斯琦．"2019（第二十一届）中国风险投资论坛成功举办"[EB/OL]．[2019-06-01]．http://www.cs.com.cn/tzjj/jjdt/201906/t20190601_5954562.html.有删减.

点评：改革开放以来，我国风险投资业得到了长足发展，为国家创新发展作出了重要贡献。但也应该看到，当前风险投资与国民经济整体发展水平相比仍然不相匹配，尤其是对初创企业的投资更显不足，改变这种局面既需要投资家的努力，也需要政府加大宏观政策引导和支持。拓宽科创企业融资渠道，推动科研成果转化，对改变我国在一些高技术领域受制于人的局面、提升国家核心竞争力尤为重要。要进一步研究加强包括财税、金融、监管政策在内的宏观政策协调，加快建立健全市场化、国际化、规范化的风险投资体制机制，完善相关法律配套制度，营造促进风险投资发展的良好制度环境。

本章小结

风险投资是指将资金投入具有巨大增长潜力，但同时在技术、市场等各方面都存在巨大失败风险的高新技术实业的一种投资行为，这主要是基于风险投资涉足的大多是高新技术实业领域，而高新技术实业的突出特征就是：高投入、高风险，一旦成功，就会带来高收益。因此与其他投资相比，风险投资具有无担保、高风险等特点，是一种组合投资、权益投资，是金融与科技、资金与管理相结合的专业性投资。风险投资一般包括三方面当事人，即风险资本的提供者——风险投资者，风险资本的运作者——风险投资机构，风险资本的使用者——风险企业，其中风险投资机构是风险投资运作流程的中心环节。

风险投资活动的投资过程一般包括项目选择、项目投资合约的设计与签订、项目管理与监控以及风险投资的退出四个基本环节。项目选择一般包括项目遴选、项目评估、项目决策等过程。项目投资合约及构造包括：风险投资定价、金融工具确定、分阶段投资、报酬体系确定、直接参与管理和投资变现等几个方面。风险投资机构参与风险企业管理与监控的方式分为三类：积极干预型、间接参与型和放任自由型。

思考题

1. 什么是风险投资？它有哪些特点？
2. 风险投资机构有哪几种不同的类型？各自有哪些主要区别？
3. 风险投资动作过程包括哪些主要环节？
4. 风险资本的退出方式主要有哪些？

第八章

并购投资

学习目标

知识目标：了解并购的基本概念类型和动因，了解对目标企业的价值评估、并购融资的方式与并购融资决策，掌握并购（包括杠杆收购）的一般程序。

思政目标：深刻领会并购投资对企业发展、企业国际化、融入国际市场、"一带一路"沿线国家建设的重要性。

导引　　　　　　　　　　并购市场谷底已至？

2020年3月，普华永道会计师事务所发布的最新报告《2019年中国企业并购市场回顾与2020年展望》显示，2019年中国企业并购交易额降至5 587亿美元，为2014年以来最低，交易额和交易数量分别比2018年下降了14%和13%。交易金额下降的主要原因是国内和海外并购双双下降。

需要指出的是，虽然占比最少，但国外入境并购战略投资者的交易金额自2016年开始逐年增加。

普华永道中国企业购并服务主管合伙人李明表示，2019年中国并购市场延续了降温趋势，巨大的市场不确定性，再加上国内去杠杆化进程限制了融资渠道，导致国内并购交易金额和交易数量急剧下降，跌至2014年的水平，但国外入境并购金额，尽管总体规模小得多，却创下历史最高纪录，其中也包含了若干宗比较大的医疗健康行业交易。

分行业来看，在房地产行业的整合浪潮推动下，房地产并购交易金额连续第三年下降，其他大部分行业也在下跌。不过，工业品的并购交易却逆势上涨，2019年的交易数量同比增长49.13%。除去2018年，工业品的并购交易在近五年内基本保持稳步上涨，并达到了历史最高值。普华永道认为，这可能是由于众多政策利好导致的。而其他行业基本持平或下降。

在经历了几年的强劲发展之后，私募股权/风险投资行业的资本状况都不错，因此2019年的新募资有所下降。人民币基金募资仍然面临挑战，跌至历年来最低点。2019年私募股权投资活动的交易金额为2 063亿美元，非常接近2018年的峰值，但是交易数量较少，意味着平均交易规模较高。私募股权投资在工业和消费品领域也很活跃，但高科技交易金额大幅减少，超大型交易骤减，2019年仅2宗，总金额20亿美元；而2018年为9宗，总金额达170亿美元。普华永道中国内地及香港地区并购交易服务国内市场主管合伙人钱立强表示，尽管市场存在不确定性，私募股权仍面临投资的压力，同时国资背景的投资基金也相当活跃，因而总体交易金额保持在较高水平。然而，私募股权行业正在持续整合和成熟中，总体趋势表现为市场参与者减少，但质量更好，因此总的来看，并购交易数量有所减少，但规模更大。

此外，报告预计2020年下半年并购交易活动会有所反弹。

李明表示："新冠肺炎疫情对并购交易活动造成了很大的短期不确定性，这使得对整个2020年的预测变得十分困难。我们预计并购交易活动会缩减，且在2020年上半年会延续2019年的下跌。如果疫情得到控制，我们预计2020年下半年并购交易活动会有所反弹，总的来说，2020年的并购交易活动与2019年总体相当。"

资料来源 佚名.并购市场谷底已至？[EB/OL]．[2020-03-02]．https://baijiahao.baidu.com/s?id= 1660023767252836712&wfr=spider&for=pc.

第一节 并购概述

一、并购的概念及类型

（一）并购的概念

并购是指企业通过购买和证券交换等方式获取其他企业的全部所有权或部分股权，从而掌握其经营控制权的商业行为。公司间的收购与兼并主要涉及两方面的企业，即进攻型企业和目标企业。

进攻型企业（acquiring corporation）又称收购方企业，是指采取措施将其他企业收购与兼并的一方，一般为主动出击，故称其为进攻型企业。

目标企业（target corporation）是指进攻型企业拟议收购与兼并的一方，如果目标企业已被进攻型企业成功地收购与兼并，一般就称其为被收购、被兼并企业（acquired corporation）。

（二）并购的类型

1.按并购双方产品与产业的联系划分

（1）横向并购，也称水平兼并

这是一种传统的兼并方式，又可分为同行业的企业兼并和具有相同产品的企业之间的兼并。这种兼并一般是为了扩大生产规模，扩大产品在同行业中的竞争能力，控制或影响同类产品的市场。这种兼并形式可以实现企业加强实力的愿望，资源配置更为集中，可以推动社会化大生产的发展，有利于增加品种、提高质量和扩大产量，实现规模效益，但这种兼并形式很容易出现行业垄断，限制市场竞争。

（2）纵向并购，又称垂直兼并

这是具有现实或潜在顾客关系的企业间的兼并活动，比如兼并企业的原材料供应商或产成品销售商和使用厂商。这种兼并一般是因为企业力图打通原材料、加工业及销售渠道。这种兼并会给企业创造竞争的有利条件，使企业及时对市场作出反应，缺点在于企业的生存与发展深受市场因素的影响。

（3）混合兼并，又称混合并购

这是产品与市场都没有任何联系的企业间的兼并，如造船公司与冰淇淋制造厂之间的兼并。这种兼并形式不是以加固企业在原有行业的地位为目的，而是以扩大企业可涉足的行业领域为目的，它既可以使企业加强对市场的抗震能力，又可以使企业实现多种经营、多渠道发展的实力组合。

2.按并购的实现方式划分

（1）以现金购买资产的兼并（承担债务式），指进攻型企业使用现金购买目标企业的全部或绝大部分资产而实现的兼并。

（2）以现金购买股票的兼并（现金购买式），指进攻型企业以现金购买目标企业的股票而控制其资产和经营管理权的一种兼并。

（3）股份交换式并购，指以股票交换资产的兼并。在这种兼并中，由进攻型企业A向目标企业B发行企业A自己的股票，以交换企业B所拥有的资产而实现的兼并。

3.按企业双方是否友好协商划分

（1）公开收购

早在20世纪30年代，美国就制定了关于公开收购或公开权益的规定，即任何投资者、企业或个人在股票市场上购买某家上市公司股票，当拥有该公司5%以上股权时，就必须在10天以内向证券交易委员会报告备案，而且持股比例每变化1%，必须及时备案等。这样一来收购者就难以继续在股市上以较低价格购得此种股票，取得经营权，而必须公开地以特定的价格向股东收购大量股票，这种收购股权的方式称为"tender offer"，中文译为"公开出价收购要约"，简称"公开收购"或"标购"。它又可分为敌意收购和善意收购两种方式。

敌意收购（也叫恶意收购）是指收购者在收购目标公司股权时虽然该收购行为遭到目标公司经营者的抗拒，但收购者仍要强行收购，或者收购者事先未与目标公司经营者协商，而突然直接公开出价收购要约者。

善意收购是指收购者事先与目标公司经营者商议，征得同意，目标公司主动向收购者提供必要的材料等，并且目标公司经营者还劝其股东接受公开收购要约，出售股票，从而完成收购行动的公开收购。

（2）杠杆收购

杠杆收购又称融资收购，它是通过目标公司的大量举债来向股东购买股权，这种收购方式只看重短期获利，是一种投机活动。

4.按并购是否通过证券交易所划分

（1）协议收购

所谓协议收购，就是收购者在证券交易所之外以协商的方式与被收购公司的股东签订收购其股份的协议，从而达到控制该上市公司的目的。

（2）要约收购

要约收购是指收购方向目标公司的所有股东发出的公开通知，标明收购方将以一定的价格在某一有效期之前买入全部或一定比例的目标公司的股票，而向公司全体股东发出收购要约的收购行为。

二、并购的动因

并购之所以存在，其动因在于横向联合有利于企业发挥规模经济的优势，纵向联合与混合联合有利于企业发挥范围经济的优势，具体表现在以下几个方面：

（1）横向兼并与收购的主要目的是扩大市场份额和节约经营费用。企业间最大的成本差异体现在单位产品中分摊的采购费用与市场营销费用上。市场份额高的企业能够有效地利用大宗订货获得更多的采购价格折扣，降低单位产品成本，充分利用媒体宣传作用进行营销，降低其单位产品营销成本。横向兼并与收购可减少市场竞争者的数量，改善整个行业格局，有利于行业利润水平的提高。

（2）纵向兼并与收购的方式可以将市场交易转变为企业内部交易，节约交易费用，降低市场交易成本。纵向兼并与收购可以有效地解决由于专业化分工引起的各生产流程的分离，将它们纳入同一工厂中，减少生产过程中的环节，降低操作成本、运输成本，充分利用生产能力。纵向兼并与收购能使企业有效控制其产品的整个生产流程，提高其市场地位。

（3）混合式兼并与收购使企业业务多元化，有效规避了单一行业、单一市场的经营风险。在混合兼并与收购中也存在由于规模扩大而带来的采购费用与营销费用占总费用比例下降的趋势。

（4）并购可以达到合理避税、降低资金成本的目的。企业可以通过并购达到国家规定的享受税收优惠政策的标准，或通过转移定价方法，把利润从高税率的企业向低税率的企业转移，以合理避税，实现税收方面的优惠。现金盈余的企业可以向需要现金的企业提供资金，实现财务合作，同时更大的企业在向银行贷款或直接融资时易于降低资金成本。

小思考8-1

按并购双方产品与产业的联系划分，包括（　　）。

A.横向并购　　　　B.纵向并购　　　　C.协议收购

D.混合并购　　　　E.要约收购

小思考8-1

答案

第二节　并购程序

一、并购的一般程序

企业兼并的程序因兼并方式不同而不同，大致有以下几个步骤：

（1）确定兼并主体。

具有兼并意愿的企业，可以通过有关机构或部门，寻找目标企业，也可以自己直接洽谈，寻找目标企业。

（2）提交兼并报告。

兼并方和被兼并方初步确定之后，双方各自拟就兼并报告。确定兼并的目的和意向，并经企业的高层管理委员会通过后发布兼并信息，告知被兼并企业的债权人、债务人、合同关系人，为下一步做好准备。

（3）进行资产评估。

这是企业兼并实施过程的核心环节。兼并的目的和意向明确了，才能进一步明确资产评估的目的。被兼并企业经过对其整体资产的评估，形成资产转让的底价，也就是成交价的基础。

在资产评估的同时，还要全面地、及时地进行被兼并企业的债权、债务、各种合同关系的审查、清理，以确定处理债务合同的办法。

（4）洽谈确定成交价。

兼并双方通过资产评估确定资产整体价值，根据资产价值，双方进行平等谈判协商，最后形成成交价格。

（5）签订兼并协议书（合同书）。

兼并价格一经确定，兼并程序便进入实质阶段，兼并双方就兼并内容达成一致意见，并签订正式兼并协议书（或兼并合同书）。协议书中应明确双方享受的权利和承担的义务，其主要内容如下：兼并双方的名称、住所、法人代表；企业兼并的性质和法律形式；兼并完成后，被兼并企业的法律地位和体制归属；兼并价格和折算标准；兼并涉及的所有资产、债务的总金额；兼并方交付转让费的资金来源、性质、方式和支付期限；被兼并方的债权、债务及各类合同的处理方式；被兼并方人员的安置及福利待遇；兼并实现后的经济管理改造方案和劳动人事管理方案；违约责任；合同生效期限；其他事项。协议经双方法人代表签字后，报有关机构备案或审批。

（6）审批。

协议签订后，经双方法人代表签字，报国有资产管理部门、税务、土地局等部门审批。

（7）办理手续。

企业兼并意味着企业的法人资格发生了变化。协议书（合同书）生效后，兼并双方要向市场监督管理等有关部门申请办理企业登记、企业注销、房产等变更及土地使用权转让手续。

企业兼并时，如不按规定申请变更登记，或利用兼并行为逃税，则将依法受到处罚。

（8）产权交接。

兼并双方的资产移交，须在国有资产管理、银行等有关部门的监督下，按照协议（合同）办理手续，经过验收、造册，双方签证后，会计据此入账。被兼并企业未了的债权、债务，按协议进行清理，并据此调整账户，办理更换合同、债权债务等手续。

（9）发布兼并公告。

这是兼并过程的最后一道程序。把兼并的事实公诸社会，可以在公开报刊上刊登，也可以由有关机构发布，使社会各方面知道兼并事实，并调整与之相关的业务。

二、杠杆收购的程序

杠杆收购作为一种企业并购形式，是20世纪70年代后期开始在美国兴起，并很快风行全美的。今天，在企业改制、经济转轨的中国，其生命力已逐渐显露出来。所谓杠杆收购，就是指收购方主要通过借债来获得目标公司的产权，即借助财务杠杆作用完成收购活动。本书以典型的杠杆收购，即把上市公司转为非上市公司的管理层收购（以目标公司管理层为主要收购力量的杠杆收购）为例进行分析。

（一）杠杆收购的操作过程

杠杆收购的操作过程一般包括如下四个阶段：

第一阶段，筹措收购所需要的资金，设计出一套管理者激励制度。资金的10%通常由公司高层管理者或收购专家领导的投资小组提供，并作为新企业的权益基础，外部投资者提供剩余的权益，以股票期权或认购权的形式向管理者提供基于股票价格的激励报酬。这样，如果企业经营得好，管理者（不包括董事）的股份额将不断增加，很可能超过30%。所需要资金的50%～60%通过以公司资产为抵押向银行申请有抵押的收购贷款来筹措。该贷款可以由数家商业银行组成辛迪加来提供。这部分资金也可以由专门进行风险资本投资或杠杆收购的有限合伙企业来提供。如果资金来源为风险投资，则这样的杠杆收购又称为风险杠杆收购。剩下的资金通过私募的方式（向养老金基金、保险公司、风险投资企业等）发行优先债券或次级债券来获得，或公开发行高收益率债券（即垃圾债券）来筹措。

第二阶段，组织起来的收购集团购买目标公司所有发行在外的股票（购买股票形式），或者购买目标公司的所有资产（购买资产形式）。为了逐渐偿还银行贷款，减少债务，公司新的所有者将公司的一部分股票出售，并大力降低库存股票。

第三阶段，管理者通过削减经营成本，改变营销战略，努力增加利润和现金流量。他们将整顿和重组生产设施，增加库存控制和应收账款管理，改变产品质量、产品组合、顾客服务及定价，整顿雇员，并努力与供应商达成更为有利的条款。为了按时支付迅速增长的债务，他们甚至裁员，并削减在研究和新厂房设备方面的投资。

第四阶段，如果调整后的公司能够更加强大，并且该投资集团的目标已经达到，该集团可能使公司重新公开上市，称为反向杠杆收购。这个过程可以通过公开发行股权来实现（这一发行通常称为第二次公开发行）。这样做的一个原因是为现有股东提供流动性。此外，许多企业打算用第二次公开发行筹集的资金来降低公司的杠杆率。进行反向杠杆收购的大多数是成功的杠杆收购公司。

（二）杠杆收购应该具备的条件

何种企业适合进行杠杆收购很难一概而论，但一般来说，成功的杠杆收购应具备以下几个基本条件：

（1）稳定的现金流量。债权人对现金流量的稳定性特别关注，对他们来说，现金流量的稳定甚至比其数额大小还要重要。

（2）稳定而富有经验的管理层。债权人对于收购目标的管理层人员的要求往往比较苛刻。因为只有管理人员尽心尽力，并具有较高的管理技能才能保证本金和利息如期归还。人员的稳定性一般根据管理人员的任职时间长短判断。管理人员就职时间越长，则贷款方认为他们在完成收购后留任的可能性越大。

（3）企业经营比较稳定。企业经营计划周全合理，实施收购后的经营计划也可行，并可利用产品和销售市场多元化避免因周期波动带来的风险。

（4）充裕的成本降低空间。杠杆收购后目标公司不得不承担新的负债压力，如果公司可以比较容易地降低成本，那么这种压力就可以得到一定程度的缓解，可能的降低成本措施包括裁员、减少资本性支出、清理冗余设备、控制营运费用等。在企业偿还收购负债期，企业资产不必进行更新改造。

（5）一定规模的股东权益。目标公司用于抵押的资产可以为债权人提供保护，在此基础上，如果收购方能够做一定数量的权益投资，如增加一定的股本金等，那么债权人的自我保护意识就可以得到进一步的加强。

（6）收购前较低的负债。如果目标公司在收购前的负债低于可抵押资产的价值，那么收购方在收购该公司后就可以承担更多的债务。而如果目标公司已经是负债累累以致资不抵债，那么收购方就不能获得新的负债能力。

（7）企业的物质资产适宜充作贷款抵押物。

（8）企业资产账面价值可以提高，进行折旧时可以减轻税负。

（9）易于分离的非核心产业。如果目标公司拥有较易出售的非核心部门或产业，那么，在必要的时候可以通过出售这样的部门或产业，迅速地获得偿债资金。这是能够吸引贷款方的优势之一。

一般而言，以技术为基础的知识、智力密集型企业，进行杠杆收购比较困难。因为企业只有无形资产和智力财富，很难获得金融机构的贷款，但这也不是绝对的。如果金融机构认为这些企业管理水平高、无形资产能够变现、企业现金流量稳定，那么也能给予相应的贷款。

一般来说，成功的杠杆收购应具备一定的基本条件，下列属于这些基本条件的有（　　）。

A.稳定的现金流量

B.收购前较低的负债

C.稳定而富有经验的管理层

D.企业的物质资产适宜充作贷款抵押物

E.充裕的成本降低空间

小思考8-2

答案

第三节　并购决策

并购作为资本运营的核心，近年来在我国以多种形式出现，它对于推动当前我国经济发展和企业改制起着不可磨灭的作用。但是真正称得上成功的例子并不多，绝大部分的企业并购并未达到决策者的预期，原因表现在多个方面，其中并购决策工作滞后就是一个不容忽视的重要问题。企业并购要取得成功，首要问题是做好事前的决策分析，而决策的核心是评估并购能否创造价值。具体来说，进行并购决策一般应考虑以下内容：

一、并购对象的选择

（一）选择并购对象应考虑的因素

选择并购对象通常要考虑以下三个方面的因素：

1.商业因素

企业为了扩大市场份额，选择的目标公司的业务应与并购企业相关。如果并购的用意在于一般意义上的公司增长，则其他领域的公司也可纳入选择范围，从而形成企业的横向并购、纵向并购和混合并购模式。

2.财务因素

许多企业并购的核心目的或附属目标是改善自身公司的财务结构，如一些负债率比较高、好用财务杠杆的企业常去并购高资本比率但属低资产、低盈利的目标公司，以实现财务结构平衡的效果。因而，财务杠杆比率很高的企业显然不是合适的被并购的目标公司。

3.目标公司的规模

对于不同的行业，目标公司规模的衡量指标各不相同，但一般包括员工的数量、市场分散化程度和经营领域等因素。

（二）公司兼并可能性分析

1.从目标企业来看，可能影响并购的主要因素

（1）公司股本结构。以我国为例，股权设置分国家股、法人股、个人股、外资股。

如果股权结构不合理，则可能遭到收购。如1993年9月3日开始的"宝延"风波中，延中实业股份有限公司为何遭受打击，一个主要原因是股本结构中没有国有股，法人股仅占股本数9%，而个人股占91%。

（2）大股东股权的稳定性。如果盘子小，就极易受操纵。如延中实业股份有限公司注册资金2 000万元，是极易受人操纵的。大股东控股权不稳，就会给人以可乘之机。

（3）发展潜力。公司虽有发展前景，但经营欠进取。

（4）上市股票价格。目标公司的股票价格低于资产，估价率异常低下。

公司并购决策中常用"估价率"这一术语。

估价率=股票市值资产值=股票价格×股票数量资产账面价值

如果一家公司由于股票价格低于资产而被低估了价值的话，它就极有可能成为并购的首选目标，因为对方通过购买股权可以用很低的价格取得目标公司资产。股票价格低下，公司股票市场值也必然很低；估价率降低就会遭人接管，高估价率会使收购者望而却步。

2.从并购企业分析影响并购可能性的主要因素

（1）并购要约价格。对要约人而言，他有没有能力吞下这头"猎物"，主要取决于自身实力，主要衡量标准是目标价格。如果目标价格高于公司所能承受的最高收购价格，则对买方而言，收购可能性不太大，因为他没有必要用高昂的代价来冒险；反之，收购可能性就大。

如果目标公司所在的行业或市场并非买方熟悉的行业或市场，则对该公司在此行业的竞争地位及本身所拥有的潜力须有详尽的了解。对此，应先依买方的策略需要调查目标公司是否符合收购标准，并在此基础上对以下因素进行分析。

（2）来自产业内和产业外的竞争和相对市场占有率。

（3）产业的销售和利润增长率（过去的和预计将来的）、影响产业增长和盈利能力的外部因素。

（4）分析该产业中的并购情况，以便确定公司合并对该产业的继续生存和增长是否是极其重要的。

（5）政府管制的程度与趋势。

（6）成功的关键因素、进入壁垒和威胁。

（7）专利、商标、版权等对该产业内的公司来说是重要的。

3.目标企业特征评估

（1）对目标企业竞争能力的评估。收购者若想利用目标公司的现有营销渠道来扩张市场，则应详尽了解其现有客户特征、客户购买动机、地域分布、购买力状况与结构等关键因素；与其竞争者比较，其产品成本与质量如何；该收购对象在生产、技术、市场营销能力、管理能力及其他经营特色上，与本公司的配合程度有多高。

（2）对目标企业所在行业的特征评估。对目标企业所在行业的特征评估，要特别注重对目标企业产品市场需求的调查研究。这种调查主要是要搞清楚以下几方面问题：产品的用途及发展趋势；客户的现状及将来的分布情况；市场的需求量和产品的销售量及其发展潜力；企业产品市场占有率及有无开发新产品的能力；企业的产品是否有替代品的威胁，其竞争情况及发展趋势和产品的现行价格及今后趋势。

二、目标企业的价值评估

并购是企业通过资本市场寻求扩张的最主要方式，并购的实施往往受到近期或长远利益动机的驱使，而且与并购后的企业重整和新策略实施构成统一整体，其成功的标志是并购后的公司价值超过并购前的价值。因此，为最大限度减少并购风险或避免对一家有吸引力的公司支付过高的价格，周密的财务评价、分析就显得十分必要。对目标企业进行价值评估通常采用以下四种方法：

（一）现金流量分析法

现金流量分析法是评估价值的基本方法。它通过预测公司未来的收益现金流来评估公司的价值。若风险一定，公司能产生的净现金流量越多，其价值也越高。在现金流量一定的条件下，公司价值与风险成反比，风险越大，公司价值越小；反之亦然。

公司的现金流量状况是评价公司财务状况的重要依据。用现金流量贴现模型进行公司价值评估可以采用三种方法：

1.股利贴现方法

该方法的依据是公司的价值等于预期未来全部股利的现值总和，它所采用的贴现率即股东所要求的收益率或机会成本。其缺陷是：难以对不支付股利或支付低股利的股票进行估价；股利支付率往往不稳定，每年的股利支付总额较税后利润额更难以预期。

2.自有资金现金流量方法

该方法假设公司股东拥有除去经营费用、本息偿还和为保持预定现金流增长率所需的全部资本性支出之后的剩余现金流，即股东权益现金流。其计算公式如下：

自有现金流量=净收益+折旧和摊销−营运资本追加额−资本性支出−偿还本金

营运资本是营业流动资产和无息流动负债的差额，营运资本追加额即是营运资本的变动值，营业流动资产包括公司经营所使用或需要的所有流动资产，包括某些现金余额、商业应收账款以及存货等。该方法采用的贴现率是公司的股权融资成本。

3.完全现金流量方法

完全现金流量方法是指在支付了经营费用和所得税后，向普通股与优先股股东、债权人这些公司权利要求者支付现金之前的全部现金流。完全现金流除可由净现金流量与优先股股东、债权人所要求的现金流量相加计算之外，还可以按以下方法计算：

完全现金流量=息税前收益（1−税率）+折旧和摊销−资本性支出−营运资本追加额

式中：

息税前收益=销售收入−经营费用−折旧和摊销=净收益+所得税+利息费用

运用该方法进行股权价值评估，需要先根据公司完全现金流量和以公司加权平均资本成本为贴现率计算出公司整体价值，再减去非普通股权益和债务的市场价值即可。它的优点在于其是债务偿还前的现金流，所以在估价时不需要考虑与债务相关的现金流，较为简便。

（二）市盈率法

市盈率法是通过与类似的上市公司比较，分析股市中为上市公司所确定的市盈率等指标，用这些指标来估算目标公司价值的方法。市盈率与预测的每股收益相乘就是该公司未来的股票价格。

（三）资产基准评估法

资产基准评估法是先对公司的每项资产进行评估，得出各项资产的公允市场价值，然后将各类资产的价值加总，得出公司的总资产价值，再减去各类负债的公允市场价值总和，就得到公司股权的公允市场价值。该方法主要适用于公司的账面价值与市场价值差别很大的情况。

（四）市场评估模型

市场评估模型估算法就是先找出在营运和财务上与目标公司可比的上市公司作为参照公司，再根据参照公司的税后利润、净资产值、主营业务利润或现金流量等作为估价指标，算出这些指标与参照公司价值的比例，再根据目标公司的相同估价指标推断出目标公司的价值。该方法常用于对非上市公司的价值评估。

三、并购融资方式的选择

（一）并购融资方式的类型

在企业并购活动中，并购企业可采用多种融资方式。如果并购企业根据自身的资本结构确定一种合理的融资方式，可以达到事半功倍的效果，就能以最低的资本成本产生足够大的控制力；如果并购企业选择不当，就有可能背上沉重的财务负担，甚至可能会影响并购企业正常的生产经营活动，所以如何选择适当的融资方案融资，并购企业必须予以高度重视。企业并购融资的方案主要有企业内部融资、外部融资、杠杆收购融资和卖方融资等几种方式。

1.企业内部融资

企业内部融资是指并购企业利用其自身经营积累的利润和其他自有资金来筹集并购资金。由于并购其他企业需要大量资金，所以企业内部融资方式很难满足企业并购融资的要求。

2.外部融资

这是指公司从外部开辟资金来源，向公司外的经济主体（包括公司现有股东和公司职员及雇员）筹措资金，其具体融资方式主要包括债务融资、权益融资和混合型融资等，其资金来源主要有专业银行信贷资金、非银行金融机构资金、其他公司资金、民间资金和外资等。

3.杠杆收购融资

所谓杠杆收购（LBO），是企业兼并的一种特殊形式，其实质在于举债收购，即以债务资本为主要融资工具，而这些债务资本大多是以被并购企业的资产为担保而获得的。它主要是运用财务杠杆加大负债比例，以较少的股本投入（约占10%）融得数倍的资金，对企业进行收购、重组，使其产生较高盈利能力后，再伺机出售的一种资本运作方式。这是一种以小博大、高风险、高收益、高技巧的经济运作方式，充满诱惑力。

当然，高收益与高风险并存。杠杆收购也同样遵循这一原则。由于资本结构中债务资本占了绝大部分，收购方的偿债压力也极重，所以债务资本的提供方要求有较高的利率作为补偿，而且附有苛刻的条件。一旦经营不善，或是收购前规划和收购后现金流规划出了问题，收购方就极有可能因被债务压垮而破产。

4.卖方融资

卖方融资则是由卖方向金融机构作产权抵押，由金融机构保证向出售者按期支付款项。收购方向银行支付了所有的款项后，从金融机构中获得产权。

（二）并购融资决策

1.各种并购融资方式的成本分析

公司为了取得和使用资金而付出的代价，即为资金成本，它包括支付给股东的股利和支付给债权人的利息等。它既可以用绝对数表示，也可以用相对数表示。由于不同融资方式的资金成本率不同，所以在分析融资成本时，通常可以运用以下公式计算：

（1）融资成本总额的计算

$$融资成本总额 = \sum 融资额 \times 资金成本率 \tag{公式8-1}$$

对融资成本总额的计算，关键是如何计算不同融资方式条件下的资金成本率。

（2）内部资金占用费的计算

$$内部资金占用费总额 = 占用资金总额 \times 资金成本率 \tag{公式8-2}$$

这时的资金成本率可以以企业平均资金利润率来计算。

（3）公司从金融机构借入资金的利息成本计算

$$利息总额 = 借入资金总额 \times 借款利率 \tag{公式8-3}$$

（4）公司债券融资的利息成本计算

$$利息总额 = 融资总额 \times 资金成本率 \tag{公式8-4}$$

$$资金成本率（不计税） = \frac{债券利率}{1-发行费率} \times 100\% \tag{公式8-5}$$

$$资金成本率（计税） = 债券利率 \times \frac{1-所得税税率}{1-发行费率} \times 100\% \tag{公式8-6}$$

（5）公司股票融资所付股息（利）成本

$$股息总额 = 优先股股金总额 \times 资金成本率 \tag{公式8-7}$$

$$资金成本率 = \frac{股息年率}{1-融资费率} \times 100\% \tag{公式8-8}$$

$$股利总额 = 普通股股金总额 \times 资金成本率 \tag{公式8-9}$$

$$资金成本率 = \frac{每股预期年度股利}{普通股发行价 \times (1-融资费率)} \times 100\% + 预期股利年均增长率 \tag{公式8-10}$$

2.融资方式选择程序

公司如何选择融资方式同其选择的资本结构紧密相关。综合考虑筹资成本、政府税收、企业风险、股利政策、信息传递、资本结构等各种因素后，一般的公司倾向按下述程序考虑其筹资方式：

（1）在诸多筹资渠道中，企业倾向首先选择内部积累，因为这种方法具有筹资阻力小、保密性好、风险小、不必支付发行成本、为企业保留更多的借款能力等诸多优点。目前国内一些大型企业或集团内部都成立了财务公司，已初步具备调动自有资金进行收购的能力。

（2）如需从外部筹资，借贷、租赁等方式速度快、弹性大、发行成本低，而且容易保密，是信用等级高的企业进行收购筹资的极好途径。

（3）最后考虑发行有价证券。随着国内金融市场运作的逐渐成熟，这将越来越成为企业筹资的大渠道。在有价证券中，企业一般倾向首先发行一般公司债券，其次是复合公司债券，如可转换公司债券，最后才是发行普通股票或配股。因为普通股票的发行成本高于债券发行成本，会在股票市场上造成对企业不利的影响。

3.并购融资方式对企业财务状况的影响分析

（1）债务融资方式对企业财务状况的影响

对负债可能引发的财务危机要有清醒的认识。企业要建立监测财务风险机制，要有应对、化解风险的措施。财务危机风险较高的企业，其负债比率应该小于财务危机风险较低的企业。正常情况下，企业在举债之前应对其自身的未来收益能力和偿债能力进行科学的分析，以判断自身财务风险的大小。对于财务杠杆较大的银行及非银行金融机构，更要对财务风险问题有深刻的认识，要采取有力措施，整合资源，尽快解决不良资产问题，提高自身的资本充足率，同时建立和完善内控机制和预警机制，提高抵御风险的能力。

（2）涉及权益融资交易中的股权价值稀释问题

所谓股权价值稀释就是指普通股或优先股转换权的贬值。为防止股权价值稀释现象的发生，并购合同一般都作出如下规定：第一，企业老股东拥有先占权。在企业发行新股时，包括优先股持有人在内的企业老股东，有权保持他们在企业股权总额当中原有的股权比例，即可以按与其他购买者相同的条件购买与其原有份额相同比例的新股权。第二，赋予优先股以调整转换价格的权利。给予老股东以先占权并不能完全保护其利益，因为老股东很可能无法支付购买新股权的资金。正是考虑到这一问题，部分投资合约规定，在发生股权价值稀释现象时，应该增加优先股所能够转换到的普通股的数量。

四、支付方式选择

在公司并购活动中，支付是完成交易的最后一个环节，亦是一宗并购交易最终能否成功的重要因素之一。在实践中，公司并购的出资方式有三种，即现金收购、股票收购和综合证券收购。其中，现金收购方式是最先被采用的，其后才出现了股票收购和综合证券收购。选择何种出资方式，要视具体情况而定。通常，首先，兼并方要顾及自身的实际情况，如果兼并方是一公众公司，那么在支付方式的选择上将有很大的灵活性，除现金之外，它们还可以更方便地选择股票、债券，或两者的结合等其他的出资方式；与此相反，私人公司一般只能用现金来进行收购，因为卖方一般不希望把自己的投资锁定在一种缺乏流动性的证券上。其次，兼并公司还要考虑到本公司股东对股本结构变化的可能反应、本公司资产的流动性和在金融市场上的融资能力等因素。最后，还应考虑目标公司的股东、管理层的具体要求和目标公司的财务结构、资本结构以及近期股价水平等，因为支付方式并不是由兼并方单方面决定的，支付方式的最后确定有赖于兼并双方的协商。

任何实施收购的企业都必须在决策时充分考虑采取何种方式完成收购。虽然可以从支付的角度来划分出资方式，但是不同的出资方式又不仅仅是支付方式上的差别，所以兼并方必须充分认识不同出资方式的差别，依据具体的情况作出正确的决策。在选择出资方式时，首先了解兼并方希望以何种出资方式来完成收购，在此基础上选择最有利的方式。如果单纯采用一种方式会受到某种条件的限制，则可以考虑采用变通或混合的方式。

（一）现金收购

1.现金收购的特点

现金收购是公司并购活动中最清楚而又最迅速的一种支付方式，在各种支付方式中占很高的比例。这主要是因为：现金收购的估价简单易懂；对卖方比较有利，常常是卖方最愿意接受的一种出资方式，因为以这种方式出资，他所得到的现金额是确定的，不必承担证券风险，亦不会受到兼并后公司的发展前景、利息率以及通货膨胀率变动的影响，便于收购交易尽快完成等。

一般而言，凡不涉及发行新股票的收购都可以被视为现金收购，即使是由兼并公司直接发行某种形式的票据完成收购，也是现金收购。在这种情况下，目标公司的股东可以取得某种形式的票据，但其中丝毫不含有股东权益，只表明是对某种固定的现金支付所作的特殊安排，是某种形式的推迟了的现金支付。若从兼并方的资本使用角度看，可以认为这是一种卖方融资，即直接由目标公司的股东提供融资，而不是由银行等第三方提供。

现金收购是一种单纯的收购行为，它是由兼并公司支付给目标公司股东一定数额的现金，借此取得目标公司的所有权。一旦目标公司的股东收到对其所拥有股份的现金支付，就失去了对原公司的任何权益。这是现金收购方式的一个鲜明的特点。对于兼并公司而言，以现金收购目标公司，现有的股东权益不会因此而被"淡化"，但却是一项沉重的即时现金负担。因此，兼并方必须决定是动用公司现有的现金，还是专门筹集额外的资金来支付收购费用。在这两种方法之间进行选择的时候，需要考虑许多因素。如果现有的现金已经安排作为预期的流动资本，或者是用作内部资本投资的，那么就有必要为支付收购费用另外筹集资金。若筹资遇到困难，还可作出特殊的安排和变通，如采用延期或分期支付等卖方融资方式。

2.现金收购的影响因素

兼并方在决定是否采用现金收购方式时，应围绕兼并方的资产流动性、资本结构、货币问题和融资能力等几个方面来考虑。

（1）短期的流动性。现金收购要求兼并方在确定的日期支付一定数量的货币，立即付现必然会在资产负债表上产生现金亏空，因此有无足够的即时付现能力是买方首先要考虑的因素。

（2）中期或长期的流动性。主要是以较长期的观点看待支付的可能性，有些公司有可能在很长时间内难以从大量的现金流出中恢复过来，因此兼并方必须认真考虑现金回收率以及回收年限。

（3）货币的流动性。以上两点并没有涉及货币本身的问题。在跨国并购中，买方还须考虑自己拥有的现金是否为可以直接支付的货币或可自由兑换的货币，以及从目标公司回收的是否为可自由兑换的货币等问题。

（二）股票收购

1.股票收购的特点

股票收购与现金收购相比，具有以下两大特点：

（1）买方不需要支付大量现金，因而不会影响兼并公司的现金状况。

（2）收购完成后，目标公司的股东不会因此失去他们的所有者权益，只是这种所有权由目标公司转移到了兼并公司，使他们成为扩大了的公司的新股东。也就是说，当收购交易完成之后，目标公司被纳入了兼并公司，兼并公司扩大了规模。并且扩大后的公司的股东由原有股东和目标公司的股东共同组成，但是兼并公司的原有股东应在经营控制权方面占主导地位。

在股票收购中目标公司的股东仍保留自己的所有者地位，因此，对兼并方而言，这种出资方式的一个不利影响是股本结构会发生变动。例如，一家上市公司采用股票收购方式来兼并另外一家股权集中的非上市公司，则可能会导致收购公司控制权发生转移的情况，即被收购的目标公司的股东通过上市公司所发行的新股票取得了对上市公司的主导性控制权。这种情况一般被称为逆向收购。对于买方而言，收购是为了取得目标公司的控制权，因而一般不允许公司的主导控制权地位为他人所得。逆向收购只能是公司并购中的极端现象，但在买壳上市中常常运用。尽管如此，但是逆向收购亦可以说明股票收购方式会给买方带来的影响：新增发的股票改变了原有的股权结构，导致股东权益的"淡化"，股权淡化的结果甚至可能使原有的股东丧失对公司的控制权。

2.股票收购方式的影响因素

在决定是否采用股票收购方式时，一般应从以下几个方面进行考虑：

（1）兼并方的股权结构。股票收购方式的一个突出特点是它对原有股权比例会有重大影响，因而兼并方必须首先确定主要的大股东在多大程度上可以接受股权的淡化。

（2）每股收益率的变化。增发新股可能会对每股收益产生不利的影响，如目标公司的盈利状况较差，或者是支付的价格较高，则会导致每股收益的减少。虽然在许多情况下，每股收益的减少只是短期的，长期来看还是有利的，但无论如何，每股收益的减少都可能给股价带来不利的影响，导致股价下跌。所以，兼并公司在采用股票收购方式之前，要确定是否会产生这种不利情况，如果发生这种情况，那么在多大程度上是可以被接受的。

（3）每股净资产值的变动。每股净资产值是衡量股东权益的一项重要标准。在某种情况下，新股的发行可能会减少每股所拥有的净资产值，这也会对股价造成不利影响。如果采用股票收购方式会导致每股净资产值的下降，兼并方就需要确定这种下降是否会被原有股东接受。

（4）财务杠杆比率。发行新股可能会影响公司的财务杠杆比率，所以，兼并方应考虑是否会出现财务杠杆比率升高的情况，以及具体的资产负债的合理水平。

（5）当前股价水平。当前股价水平是兼并方决定采用现金收购或是股票收购的一个主要影响因素。一般来说，在股票市场处于上升过程中时，股票的相对价格较高，以股票作为出资方式可能更有利于买方，增长的新股对卖方也会具有较强的吸引力。否则，卖方可能不愿持有股票，即刻抛空套现，于是情况进一步恶化，导致股价进一步下跌。因此，兼并方应事先考虑本公司股价所处的水平，同时还应预测增发新股会给股价波动带来多大影响。

（6）当前股息收益率。新股发行往往与兼并方原有的股息政策有着一定的联系。一般而言，股东都希望得到较高的股息收益率。在股息收益率较高的情况下，发行固定利率较低的债权证券可能更为有利；反之，如果股息收益率较低，增发新股就比各种形式的借贷更为有利。因此，兼并方在收购活动的实际操作中，要比较股息收益率和借贷利率的高低，以决定采取何种出资方式。

（7）股息或货币的限制。在跨国并购中，如果兼并方要向其他国家的居民发行本公司的股票，就必须确认本国在现在和将来都不会限制股息的支付或外汇的支付。外国居民在决定接受股票收购方式之前，也需要得到这种确认。

（8）外国股权的限制。有些国家对于本国居民持有外国公司或以外币标值的股权证券实行限制，也有的国家不允许外国公司直接向本国居民发行新股。也就是说，在跨国并购中采用股票收购方式有时会遇到某些法律上的障碍，这是买方必须予以注意的。

（9）上市规则的限制。对上市公司而言，不论是收购非上市公司还是收购上市公司，都会受到其所在证券交易所上市规则的限制。有时候，在并购交易完成以后，由于买方（上市公司）自身发生了一些变化，很可能要作为新上市公司重新申请上市。这样一来，兼并方就可能会由于某种原因失去上市资格。所以，作为买方的上市公司在决定采用股权收购方式完成并购交易时，要事先确认是否与其所在证券交易所上市规则的有关条文发生冲突。若有冲突，还可考虑请求证券监管部门予以豁免。

（三）综合证券收购

在公司并购活动中，买方不仅可以采用现金收购、股票收购等出资方式，而且可以采用综合证券收购（或称混合证券收购）方式来完成并购交易。所谓综合证券收购，指的是收购公司对目标公司提出收购要约时，其出价是现金、股票、认股权证、可转换债券等多种形式证券的组合。

1.公司债券

公司债券作为一种出资方式，必须满足许多条件，一般要求它可以在证券交易所或场外交易市场上流通。与普通股相比，公司债务证券通常是一种更便宜的资金来源，而且向它的持有者支付的利息一般是可以免税的。对买方而言，它的一个好处是，可以把它与认股权证或可转换债券结合起来。

2.认股权证

认股权证（warranty）是一种由上市公司发出的证明文件（或证权证券），赋予它的持有者一种权利，即持有人有权在指定的时间内（即有效期内），用指定的价格认购由该公司发行的一定数量（按换股比率）的新股。值得注意的是，认股权证本身并不是股票，其持有人不能被视为公司股东，因此不能享受正常的股东权益（如分享股息派发、投票权等），对公司现行经营政策，亦无从左右。购入认股权证后，持有人所获得的是一个换股权利而不是责任，行使与否在于他本身的决定，不受任何约束。

对收购方而言，发行认股权证的好处是，可以因此而延期支付股利，从而为公司提供了额外的股本基础。但对认股权证上的认购权的行使，会涉及公司未来控股权的改变，因此，为保障现行公司股东的利益，公司在发行认股权证时，一般要按控股比例派送给股东。股东可用这种证券行使优先低价认购公司新股的权利，也可以在市场上随意将认股权证出售，购入者则成为认股权证的持有人，获得相同的认购权利。

一般而言，收购公司在发行认股权证时，必须详细规定认购新股权利的条款，如换股价、有效期限及每份认股权证可换普通股的股数（换股比率）。为保障持有人的利益，此类条款在认股权证发出后，一般不能随意更改，任何条款的修订，都需经股东特别大会通过方能算数。

投资者之所以乐于购买认股权证，主要原因是：①投资者对该公司的发展前景看好，因此既投资股票，也投资认股权证；②大多数认股权证比股票更便宜，一些看好该公司而无力购买其股票的投资者只好买其认股权证，而且认购款项可延期支付，投资者只需支付少数款额就可以把认股权证转卖而获利。

3.可转换债券

可转换债券（convertible bonds）向其持有者提供一种选择权，在某一给定时间内可以某一特定价格将债券换为股票。可转换债券发行时应事前确定转换为股票的期限，确定所转换股票属于何种类型的股票和该股票每股的发行价格（兑换价格）等。

从收购公司的角度看，采用可转换债券这种支付方式的好处是：①通过发行可转换债券，公司能以比普通债券更低的利率和较宽松的契约条件出售债券；②提供一种能以比现行价格更高的价格出售股票的方式；③当公司正在开发一种新产品或一种新业务的时候，可转换债券也是特别有用的，因为预期从这种新产品或新业务所获得的额外利润可能正好是与转换期相一致的。

对目标公司的股东而言，采用可转换债券的好处是：①可转换债券具有债券的安全性和作为股票可使本金增值的有利性相结合的双重性质；②在股票价格较低的时期，可以将它的转换期延迟到预期股票价格上升的时期。

4.其他方式

收购公司还可以发行无表决权的优先股来支付价款。优先股虽在股利方面享有优先权，但不会影响原股东对公司的控制权，这是这种支付方式的一个突出特点。

综合起来看，兼并公司在收购目标公司时采用综合证券收购方式，既可以避免支付更多的现金从而造成本企业的财务状况恶化，又可以防止控股权的转移。由于这两大优点，综合证券收购在各种出资方式中的比例近年来呈现出逐年上升的趋势。

小思考8-3

对目标企业进行价值评估的方法主要包括（　　　）。

A.现金流量分析法　　　B.市盈率法　　　C.资产基准评估法

D.市场评估模型　　　　E.内部收益率法

小思考8-3

答案

案例分析8-1　　2020年前三季度中国企业宣布在美国的并购逆市增长8.4%

2020年前三季度，中国企业宣布的海外并购总额为244亿美元，同比下降50.6%；宣布的并购数量371宗，同比减少21.1%。但在北美洲，宣布并购的金额达到84亿美元，逆市增加了6.7%。其中，美国又是同期整个中国企业海外并购的第一大目的地，宣布并购金额为77.5亿美元，同比增长了约8.4%。

2020年11月11日，安永（EY）发布的《2020年前三季度中国海外投资概览》披露了上述内容。安永的这一报告称：

分区域来看，亚洲为2020年前三季度中国企业海外第一大并购目的地，宣布交易金额102.9亿美元，同比下降33.5%，主要投向消费品、TMT（TMT行业包括科技、媒体和通信，其中媒体部分包含媒体和娱乐行业）和金融服务业，沙特阿拉伯、新加坡和韩国的并购标的较受青睐。

在欧洲，中国企业宣布的海外并购金额为42.1亿美元，同比下降74.8%，下降幅度最大；但是，中国企业在荷兰、意大利和西班牙等国的投资均有较大幅度的增长。

安永认为，尽管中国企业对欧洲投资整体低迷，但2020年是中国与欧盟建交45周年，双方正努力推动中欧投资协定在2020年内达成[①]，这将有益于维护中欧开放的贸易和投资环境。

北美洲是一个例外。

2020年前三季度，中国企业在这里宣布的海外并购金额为84亿美元，同比增加6.7%，成为唯一录得增长的大洲，主要投向TMT、金融服务业和消费品行业。

其中，美国又是同期整个中国企业海外并购的第一大目的地，宣布并购金额为77.5亿美元，2019年前三季度为71.5亿美元，即同比增长了约8.4%。

安永认为，短期内，中美贸易争端的不确定性难以消除，美国未来对华政策仍不明朗，中国企业在美投资面临的地缘政治风险将持续，因此"对美投资仍需保持审慎，建议仍希望赴美投资的中企可预先关注一些与未来中国转型升级密切相关的低敏感细分领域，如硬件设备、软件开发、医疗器械、先进制造业等"。

分行业来看，TMT、消费品、金融服务、先进制造与运输、医疗与生命科学占据同期中国企业宣布的海外并购金额的前五大行业。不过前四大行业的金额，同比均有不小

---

① 编者注：中欧投资协定在2020年12月30日达成。

的下降；唯独医疗与生命科学行业并购金额达到 14.4 亿美元，同比增加了 90.8%，其中大部分又是来自生物科学和医疗设备领域。

不过安永提到，受新冠肺炎疫情影响，许多国家都要求对医疗和生命科学相关的细分行业的外商投资进行更严格的投资审查。

资料来源　李微敖.2020 年前三季度中国企业宣布在美国的并购逆市增长 8.4% [EB/OL]. [2020-11-11]. https://baijiahao.baidu.com/s?id=1683054682742809288&wfr=spider&for=pc.

问题：

1.疫情期间中国企业海外并购的动因是什么？是哪些因素推动了越来越高涨的中国企业海外并购趋势？

2.海外并购应如何克服并购后遗症？

思政专栏

中国企业海外并购迎来重要窗口期

新冠肺炎疫情对跨境并购影响深远。尽管有机构预计，疫情后一些已收紧外国投资审查的国家和区域可能会变得更加谨慎，从而导致要重振全球跨境投资将比恢复生产更难，但是对于中国企业而言，此时正是寻找质地优良同时价格合理的标的公司进行并购整合的窗口期。通过并购的方式可以补足短板或者开拓疆土，以便在疫情结束、业务爆发的时候能够抓住机会，占领被淘汰企业释放出来的市场。此外，企业通过全球化布局，不仅可以加强供应链韧性，也可以抵御单一市场风险。

※一季度全球并购交易猛跌

国际律师事务所富而德最新发布的 2020 年一季度《并购市场观点透视》显示，2020 年一季度全球并购交易总值比前三个月下跌 35.3%，创七年来最大单季跌幅。"未来肯定会越来越困难，无论是从执行层面还是审批层面，整个全球领域的并购都会面临不小挑战。"富而德全球并购业务联席主管安伟斌说。

数据显示，一季度排在前三位的全球跨境并购领域分别为"金融业"、"科技、媒体和电信"以及"工业产品和原料"，交易额均超过 1 000 亿美元。医疗领域的交易额为420 亿美元，约占总额的 6.8%。

从地区看，第一季度美国的并购交易额腰斩至 2 050 亿美元，亚太地区的交易额同比下降超过 15% 至 1 490 亿美元，欧洲地区并购交易额增长至 2 220 亿美元。尽管看起来欧洲地区的交易情况相对乐观，但这是因为欧洲企业赶在疫情蔓延之前就达成了几笔大型交易。

疫情下各类差旅限制措施直接影响并购交易执行，这些影响波及从交易谈判到尽职调查的各个方面。富而德的报告指出，各国并购主管机构处于居家工作的状态，导致其难以承担积压的交易申请，并购审批时间延长，甚至将彻底停摆。

值得关注的是，各国政府正采取行动，保护面临危机的本国企业，如西班牙已搁置放开外商投资制度的计划。欧盟委员会则鼓励成员国努力确保欧盟医疗卫生企业免遭外资收购。德国称，将通过新设的经济稳定基金来保护公司免于破产以及被不必要的收购，该笔基金可动用的资金高达1 000亿欧元，可用于直接购买陷入困境的德国公司股权。3月29日，澳大利亚宣布所有外资收购，无论规模大小，一律必须接受该国外商投资审查委员会的审查，而且未透露该项政策将持续多长时间。

富而德中国区合伙人王庆表示，未来医疗行业甚至医药公司可能会被各国政府视作战略性资产，因此这个领域的并购将来会受到政府更多关注。"未来并购交易的难度会越来越大，这一方面是因为保护主义在不断抬头，交易审批更加困难；另一方面疫情限制出行，各行业的估值不太容易进行。"

※疫情抑制全球跨境投资

由于跨境投资的复杂性，企业通常需要组建大型的商务谈判团队，除企业自己的团队外，还需要聘请专业的中介机构进行项目的尽职调查，如投行、技术、商务、法律、财税等。而疫情直接导致并购执行层面的难度增加。"很多交易是全球化的生意，人们无法出行的话，无论是做尽职调查还是谈判都越来越困难，甚至包括在谈并购的法律文件时，由于现在的不确定性越来越高，在一些条款到底该怎么写的问题上，也比之前更难达成一致，比如各方的保护机制该如何设定。"王庆说。

受疫情影响，已经有不少跨境并购项目停滞。例如，江西铜业收购第一量子旗下赞比亚铜矿项目延迟，英美资源集团表示放缓秘鲁奎拉维科铜矿项目的建设。

整体而言，近年来由于全球经济疲软，投资政策不确定性较大，叠加贸易摩擦加剧，跨境投资较为低迷。数据显示，2019年全球跨境直接投资（FDI）规模为1.39万亿美元，同比下降了1%，自2016年以来连续第四年下降；2019年全球跨境并购规模进一步萎缩，比上一年减少了40%至4 900亿美元，是自2014年以来的最低水平。

跨境并购规模下降和跨境投资总体规模下降有关，也与大宗交易数量的减少有关，2019年统计的超过50亿美元的超大项目合计30个，而2018年为39个。

新冠肺炎疫情突如其来，各国经济面临更加严峻的内外部环境。在此背景下，全球投资趋势不确定性明显增加，亦对全球跨境投资趋势产生负面影响。对新的投资和跨国并购项目而言，由疫情控制措施导致的生产关闭或产量降低将导致新固定资产投资的暂停，企业将延迟扩张或推迟并购。

安伟斌认为，目前整个金融市场信心缺失，很多之前参与跨国并购的资金市场甚至已经消失，这导致想要进行交易的买方难以获取融资渠道。而从卖方的角度说，这意味着要接受买方提出的更为灵活的融资方案。"过去，国际并购一般采用锁箱计价法，即根据过往的财务指标对交易估值，而现在，越来越多的买家选择在交易临近结束时的最新时间点再做定价。这意味着在整个交易买卖中出现了风险再分配的问题，买家就相应地希望寻求在合同条款上的保护，比如增加保障与赔偿责任的保险以及可抗力条款等。"

资料来源　佚名.中国企业海外并购迎来重要窗口期［EB/OL］.［2020-04-27］. http://www.rmlt. com.cn/2020/0427/578258.shtml.有删减.

点评：近年来，中国企业充分发挥技术业务、融资渠道等优势，通过跨境并购的方式"走出去"。2019年国内市场上市公司跨境并购117单，交易金额约1 245亿元，证券期货经营机构稳步扩大海外布局，部分交易所加强与"一带一路"沿线国家合作。

对中国企业而言，疫情之下，有不少公司由于业务体量大、资金流安全，此时正是寻找质地优良同时价格合理的标的公司进行并购整合的窗口期。通过并购的方式可以补足短板或者开拓疆土，以便在疫情结束、业务爆发的时候能够抓住机会，占领被淘汰企业释放出来的市场。此外，企业通过全球化布局，不仅可以加强供应链韧性，也可以抵御单一市场风险。

本章小结

并购是指企业通过购买和证券交换等方式获取其他企业的全部所有权或部分股权，从而掌握其经营控制权的商业行为，公司间的收购与兼并主要涉及两方面的企业，即进攻型企业和目标企业。并购从不同角度可以划分为不同的类型，并购存在的动因在于横向并购有利于企业发挥规模经济的优势，纵向并购与混合并购有利于企业发挥范围经济的优势。

并购要取得成功，就必须遵循规范的程序，同时要做好事前的决策分析，而决策的核心是评估并购能否创造价值。进行并购决策一般应考虑以下内容：并购对象的选择、目标企业的价值评估、并购融资方式的选择和支付方式的选择。

目标企业的价值评估是并购投资决策的核心内容，对目标企业进行价值评估的基本方法是现金流量分析法，除此之外，还可以运用市场评估模型、市盈率法和资产基准评估法来评估目标企业的价值。

并购融资方式的选择是并购投资决策的重要内容，确定合理的融资方式，可以达到事半功倍的效果，即以最低的资本成本产生足够大的控制力。如果并购企业选择不当，就有可能背上沉重的财务负担，甚至可能会影响并购企业正常的生产经营活动，所以如何选择适当的融资方案融资，并购企业必须予以高度重视。西方企业并购融资的方案主要有企业内部融资、外部融资、杠杆收购融资和卖方融资等几种方式。

在并购活动中，支付是完成交易的最后一个环节，也是一宗并购交易最终能否成功的重要因素之一。在实践中，公司并购的出资方式有三种，即现金收购、股票收购和综合证券收购。其中，现金收购方式是最先被采用的，其后才出现了股票收购和综合证券收购。选择何种出资方式，要视具体情况而定。

思考题

1.什么是并购？并购的动因是什么？

2.并购的程序是怎样的？

3.并购目标企业的价值评估方法有哪些？

4.并购融资方式主要有哪些？

5.并购出资支付方式主要有哪些？各自有哪些特点？

第九章

证券投资

学习目标

知识目标：了解证券投资全过程，掌握证券投资全过程的基本知识，熟悉证券的品种、市场构成、交易规则，熟悉运用证券投资分析的理论和主要方法。

思政目标：深刻领会在证券投资的实践中独立思考、自律、遵循自然规律、宏观经济分析、发现事物本质、把握事物变化趋势的重要性。

导引　　　25家上市券商2019年自营投资收益总额增长134%

截至2020年4月12日，A股37家上市券商中已有25家披露了2019年年报。数据显示，若以券商年报中的"投资净收益+公允价值变动净收益+可供出售金融资产公允价值变动"来计算自营投资收益，上述25家上市券商2019年自营投资收益总额为1 060.44亿元，同比增长133.96%。自营投资业务已成为券商2019年业绩增量的核心因素。同时，券商的募资用途近期也在向自营倾斜。

※自营收益总额逾千亿

数据显示，上述25家上市券商2019年自营投资收益总额为1 060.44亿元。其中，年自营投资收益最多的是中信证券，为166.92亿元，同比增长90.17%；排名第二的华泰证券自营投资收益为119.06亿元，同比增长182.88%；排名第三的海通证券2019年自营投资收益为116.00亿元，同比增长229.90%。

上述25家券商中，2019年自营投资收益超50亿元的还有国泰君安、广发证券、招商证券、申万宏源和国信证券，收益额分别为90.11亿元、71.34亿元、70.42亿元、52.86亿元和52.17亿元。

数据显示，上述25家券商2019年自营投资收益总额同比增幅达133.96%。其中，2019年自营投资收益同比增幅最大的是广发证券，同比增长569.20%；第二为东方证券，同比增长557.16%；第三为中国银河，同比增幅为420.30%。25家券商中，2019年自营投资收益率最高的是红塔证券，收益率为8.66%；第二为广发证券，收益率为8.42%；第三为华安证券，收益率为8.35%。

　　※2019年四季度加仓明显

　　分析人士表示，在2019年股市行情向好的背景下，券商自营投资调仓、加仓意愿明显。

　　数据显示，截至4月12日，2019年四季度加仓市值最大的券商为海通证券，持股市值增加了38.53亿元；第二为平安证券，持股市值增加了9 937.01万元；排名第三的是华鑫证券，持股市值增加了4 943.10万元。

　　从持股总市值情况来看，根据截至4月12日的数据，2019年年末，中信证券持股市值为144.14亿元，排名居首；其次为华泰证券，持股市值为48.35亿元；海通证券持股市值为41.52亿元，排名第三。此外，持股市值超2亿元的券商还有中国银河、中金公司、东方证券、国泰君安、广发证券、兴业证券、中泰证券。

　　从行业角度看，根据截至4月12日的数据，券商2019年第四季度加仓市值排名前三的行业（申万一级）依次为非银金融、农林牧渔和银行。而从持仓总市值来看，券商2019年年末持仓市值排名前三的行业依次为非银金融、银行和农林牧渔。

　　※募资用途向自营业务倾斜

　　近年来，券商投资与交易类业务已成为市场不可忽视的一股力量。券商自营收入在2017年首次超过代理买卖证券业务收入，成为第一大收入来源。2019年，受益于股票市场的回暖及自营业务上的积极布局，券商自营业务迎来丰收之年。业内人士认为，券商投资业务正在向多元交易转变，整体投资策略更趋成熟稳定，市场竞争力日趋增强。

　　投资收益体现了券商的重资本运作能力，自营业务成为券商2019年业绩增量的核心要素。近来不少券商在其定增融资申请预案中明确，募集资金投向主要用于交易与自营投资业务。

　　西部证券近期表示，自营投资业务已成为公司主要的收入、利润贡献点。公司拟通过定增募资不超过75亿元，其中拟将不超过26亿元投向交易与投资业务，占比最多。

　　业内人士指出，券商募资用途向自营业务倾斜或是大势所趋。未来权益市场的发展趋势将直接决定上市券商的盈利情况和估值水平。若市场走强，自营业务可能会直接增厚券商盈利。此外，由于证券自营业务自身程序复杂的特性，风控将是券商自营业务中不可忽视的重要环节。

　　资料来源　佚名. 25家上市券商2019年自营投资收益总额增长134%［EB/OL］.［2020-04-14］. https://baijiahao.baidu.com/s?id=1663875517564665307&wfr=spider&for=pc.

第一节　证券投资概述

一、证券及其种类

有价证券是各种权益凭证的统称。广义的证券包括商品证券、货币证券、资本证券和其他证券，狭义的证券指资本证券，本书使用的证券概念基本上是狭义的。资本证券是指由金融投资或与金融投资有直接联系的活动而产生的证券，是有价证券的主要形式。它主要包括股权证券（所有权证券）和债权证券两大类，具体包括股票、债券、证券投资基金、金融衍生工具等。

（一）股票

1.股票的定义

股票是有价证券的一种主要形式，是证券市场中比较活跃的一种金融投资工具。股票是股份公司发给股东作为投资入股的证书和借以取得股息的凭证。在计算机日益发展的现代信息社会，不少国家的股票已进入无纸化阶段，股东认购股票或出让股票只需通过证券交易系统计算机网络终端即可进行。

股票具有盈利性、风险性、流通性、价格波动性和权益稳定性的基本特征。

2.股票的类型

随着股份制度的发展，投资者不断提出新的投资需求，股票的种类也逐渐增多。不同类型的股票具有许多共性，也具有各自明显不同的特点。本节将根据股票的内容和形式对不同类型的股票进行综合论述。

（1）普通股股票与优先股股票

普通股与优先股是最基本的股票分类，它是按照股东所承担的风险和享有的权益情况为标准划分的。

普通股是构成股份有限公司基础的股票，是股份有限公司最先发行也必须发行的股票；普通股的期限与股份有限公司的存续期间一致，普通股的股东享有平等的权利，并随着股份公司利润的变化取得相应的收益。普通股是风险最大的一种股票，这种风险不仅来自不固定的收益和市场风险，而且来自股息分配和公司破产后剩余资产的支配权。但是，普通股的流动性很强，正是这种较强的流动性和较大的价格波动，使普通股在证券市场上受到投资者的普遍重视。

优先股是特别股股票中的一种主要类型。特别股股票是股份公司出于特定的需要和为满足投资者的不同要求而发行的股票，如优先股、后配股、混合股等。优先股的优先是相对于普通股而言的，其特点是预先明确股息率。优先股既是股票的一种，又类似于债券，是介于普通股和债券之间的折中性证券。优先股的优先之处表现在，一是领取股息优先。公司分配盈利的顺序，首先是优先股，其次才是普通股，而且有可能出现普通股股息较少甚至没有，优先股仍照常分配股息的情况。二是分配剩余资产的优先权，当公司解散或破产清偿时，优先股有先于普通股参加公司剩余资产分配的权利。但是，优先股也有不利之处。一是股息率事先确定，若公司当期盈利猛增，普通股可能获得较高收益时，优先股股息不会因此提高；二是优先股表决权受到限制，与普通股股东不同，大多数优先股股东没有选举权和被选举权，不能参与公司的经营管理；三是优先股股东一般无优先认购新股的权利。

我国目前尚未普遍发行优先股股票。

（2）记名股票与不记名股票

记名股票指股票上载有股东姓名，并记入公司股东名册上的股票。记名股票的转让需要将受让人姓名及地址记载于股票票面和公司股东名册上，否则转让无效。不记名股票是无须记载股东姓名的股票，只凭股票所附息票领取股息，因而可以自由转让。我国目前发行的股票多是不记名股票。

（3）有面额股票与无面额股票

有面额股票指的是股票票面记载一定票面价值的股票，这类股票票面金额的计算方法是以资本总额除以股份总数而得。很多国家都对有面额股票的票面金额作了最低限度的规定。例如，德国规定最低票面金额为1欧元，日本为50日元等。英美等国未对此作出规定，在我国，股票面额一般为1元人民币。无面额股票指的是股票票面不记载金额，只说明它是公司股本总额的若干分之几，其价值将随着公司资产的增减而增减。发行无面额股票，公司董事会一般对每股规定一个价值，称为设定价值，作为公司记账中的依据。无面额股票起源于美国，大多数西方国家不允许发行这种股票，我国也不允许发行无面额股票。

（4）表决权股票和无表决权股票

表决权股票指的是股票持有人对股份公司的经营管理享有表决权的股票，表决权股票依据表决权限程度的不同分为普通表决权股票、多数表决权股票和限制表决权股票三种。普通表决权股票是最常见的表决权股票，通常为一股一票表决权，所以亦称单权股票。股份公司多数表决权股票是一种一股股票有多票表决权的股票，亦称多权股票，发行这种股票的目的是保证股份公司的特定股东能对公司实施控制权限。限制表决权股票的表决权受到法律和章程的限制，其表决权限在股东所持股票达到一定数量之后将受到限制。股份公司发行限制表决权股票的目的是防止少数股东利用多数股票的表决权控制公司。无表决权股票指的是根据法律和公司章程的规定，对股份公司的经营管理事务不享有表决权的股票，大多数优先股股票即无表决权股票。

3.我国现行股票的类型

我国的股份制度起步较晚，第一张股票发行至今仅有几十年时间。由于中国的国情和体制与西方国家有着较大的差别，因而中国股票从最初登上历史舞台开始，就带有明显的中国特色。这种中国特色，使中国的股票可以依照持股主体来进行划分，即国有股、法人股和个人股，这三种股份的股票都是人民币股票，简称A种股票或A股。

（1）国有股

国有股指国家持有的股份。国有股一般都是由原全民所有制公司改组，进行国有资产评估折算后形成的股份。目前这种股份大都由国有资产管理局或国有资产控股公司所掌握，因此国有股也可定义为国有资产折算或国家投资持有的那部分股份。

国有股的来源主要有以下几方面：一是全民所有制公司改组为股份公司时，按固定基金和流动基金所形成的原有资产重估折算成的股份；二是以国家名义拨款新投资的各种资金所转换的股份；三是各种资产所折算的股份；四是全民所有制公司改组后的股份公司，在公司利改税时留利部分所形成的资产重估折算成的股份。

目前国有股在中国股份制公司中占有较大的份额，表现为国家在大多数股份制公司中都占据着控股地位。由于在中国国内证券市场上（主要是沪深股市），国有股目前尚不允许在市场上流通转让，所以国有股份不能通过证券市场进行优化调整或保值增值。

（2）法人股

法人股指法人持有的股份，是公司法人以自有资金认购的股份或原集体所有制公司的资产重估后折算的股份。

法人持有的股份主要包括：由发起人单位以及其他各种性质的法人以其自有资金认购的股份；原集体公司以其资产重估折算后的股份；原有公司改组为股份公司时，原来留存的职工奖励基金转作职工共同持有的股份；按照规定可以持股的银行或其他金融机构所投资持有的股份。

法人股与国有股一样，目前不允许在国内A股市场上流通转让，但可在国家有关部门专设的法人股交易市场上进行流通转让，如NET和STAQ系统。同时，全国各地还设立了一些产权交易中心和产权交易市场，但由于各种原因，这种交易目前还不十分活跃。

（3）个人股

个人股即个人（自然人）持有的股份。按有关条例的规定，我国自然人所持有的股份（不含外国和中国港澳台地区投资者所持外资股）不得超过任一公司股份总额的5‰。

个人股包括特定对象持有和非特定对象持有两大部分。前者主要是内部职工股，即由股份公司内部职工及相关人员持股。后者即广义的社会个人股，由社会个人自由认购、持有或转让，因而称为非特定投资对象。不过，即使是特定对象持有的股份，经过一定期限以后，也可转化为非特定对象持股，因为按国家有关规定，内部职工股在其股票正式挂牌3年之后可以流通转让。

（4）B种股票

以上各种持股属于中华人民共和国境内法人或自然人持股，属于A种股票或A股。除此之外，我国证券管理部门还专门为境外投资者提供了一种股票投资品种——外资B股，简称B股。B股的正式名称是人民币特种股票。它是以人民币标明面值，以外币认购和买卖，在中国境内（上海、深圳）证券交易所上市交易的外资股。B股公司的注册地和上市地都在境内，B股市场于1992年建立，2001年2月19日前仅限外国和中国港澳台地区投资者买卖，此后，B股市场对国内投资者开放。

除了A股、B股以外，还有在境外上市的H股、S股、N股等股票。

（二）债券

1.债券的定义

债券是一种有价证券，是社会各类经济主体为筹措资金，按照法定程序向社会投资者出具的、承诺按一定利率定期支付利息、到期偿还本金的一种具有集资手段和金融工具功能的债权债务关系的凭证。它不同于一般借据和商业票据，因为它所表明的是债务公司（或政府）与社会公众（市场投资者）之间的债权债务关系。

作为一种债权债务凭证，债券包含以下基本要素：

（1）债券的面值。债券面值一是指票面金额，二是指票面币种，如我国国债券1 000元，其面值为人民币1 000元。

（2）债券的价格。债券的面值是债券价值形成的主要依据。但由于债券可以在市场上流通转让，不论债券发行时采取的是平价、溢价还是折扣价，债券的价格仍与其发行价格或面值发生或大或小的差异。不过，债券的价格虽然受市场因素的影响经常变动，但债券面值总是固定的，因而发行者还本付息依据债券面值进行。

（3）债券的利率。债券利率是指债券持有人每年获取的利息与票面金额的比率。债券利率受银行利率、发行者信誉、偿还期限、市场供求关系等多种因素影响。

（4）债券的偿还期限。债券的偿还期限即债券的还本期限，受发行者筹资使用计划期限、未来市场利率发展趋势、证券市场的发达程度等多种因素的影响。债券的偿还期限分为短期、中期和长期三种。

2.债券的特征

债券作为一种有价证券，与其他有价证券一样也有其自身明显的特征：

（1）**收益性**。债券的收益性表现在两个方面，一是固定利息收入，它一般高于同期银行利息且比较稳定；二是差价收入，即在证券市场上低买高卖所获取的收益。

（2）**偿还性**。债券到期，债务人必须归还债权人本金。

（3）**流通性**。债券可以在市场上流通转让或在金融机构进行抵押贷款。

（4）**风险性**。债券相对于其他有价证券风险较小，特别是政府债券。但不同类型的债券，由于其发行人信用等级不同，因而仍旧存在一定的风险。

3.债券的分类

可以从不同角度对债券进行分类，以下是几种常见的分类方式：

（1）**按发行主体分类，分为国债券、金融债券和公司债券**

国债券又称政府债券，即以中央政府和地方政府为主体发行的债券。国债券信誉最高，资信可靠，投资风险最小。

金融债券指银行和其他金融机构发行的债券。金融债券资信可靠，利率较高。

公司债券指公司发行的债券。公司债券利率较高，但信用等级较以上两种债券为低，投资风险相对较高。

（2）**按期限长短分类，分为短期债券、中期债券和长期债券**

短期债券一般指期限在1年以下的债券，中期债券一般为1~10年，长期债券为10年以上，个别国家还发行永久性债券。

（3）按发行方式分类，分为公募债券和私募债券

公募债券是指经证券管理部门批准在市场上公开发行的债券；私募债券则是指发行者只向某些特定关系的投资者发行的债券。公募债券与私募债券的主要区别在于前者的募集对象公开，而后者则只在一个特定的狭小范围内发行。

（4）按利息性质不同，分为固定利率债券、浮动利率债券和贴水利率债券

固定利率债券指利率固定不变，不受发行人经营状况影响，到期按规定偿付利息的债券。浮动利率债券的利率不事先固定，而是随市场利率变化进行调整，是一种可避免市场利率风险的债券。贴水债券只将利息用贴现方式预先扣除，以低于面值的价格发行，偿还时以面值兑付，发行价格与面值之差即是利息。

（5）按有无担保分类，分为有担保债券和无担保债券

有担保债券指债券发行人的信誉有财产担保，这种财产担保分为信用担保和实物担保两种。前者指由担保人出具经过公证的、负有法律责任的担保契约，债券到期不能偿付时，由担保人代偿。后者则指债券发行人以自有财产作担保抵押，债券到期不能还本付息时，债权人有权处理这些抵押品，所以又称抵押担保。

（6）按是否记名分类，分为记名债券和不记名债券

记名债券在券面上登记债权人的姓名、地址，可以挂失，便于保护债权人利益，但转让不太方便。不记名债券不登记债权人的姓名、地址，不能挂失，投资风险大于记名债券，但转让比较灵活方便。

（三）证券投资基金

1.证券投资基金的含义及特点

证券投资基金是指一种利益共享、风险共担的集合证券投资方式，即通过发行基金单位，集中投资者的资金，由基金托管人（一般是信誉卓著的银行）托管，由基金管理人（基金管理公司）管理和运用资金，从事股票、债券等金融工具投资。基金投资人享受证券投资的收益，也承担因投资亏损而产生的风险。通俗地讲，证券投资基金就是集中众多投资者的资金，统一交给专家去投资于股票和债券，为众多投资人谋利的一种投资工具。证券投资基金作为一种间接投资工具，与其他投资工具相比较，有着自身不可替代的独特优势。

（1）组合投资，风险分散

投资基金的组合投资可以大大降低投资风险。把一定量的资金按不同的比例分别投资到不同时期、不同种类的有价证券和不同的行业，从而在总体上把风险降低到最低限度。有关研究表明，要做到最低限度的风险分散，至少要持有10种以上的股票（债券或其他），这是个体投资者（或小额投资者）难以做到的。例如，在中国人民银行制定的《投资基金管理试行办法》中规定："基金持有任何一个发行人发行的证券价值不得超过该基金的总资产净值的10%。"因此，大部分投资基金都将投资者的资金分散投资于数十种不同行业、不同地域的股票或其他品种，从而极大地分散了投资风险。

（2）小额投资，费用低廉

投资基金的本质就是汇集小钱成大钱。它是按购买单位基金起算的，每单位数额大

小有的只有一元到几十元，有时甚至不限制投资额的大小，从而解决了广大中小投资者"钱不多、入市难"的问题，其管理费、购买费的收取非常低廉，管理费一般只是基金资产净值的1%～1.5%，而购买费或赎回费只是认购额或赎回额的0～3%，上述这些费用是一般中小投资者所普遍乐于接受的标准，因为它相对于股票的投资费用要低廉得多。

（3）专业化管理，专家操作

投资者只需付出少量的费用便可享受专业化的投资管理服务。哪一家公司或哪一种行业的股票值得持有、何时买入或卖出相应的股票能获得较好的收益、对于发行人新发行的证券是否购买等决策均由投资管理专家负责，他们一般都受过专门训练，有丰富的知识和经验。这些专家对国内外的经济状况及各公司、各种行业的发展状况、运营潜力等都要进行系统的分析，并且拥有现代化的通信手段、齐全的信息资料和先进的分析手段，因此，能尽可能地减少投资决策失误所带来的风险。

（4）流动性强，变现性高

任何投资都要考虑获利性、安全性和流动性三个因素，如果一项投资获利性和安全性都较好，但流动性不够，那么这项投资便不会广受青睐。对于投资基金，可以随时购买或赎回，流动性极强。与银行定期存款、购买黄金和房地产保值等投资方式相比，投资基金具有极高的变现性，投资者可能因个人需要，要求基金经理人买回手中持有的份额而迅速变现。

（5）种类繁多，投资灵活

由于投资基金的筹资是大众化的，所以不论是对拥有大额资金的投资者，还是对广大小额投资者，投资基金都赋予同等的参与投资的机会。如今，金融市场日益扩大，交易品种繁多，由于基金汇集了众多投资者的资金，规模较大，所以投资者可以购买数十种甚至上百种证券。对小额投资者而言，用小额的资金就可投资多种证券，且可根据自己的实际情况，灵活方便地选择相应的基金。

2.证券投资基金的种类

随着证券市场的迅速发展，投资基金的种类也日益繁多，形成了一个庞大的家族，目前主要的投资基金类型有：

（1）公司型基金

公司型基金是指基金本身为一家投资公司，它通过发行受益凭证（或股份）的方式来募集资金，投资人即为公司的股东，按公司章程享受权利和承担义务，根据公司经营状况获取股息或红利。股东大会选出董事会、监事会，再由董事会、监事会选出公司总经理，负责执行基金的业务，并向股东负责。同时聘请保管机构（保管人）负责保管基金资产。

（2）契约型基金

契约型基金又称信托型基金，它是指根据一定的信托契约原理，由委托人、受托者和受益者三方订立信托投资契约而组成的基金形态，三者的关系由基金投资信托契约作为确定彼此权利义务的依据。其运行方式是，由基金管理公司（委托人）与基金保管机构（受托人）订立契约，由前者负责基金的经营与管理操作，后者负责基金信托资产的保管与处分，而投资成果由投资人（受益人）享受。这种基金以发行受益凭证的方式向投资大众筹集资金。

（3）开放型基金和封闭型基金

根据投资基金的受益凭证能否赎回和买卖方式的不同，又可分为开放型与封闭型两种基金。

开放型基金是指基金管理公司在设立基金时，发行的基金单位总份数不固定，基金总额也不封顶，可视经营策略和实际需要连续发行，投资者可随时购买基金单位，也可以随时将手中持有的基金单位在基金管理公司设定的内部交易营业日里转卖给基金管理公司（即基金管理公司赎回基金单位，或投资者赎回现金）。购买或赎回基金单位的价格，取决于单位基金的净资产和市场供求状况两个因素。

封闭型基金是指基金发行总额是限定的，在初次发行期满后，基金即宣告成立，并进行封闭，在封闭期内不再追加新的基金单位。投资人不得向发行机构请求赎回其持有的股份或受益凭证。其流通采取在交易所上市的办法，投资者可以通过经纪商在二级市场进行竞价交易，因此封闭型基金的交易类似于普通股票。

（4）国内基金、国外基金和混合基金

根据投资国别和地域的不同，投资基金可以区分为国内型和国外型两种。此外，还有一种既投资于国外市场又投资于国内市场的混合型基金。

国外型投资基金是指设立基金的公司分别从国内或国外，或同时从两方面筹集资金，即向投资者发行或销售基金凭证，然后把资金投向非基金公司所在国的国外市场的投资基金。国内基金的投资对象为基金公司的所在国，即它仅投资于该国国内证券市场。混合型基金则既投资于国内证券市场，又投资于国外证券市场。

另外还有一种称为海外基金（或称离岸基金）的投资基金，它与国外基金概念有交叉之处，但又不尽相同，是指基金的发行对象为境外投资者，而投资方向是国内的有价证券组合。

（5）成长型基金和收入型基金

按基金投资的目标不同，即根据注重资金的长期成长还是注重当前收益的差异，投资基金可分为成长型基金和收入型基金两大类。

由于成长基金与收入基金投资的目标不同，基金投资适合的工具、投资方向、对象及策略自然就不同，相应地，投资人的收益及本金的稳定性也不同，其比较见表9-1。

（四）金融衍生工具

金融衍生工具也叫衍生产品或衍生证券，它是在传统的金融工具的基础上发展起来的。金融衍生工具主要包括期权、期货、远期合约和互换交易等。

1.金融期权与期货

期货交易是相对于现货交易而言的。它是先支付一定数量的保证金，在相应的交易所内，通过公开竞价的方式买进或卖出期货合约，只有在期货合约到期时才进行现货交割。所谓期货合约，是指由双方订立的，约定在未来某日期按成交时所约定的价格交割一定数量的某种商品的标准化契约。

投资学概论

表9-1   成长基金与收入基金比较

比较对象	成长基金	收入基金
目标	强调基金当期的最高效益，侧重于基金单位收益的增长	看重基金长期成长，重视为投资者带来长期资本收益
基金资产分布	现金持有量较大，投资品种多元化，形成不同种类的投资组合，以分散投资风险	现金持有量较小，资金大部分投到投资市场，以至于牛市时，向银行借贷，使投资额增大，进行借贷投资
基金投资工具	投资在风险较小、资本增值有限的市场上，如有息证券、优先股、可转换债券、公司及政府债券，以及存款证等资本市场工具	投资于风险较大的金融市场，如股票市场中有升值潜力的二三线股，甚至是未上市股票
基金派息情况	按时派息给投资者，使他们的投资基金有一笔固定收入来源	通常不会直接派息投资者，而是将股息重新投入市场，以获取更高的回报

金融期货就是指人们在集中性的交易场所，以公开竞价的方式所进行的各种金融工具（如外汇、债券、存款证、股票及股价指数等）标准化期货合约的交易。它具有以下基本特征：

（1）交易对象标准化。金融期货交易对象就是期货合约。期货合约是一种为进行期货交易而制定的标准化合同或协议，实质上是一种具有同质性、标准性和不变性的金融工具。除了其交易价格由交易双方在交易所内公开竞价确定以外，期货合约的其他要素包括标的物的种类、数量、交割日期及交割地点等，都是标准化的。因为交易对象的标准化，交易双方省去了除交易价格以外的其他交易条件的讨价还价，使期货合约更易于买卖和交割。

（2）交易单位规范化。在金融期货交易中，对每一份期货合约的规模（金额或面值）都作了统一的规定，使之便于计算。例如，在芝加哥商业交易所的国际货币市场（IMM）的外汇期货交易中，英镑合约的标准单位为面值62 500英镑，在芝加哥期货交易所的短期国库券（30天期）标准单位为面值5 000 000美元，中期国库券（5年期）的标准单位为面值100 000美元，长期国库券（10年以上）的标准单位为面值100 000美元等。规范化的交易单位保证了金融期货交易能够高效率地进行。

（3）交割期限规格化。对于各金融期货的交割月份，交易所均进行了统一规定，一般都是整月，尽管交易所之间的规定不尽相同，但大多数的交割月份集中在3月、6月、9月和12月。

（4）交易所价格公开化。对于金融期货的交易价格必须在交易所通过公开的竞价才能形成。公开竞价有利于维护金融期货交易的公平和公正，同时也能使金融期货的交易价格准确反映市场的供求关系。

2.可转换债券

可转换债券是属于公司债券的特殊形式，作为持有人除了将其作为债券一直持有外，还可有这样一种选择：在将来某个时候他可以将手中的债券按事先约定的转换比例转换成普通股股票。因此，作为持有人可以有四种选择：第一，持可转换债券直至到期日还本付息；第二，将可转换债券在二级市场上出售；第三，将可转换债券转换成普通股后在股票二级市场上出售；第四，一直持有普通股并定期领取股息红利。

从上面可以看出，可转换债券兼有债券与认股权证的性质，但是一旦转换成普通股，将不可逆转。

3.存托凭证

存托凭证是指在一国证券市场流通的代表外国公司有价证券的可转让凭证。它一般代表外国公司的股票或债券。其产生过程是：经纪商在外国证券市场买入一公司的证券，将其寄存于当地的保管银行，该行通知发行公司委托的外国存券银行，由其据此发行存托凭证，于是存托凭证便开始了在本国证券市场的发展。

4.认股权证

认股权证本身不是股票，既不享受股利收益，也没有投票权，只是规定其持有者可以在规定的时间内按照特定的价格购买公司发行的股票。因此它实质上相当于公司发行的一种股票买入期权。

常见的认股权证主要有：

（1）配股权证。它是由上市公司本身发行的权证。持有人只要在有效期内的任何时间以固定的比例和事先确定的认股价格，就可以换成该公司的股票。该股票属于上市公司发行的新股，公司因此而达到增加资本和筹集资金的目的。

（2）备兑权证。它是由上市公司或上市公司以外的有关机构（通常是投资银行、证券公司等）发行的，允许持有人于指定日期以规定价格向发行机构换取已指定数量的股票，可在股票市场上交易的有价证书。一揽子备兑权证就是指持有人有权认购几只不同的股票而不仅仅是一只股票。

小思考9-1

中国的股票依照持股主体进行划分，可以分为（　　　）。

A.国有股　　　　　B.法人股　　　　　C.普通股

D.个人股　　　　　E.优先股

小思考9-1

答案

二、证券市场

（一）证券市场的分类

证券市场就是证券商品的交易市场，是股票、公司债券、政府债券等有价证券的交易场所。证券交易通过发行各种证券，组织、吸收长期资金，提供政府和企业所需要的财政资金和长期资金。从整体上看，证券市场隶属于长期金融市场（或资本市场），是其构成部分之一。根据证券市场交易种类的不同，可分为股票市场和债券市场，且二者均由各自的发行市场和流通市场构成。

1.证券发行市场

证券发行市场，又称一级市场，是证券发行主体通过发售证券筹集资金的场所。证券是在一级市场上首次作为商品进入证券市场的，因此，一级市场是证券产生的源头，也是联结储蓄和投资的桥梁，在国民经济中发挥着重要作用。

证券一级市场体现了证券由发行主体流向投资主体的市场关系，也体现了资金由投资主体流向发行主体的市场关系。发行者之间的竞争和投资者之间的竞争，是证券一级市场赖以形成的契机。所以，证券一级市场是发行主体筹措资金的市场，也是广义的资本积累场所，即资本的形成市场。

2.证券流通市场

证券流通市场也称证券二级市场，就是已发行证券的流通转让市场。证券经过一级市场发行完毕后，即有可能进入各种不同形式的流通市场。在二级市场上，证券投资者可以通过买卖使证券保持高度的流通性。因此，投资者既可以通过持有证券获得本期收益，又可以及时卖出证券以获取数量可观的资本利得，并收回自己的投资。因此，二级市场在整个证券市场体系中发挥着非常重要的作用。证券二级市场主要由交易所市场和场外交易市场两部分构成，其中证券交易所市场是二级市场的主体部分。

（二）证券市场的组织形式

证券交易所是有固定组织和制度的证券集中竞价交易的有形场所。在证券交易所内进行买卖的证券都必须是经过上市审批的上市证券。

证券交易所一般有两种组织形式，即公司制和会员制。

公司制证券交易所是指以营利为目的、以公司为组织形式的交易所。公司制交易所的收益来源于向上市公司收取的上市费和向证券商收取的证券交易费用。为了提高经济效益，交易所必须不断地改善服务，提高服务水准和质量；与此同时，交易所为了增加收入，也可能人为地推动市场投机，进而影响证券市场正常的运行秩序。有的投资者为避开公司制证券交易所昂贵的上市费用和佣金，可能会转到场外交易。

会员制证券交易所是指由若干证券商自愿组成的非营利性交易所。会员制交易所由证券商组成，它强调自律性的管理原则。由于会员制交易所采取会员自律自治制度而不以营利为目的，因此交易费用和证券上市费用比较低，有利于扩大证券交易的规模和数量。但由于只有会员才能进入交易所进行交易，客观上会造成一种垄断，不利于形成公平的竞争环境，也会影响证券交易服务质量的提高。

尽管两种组织形式各有利弊，但是世界上多数国家的法律都采取会员制的单一组织结构，只有少数国家和地区允许根据具体情况分别采取会员制和公司制组织结构。我国上海证券交易所和深圳证券交易所均是采取会员制组织形式的。

一般说来，交易所会员都需要交纳会费，会费采用购买席位的方式交纳。有的交易所会员，在交易所拥有多个席位。会员所拥有的席位可以在交易所允许的情况下进行出租或转让，所以交易所席位本身就是一项投资。在证券市场人气旺盛的时候，席位的价格或租金往往会有大幅度的上涨，给会员带来可观的收益。

（三）证券的发行

证券的发行工作是一项难度较大的工作，一般需要有专职承销机构的参与。这里以我国的股票为例，简单介绍一下证券发行的基本程序。

1.股票发行的申请与审批

（1）申请人应根据行政隶属关系，向所在省、自治区、直辖市、计划单列市人民政府或所属中央公司主管部门提出公开发行股票的申请。

（2）地方政府或中央公司主管部门在接到上述申请后，根据国家下达给该地区或该部门的发行额度对其所属公司的发行申请进行审批。

（3）地方政府或中央公司主管部门审批通过后，下达相应的发行额度给申请人，然后报证监会复审。

（4）申请人得到证监会复审同意后，向拟挂牌的证券交易所提出上市申请。

（5）证券交易所上市委员会根据自己的上市规则对上述申请进行审查。

申请人经过上述五道程序并最终获得有关证券交易所上市委员会的上市同意后，才能公开发行股票。在上述申请审批过程中，地方政府或中央公司主管部门应自收到发行申请之日起30个工作日内作出批准或不批准的决定。自收到复审申请之日起算，证监会的复审时间不得超过20个工作日。

2.股票发行价格的确定

发行人在股票发行申请获得必要的批准后，就可以着手按照预定的方案从事发行工作。股票发行方案中的一个重要问题就是如何确定股票发行价格的问题；股票发行价格定得是否适当，将直接影响发行人筹资计划的完成以及该股票将来在二级市场上的表现。如果发行价太低，则难以最大限度地满足发行人的资金需求；发行价太高，又会给销售带来困难，影响发行工作的顺利完成。

以发行价与股票面额的关系为标准，股票发行价格大体可分为面值发行、溢价发行、折价发行三类。顾名思义，面值发行就是指股票发行价格与股票面额一致；溢价发行是指股票发行价格高于股票面额；折价发行是指以低于股票面额的价格发行股票。一般说来，各国公司法都规定禁止股票折价发行，我国也不例外。实际上，股票发行一般都采用溢价发行，而债券发行则通常采用折价或者面值发行。

对不同的公司、不同的具体情况，确定股票发行价格的方法也会有所不同。

3.股票的承销

公开发行的股票或债券一般应当由专职的证券承销机构承销。承销商承销股票的方式包括包销和代销两种。包销是指发行人全权委托承销商代理发行其股票。当投资人的实际认购总额少于预定发行总额时，该承销商应承购全部剩余股票，承担发行风险。包销还可以分为全额包销和余额包销两种。全额包销是指承销商首先全额承购发行人该次发行的股票，然后向投资者发售的包销方式。余额包销则是指包销商首先向投资者发售股票，然后在实际认购总额低于预定发行总额的情况发生后承购全部剩余股票。

代销是指发行人委托承销商代理发行自己的股票，但承销商并不承担销售风险。当投资者实际认购总额不足预定发行总额时，承销商将剩余股票退还给发行人，而不承担承购余额的义务。

包销和代销两种承销方式的实质性区别在于由谁来承担股票发行风险。如果采用包销方式,那么股票发行的风险应由承销商来承担;如果采用代销方式,则发行者应该自己承担发行风险。

4.证券上市的程序

其主要包括申请、审批和安排上市三个环节。

(1)申请上市

申请上市是指股份公司向交易所表示上市愿望的行为。符合上市条件的股份有限公司如果存在上市愿望,即可向证券交易所的上市委员会提出申请,申请时除递交申请书外,还应当报送公司登记注册文件、股票公开发行的批准文件、审计报告、证券交易所会员的推荐书、最近一次的招股说明书以及证券交易所要求的其他文件。

(2)审核批准

审核批准是指证券交易所接受上市申请后,根据有关规定审查批复的过程。在我国,根据《股票发行和交易管理暂行条例》及其他有关法规的规定,上市委员会应当自收到申请之日起20个工作日内作出审批。

(3)安排上市

在获得证券交易所批准后,股份公司的股票可以在证券交易所上市交易。同时,上市公司应当向社会公众公布其上市公告。上市公告的内容主要包括:股票获准在证券交易所交易的日期和批准文号,股票发行情况、股权结构和最大十名股东的名单及持股数额,公司创立大会或者股东大会同意公司股票在证券交易所交易的决议,董事、监事和高级管理人员简历及其持有本公司证券的情况,公司近三年或者成立以来的经营业绩和财务状况以及下一年的盈利预测文件,另外还包括证券交易所要求载明的其他事项。

(四)证券的交易

不同品种的证券,其交易的程序也不尽相同。下面以我国 A 股交易为例进行说明,国债与基金的交易原理大致相同;同时由于我国目前证券交易绝大部分是通过证券交易所完成的,因此,我们以交易所场内交易的运行情况来介绍证券交易程序。

1.开设股票账户和开设资金账户

进行股票交易首先必须开户。开户就是为投资者开立用于操作股票的账户的过程,包括开设上海、深圳交易所的股票户,用于买卖股票的资金户以及方便客户交易的自助委托户。

投资者欲进入股市必须开设股票账户,只有拥有股票账户,才能进入市场。投资者开户时必须持有本人有效身份证件,到所选择的证券经营机构所在地的证券登记公司分别办理上海与深圳的开户手续,在开设账户时应提供本人的详细资料,包括姓名、性别、身份证号码、家庭地址、职业、联系电话等,操作员将资料输入电脑账面交收系统,按系统排序号码建立客户档案,最后将记有此号的证券账户卡发给客户。

投资者办理了股票账户后,必须向具体的证券公司申请办理资金账户,存入资金后才能进行股票的买卖。投资者如需在别的证券公司进行交易,则需另外开立资金账户,因此一个投资者可拥有多个资金账户。在开立资金账户时，有的证券公司规定投资者必须存入一定数额保证金方能交易，有的证券公司则无此规定。

为方便后续发展和统一清算，上交所1992年开始推广磁卡账户。磁卡账户将股票账户与资金账户的功能合二为一，将来整个资金账户联网后，即可集中办理清算工作。目前在上交所的所在地上海，投资者所开立的基本为磁卡账户，异地投资者仍沿用类似存折的资金账户，其中有些异地证券公司实行的磁卡与电话自助委托账户是依赖于资金账户而存在的，并未与上交所联网，因此与上海本地投资者开立的磁卡账户有所不同。

2.委托

委托买卖是指投资者通过一定方式授权证券公司为其买卖有价证券的行为过程。委托方式可分为当面委托、磁卡或自助委托、电话委托和网络委托等。

3.竞价成交

现代证券市场的运作是以交易的自动化以及股份结算与证券往来的无纸化为特征，电脑撮合集中交易作业程序是：证券商的买卖申报由终端机输入，每一笔委托由委托序号（即当你委托时的合同序号）、买卖区分（输入时分别有0、1表示）、证券代码（输入时用指定的4位或6位数字，而回显时用汉字列出证券名称）、委托手续、委托限价、有效天数等几项信息组成。电脑根据输入的信息进行竞价处理，按"价格优先，时间优先"的原则自动撮合成交。

4.清算

清算是指买卖股票的数量与金额分别予以抵消，然后通过证券交易所计算净差额股票与价款的程序。清算包括股票清算与资金清算两个方面。沪深证券交易所清算具体过程本章第二节已有讲述。

5.交割

股票清算后，即可办理交割手续。所谓交割，是指股票卖方将卖出股票交付买方，买方将买进股票的价款交付给卖方的行为。在沪深两地交易均根据集中清算净额交收的原则办理，买卖双方不见面，而是由证券商代为完成，所以证券交割分为证券商与委托人之间的交付和证券商与证券商之间的交付两个阶段。证券商在与委托人之间完成交付后，应当在次日向委托人传达证券成交通知书。证券商与证券商之间的交付，应当在证券成交的当日收市后在证交所主持下进行。我国目前在证券交割上采取T+1规则，即证券商与委托客户应当在证券成交后的第一个营业日办理完毕交割事宜；若该日为法定休假日，则交割日顺延至营业日。

6.过户

过户是指办理清算交割后，将原卖出股票的户名变更为买入股票的户名，办理过户手续可以使股票交易的买方获得股票所代表的全部权利。上交所的交易过户由交易所通过电脑统一办理，与清算交割同时进行，可于T+1完成；1995年5月18日开始实施股份集中管理与清算制度，因此深交所的交易过户使投资者的转托管手续缩短到了T+1清账。

（五）股票价格指数

1.股价指数的概念

股价指数是反映股票价格综合变动趋势和程度的相对数，是将股票平均价格在两个不同时期的数值进行比较的结果。作为比较基础的分母称为基期水平，用来与基期作比较的分子称为计算期水平。

股价指数具有代表性和敏感性两个基本特征。代表性是指列入指数计算的股票种类必须在该国国民经济各行业中具有代表意义。由于股票市场中股票种类繁多，很少有国家将所有股票都列入股价指数计算之内，大多数国家都是选择部分代表性较强的股票构成成分股、指标股来计算股价指数。敏感性是指股价指数的起伏变动能大致显现出证券市场价格水平的整体变化趋势以及国民经济的变动水平和变化趋势。因此，代表性和敏感性就成了衡量股价指数能否较准确地反映一国证券市场价格变动整体趋势和国民经济发展变化的标尺。

世界上各个主要的证券交易市场都有自己的股价指数，就是在一个国家之内，不同的股票市场也各有自己的股价指数，有些股市还用多种股价指数来综合反映。例如，我国上海证券交易所目前就同时编制综合指数、A股指数、B股指数、分类指数和30指数。

证券交易所和其他金融机构的股票交易情况和股价指数的变化，每天都会在报刊、电台、电视台中公布，供股市分析人员、投资者、证券经纪人、证券商及其他关心股票交易的人参考。

2.股价指数编制的种类和方法

股价指数主要有算术平均股价指数、综合加权股价指数和几何平均股价指数三种。

（1）简单算术平均法

简单算术平均法就是先计算各成分股的股价指数，再加总求和，其公式为：

$$\text{股价指数} = \frac{1}{n}\sum_{i=1}^{n}\frac{P_{1i}}{P_{0i}}$$ （公式9-1）

式中：P_{0i}为第i种成分股基期价格，P_{1i}为第i种成分股计算期价格，n为成分股的数目。

（2）总和法

总和法是先将各成分股票的基期和计算期价格分别加总求和，再对比求出股价指数。其公式为：

$$\text{股价指数} = \frac{\sum_{i=1}^{n}P_{1i}}{\sum_{i=1}^{n}P_{0i}}$$ （公式9-2）

（3）加权平均法股价指数

加权平均法股价指数是用加权平均法计算的股价指数，是采用成分股的股本总数或交易量作为权数分别计算出基期和计算期成分股总市值，然后进行对比而求出的。其公式为：

$$股价指数 = \frac{计算期成分股总市值}{基期成分股总市值} \times 100\%$$ （公式9-3）

由于成分股的资本额甚至成分股本身会随着时间的推移发生变化，因此，应根据实际情况对指数进行调整，调整公式为：

$$股价指数 = \frac{新成分股某日总市值}{上市成分股调整总市值} \times 上日收市指数$$ （公式9-4）

加权平均法中的权数可以根据需要分别固定在基期和计算期，因而用加权平均法计算股价指数就有两个计算公式：

①以基期股票发行量或交易量作权数

$$股价指数 = \frac{\sum_{i=1}^{n} P_{1i}Q_{0i}}{\sum_{i=1}^{n} P_{0i}Q_{0i}}$$ （公式9-5）

式中：P_{0i}为第i种成分股基期价格；P_{1i}为第i种成分股计算期价格，Q_{0i}为第i种成分股基期发行量或交易量，n为成分股个数。

此公式常被称为拉氏指数（Laspeyres）公式，简称L指数。

②以计算期发行量或交易量为权数

$$股价指数 = \frac{\sum_{i=1}^{n} P_{1i}Q_{1i}}{\sum_{i=1}^{n} P_{0i}Q_{1i}}$$ （公式9-6）

式中：Q_{1i}为计算期第i种股票发行量或交易量。

此公式常被称为派氏指数（Paasche）公式，简称P指数。

3.国内外著名的几种重要的股价指数

（1）道·琼斯（Dow Jones）股票价格平均指数。这是国际上历史最悠久、最有影响而又最为公众所熟悉的股价指数。早在1844年7月3日，道·琼斯公司的创始人根据美国11种有代表性的股票编制股票价格平均数，并把它发表于该公司所编的《每日通讯》上。该公司以后在编制股票价格平均数时，对采用的股票种类、数目及编制方法都作过多次调整，《每日通讯》也于1889年改为《华尔街日报》。人们在称呼上也习惯用指数来代替原来的平均价格。

目前，道·琼斯指数由4种股价平均指数组成：30种工业股票价格平均指数、20种运输业股票价格平均指数、15种公用事业股票价格平均指数和综合三组65种股票平均指数而得出的综合指数。其中，30种工业股票价格平均指数是纽约股票市场最有影响、最具代表性的股价指数，是报刊上经常引用的股价指数。

（2）标准普尔股票（Standard & Pool's）价格指数。它是美国最大的证券研究机构——标准普尔公司编制发表的、用以反映美国股票市场行情变化的股价指数。标准普尔指数1932年开始编制，最初采样股票共233种。1957年采样股票扩大到500种，其中工业股票425种，铁路股票15种，公用事业股票60种。1976年又进行了改动，采样股票仍为500种，但其构成变为工业股票400种，运输业股票20种，公用事业股票40种，金融股票40种。

（3）伦敦金融时报指数（Financial Times Ordinary Shares Index），即由英国伦敦《金融时报》编制发表，反映伦敦证券交易所工业和其他行业股票价格变动的指数。该指数的采样股票分三组：第一组是在伦敦证券交易所上市的、英国工业中有代表性的30家大公司的30种股票；第二组和第三组分别由100种股票和500种股票组成，其范围包括各行各业。

该指数以1935年7月1日为基期，基期指数为100。该指数以能及时反映伦敦股票市场动态而闻名于世。

（4）日经股票价格指数（Nikkei Index of Japanese Stocks）。该指数是一种股票价格平均数，是由日本经济新闻社编制并公布的、反映日本股票市场价格变动的股票价格平均数。其计算方法采用的是美国道·琼斯指数所用的修正法，基期为1950年9月7日。

按计算对象和采样数目的不同，该指数分为两种：一种是日经225种平均股价。其所选样本均为在东京证券交易所第一市场上市的股票，这些采样股票原则上是固定不变的。由于日经225种平均股价是自1950年开始并一直延续下来的，具有可比性和连续性，所以成为考察分析日本股票市场股价的长期演变及其趋势最常用、最可靠的指标。另一种是日经500种平均股价，自1982年1月4日开始编制。该指数样本不是固定的，每年4月根据前三个结算年度各股份有限公司的经营状况、股票成交量、市价总额等情况更换采样股票。日经500种平均股价所选样本多，具有广泛的代表性，因而能比较全面、真实地反映日本股市行情的变化，还能反映日本产业结构的变动。

（5）恒生股票价格指数（Hang Seng Index）。该指数由中国香港恒生银行编制，以反映中国香港股票市场股票价格的变动，是中国香港股票市场上历史最为悠久、影响最大的一种股价指数。它从1969年11月24日开始发布，其基期为1964年7月31日，基期指数为100，计算方法为修正加权综合法。

（6）上海证券交易所股价综合指数（Shanghai Securities Composite Index）。该指数是由上海证券交易所编制的。它以1990年12月19日为基期，以100作为基期指数值，以目前上市的所有股票为成分股票。上证综合指数采用市价总额加权计算法，以基期股票发行量为权数（基期总股本）。为了使指数能更好地反映上海证券交易所证券交易情况，上海证券交易所先后推出了上证A股指数、上证B股指数以及上证工业类、商业类、公用事业类、地产类和综合类5种分类指数。

（7）深圳证券交易所成分股指数（Shenzhen Component Index）。该指数是深圳证券交易所于1995年5月推出的，简称成分指数。成分指数由所有在深圳证券交易所上市的A股股票中精选40只组成。入选成分股的股票一般都具有行业代表性和绩优性。成分指数采用按计算期交易量为权数的帕氏加权指数法计算，基期定在1994年7月18日，基准指数为1 000点。成分指数的推出对活跃深圳证券市场有着积极意义，但是成分指数也存在个别股票所占权重较大，以致成分指数有时不能真实地反映深交所上市股票整体走势的问题。

案例分析9-1　　　上海证券交易所股票上市规则（2019年4月修订）

各市场参与人：

为了进一步规范上市公司治理，完善中小投资者保护，上海证券交易所（以下简称本所）对《上海证券交易所股票上市规则》进行了修改，相关条文修改如下：

一、在第3.1.5条中新增一款作为第一款："董事每届任期不得超过3年，任期届满可连选连任。董事由股东大会选举和更换，并可在任期届满前由股东大会解除其职务。"

二、在第8.2.1条中新增一款作为第三款："股东大会应当设置会场，以现场会议形式召开。现场会议时间、地点的选择应当便于股东参加。发出股东大会通知后，无正当理由，股东大会现场会议召开地点不得变更。确需变更的，召集人应当在现场会议召开日前至少2个交易日公告并说明原因。上市公司应当提供网络投票方式为股东参加股东大会提供便利。股东通过上述方式参加股东大会的，视为出席。"

三、在第11.9.5条中新增一款作为第二款："上市公司控股子公司不得取得该上市公司发行的股份。确因特殊原因持有股份的，应当在一年内依法消除该情形。前述情形消除前，相关子公司不得行使所持股份对应的表决权。"

修改后的《上海证券交易所股票上市规则（2019年4月修订）》（详见附件），已经本所理事会审议通过并报经中国证监会批准，现予以发布，自发布之日起施行。

特此通知。

上海证券交易所

二〇一九年四月三十日

【案例分析及讨论题】

我国的证券交易所采取的是何种组织形式？其主要工作职责有哪些？

小思考9-2

以下属于我国A股股票交易程序的有（　　　　）。

A.开设股票账户和开设资金账户　　　　　　　　B.委托

C.竞价成交　　　　　　D.交割　　　　　　E.过户

小思考9-2

答案

第二节　证券投资基本分析

基本分析又称基础分析或经济形势分析，就是利用丰富的统计资料，运用各种各样的经济指标，采用比例、动态的分析方法从研究宏观的经济大气候开始，逐步进行中观的行业兴衰分析，进而根据微观的企业经营、盈利的现状和前景，对企业发行的股票作出接近现实的客观的评价，并尽可能预测其未来的变化，作为投资者选择的依据。这种分析方法的理论基础来源于有效资本市场假设和证券内在价值理论。在有效资本市场假设的前提下，研究不同证券的内在价值，从而作出证券投资时机和证券投资类别的选择。

一、证券的价格决定

（一）证券估价原理

证券的"内在价值"是指证券本身所固有的价值，这种固有的价值使证券持有人能获得一定的收益或享受一定的权益。在有效资本市场假设的前提下，证券的价格波动以其"内在价值"为基础。当确定了某种证券的内在价值之后，就可以将其与该证券的市场价格进行比较，若证券的市场价格高于其内在价值，就可以认为该证券的市场价格过高或者价值被高估；若证券的市场价格低于其内在价值，则可认为该证券的市场定价过低或价值被低估。

要确定一种证券的内在价值是非常困难的，它涉及决定证券价格方方面面的若干因素，如市场利率、证券的收益率、行业周期、国民经济增长率等，这些因素实际上就构成了基本分析研究的内容。

（二）证券内在价值评估

证券内在价值理论是关于证券内在价值计算和分析的理论。目前理论界较为认同的是现值理论，即一种与收入的资本化定价方法有关的理论。这种理论认为，任何资产的"真实的"或"内在的"价值是拥有这种资产的投资者在未来时期所接受的现金流。现金流是未来时间的预期值，因此要将其折现以表明其现值。折现率不仅反映了货币的时间价值，而且反映了现金流动的风险程度。

以股票为例，股票的内在价值是该股票预期未来收益流的现值。它包括两个部分，一是未来预期每年得到的股息和红利；二是未来某期股票持有者出让股票获得的差价收益。由于公司生产经营状况及股利增长水平各不相同，因而股票现值计算也有不同的类别。

1.股利贴现模型

股利贴现模型是假定股票持有者永久持有股票，并充分考虑股份公司未来各年股利的变动情况的一种股票现值计算公式。

$$PV = \frac{D_1}{1+R} + \frac{D_2}{(1+R)^2} + \cdots = \sum_{t=1}^{\infty} \frac{D_t}{(1+R)^t} \qquad （公式9-7）$$

式中：D_1，D_2，$\cdots$，D_t 为未来 t 年的预期股利，R 为市场利率或贴现率。

2.零增长模型

预计每年支付固定不变股利的股票称为零增长股票，即这类股票未来的股利是一个恒定的常数 D，亦即 $D_0 = D_1 = D_2 = \cdots = D_t$。这种模型称为零增长模型，其公式为：

$$PV = \frac{D_0}{1+R} + \frac{D_0}{(1+R)^2} + \cdots + \frac{D_0}{(1+R)^t} = \sum_{t=1}^{\infty} \frac{D_0}{(1+R)^t} \qquad （公式9-8）$$

若 $R > 0$，则：

$$\sum_{t=1}^{\infty} \frac{D_0}{(1+R)^t} = D_0 \left[\sum_{t=1}^{\infty} \frac{1}{(1+R)^t} \right] = D_0 \cdot \frac{1}{R}$$

即：$PV = \dfrac{D_0}{R}$

3.不变增长模型

不变增长股票指未来股利永远按不变增长率 g 增长，这种模型称为不变增长模型。这种模型的特征为：每一年支付的股利在上一年基础上以不变增长率 g 增长，即 $D_1=D_0(1+g)$，$D_2=D_1(1+g)=D_0(1+g)^2$…如此类推，则：

$$D_t=D_{t-1}(1+g)=D_0(1+g)^t \qquad\qquad (公式9-9)$$

∵ D_0 是常数

$$\therefore PV = \sum_{t=1}^{\infty}\frac{D_0(1+g)^t}{(1+R)^t} = D_0\left[\sum_{t=1}^{\infty}\frac{(1+g)^t}{(1+R)^t}\right]$$

根据无穷级数的性质，当 g 为常数且 R>g 时，

$$\sum_{t=1}^{\infty}\frac{(1+g)^t}{(1+R)^t}=\frac{1+g}{R-g}$$

于是，

$$PV = D_0\left(\frac{1+g}{R-g}\right)$$

由于 $D_1=D_0(1+g)$，所以上式亦可写成：

$$PV = \frac{D_1}{R-g} \qquad\qquad (公式9-10)$$

此式称为戈尔顿增长模型。

4.考虑未来出让某种股票的模型

若考虑到股票持有者在未来出让某种股票的收益，则可采用下式：

$$PV = \sum_{t=1}^{n}\frac{D_t}{(1+R)^t} + \frac{P_n}{(1+R)^n} \qquad\qquad (公式9-11)$$

式中：D_t 为第 t 年股息收入，n 为持有股票的年数，R 为市场利率或贴现率，P_n 为股票在第 n 年出让时的价格。

证券内在价值理论为证券市场人士提供了一种判别证券价格是否背离其价值的分析方法，为证券价格发现提供了一种现实理论基础，也为基本分析方法奠定了理论基础。

二、宏观经济分析

证券市场与宏观经济密切相关，尤其是股票市场素有宏观经济晴雨表之称。所以，宏观经济分析对于投资者来说是非常重要的，不仅投资对象要受到宏观经济形势的深刻影响，而且证券业本身的生存、发展和繁荣也与宏观经济因素息息相关。进行宏观经济分析时，投资者通常要分析以下主要因素：

（一）经济周期

一般来说，受经济周期影响较大的行业投资收益较高，风险也较大；而受经济周期影响较小的行业，收益平衡，风险相对较小。工业、房地产等行业受经济周期波动影响较大；而公用事业受经济周期波动影响较小；商业、综合型行业则介于两者之间。

（二）货币政策

市场利率本身就是影响证券内在价值的重要因素之一，与证券内在价值构成一种反比例关系，这是因为：第一，利率变动将引起证券预期收益的变动。例如，利率降低，公司资金筹集宽松，融资成本下降，公司利润上升；反之，公司资金筹措困难，成本上升，利润下降。第二，利率水平的高低反映了政府刺激经济的政策。一般来说，利率降低表明，政府工作重心在发展经济，公司未来收益可能会增加；利率提高表明，政府采取的是紧缩经济政策，公司未来的收益有可能减少。

市场利率对证券的重要影响还在于，利率的变化还将直接影响证券市场的价格水平。利率提高将促使市场其他金融资产，如银行存款收益率上升，减少了市场对证券的需求，从而造成证券价格的回落；而利率的降低则会造成其他金融资产收益水平的下降，增加了证券市场的有效需求，促使证券价格回升。

除利率变化因素的影响以外，一国货币政策的具体实施方式也对证券价格产生重要的影响，如货币供应量的增减、存款准备金比率的调整等。

（三）财政政策

一国的财政政策包括税收政策、公债政策和政府支出政策。扩张的财政政策是通过降低税率、增加公共开支的办法刺激经济恢复，从而引起证券市场价格上升的；而紧缩的财政政策是政府通过提高税率、减少公共开支抑制通货膨胀，造成证券市场价格的回落。

公债是政府弥补财政赤字的主要手段，其量的变化对宏观经济总量的扩张或收缩至关重要。公债本身也是证券市场上一种主要的投资工具，其发行数量、期限、利率、流动性以及政府吞吐调节状况直接影响证券市场价格。

政府关于证券交易和证券投资收益方面的税收政策，也直接影响证券市场价格的走势。

三、行业分析

（一）经济周期和行业分析

行业稳定性是衡量投资风险的重要尺度。不同行业的技术含量、劳动效率以及销售和收益均不相同，因而研究不同行业的收益及其稳定状况受经济周期波动的影响程度对不同类型的投资者就有很大的意义。经济周期对某一行业销售和收益的影响主要表现在两个方面：一方面，若相关行业的产品是该行业生产的投入，则相关行业产品价格下降，该行业生产因成本减少，利润必然增加；另一方面，若相关行业的产品是该行业产品的替代产品，则相关行业的产品价格下降将减少该行业产品的有效需求，使该行业收益减少。

（二）行业的生命周期分析

任何行业都要经历一个由成长到衰退的发展过程。其生命周期可分为四个阶段，即初创期、成长期、稳定期和衰退期，见表9-2。

表 9-2　　　　　　　　　　　　　　行业生命周期

项目	初创期	成长期	稳定期	衰退期
厂商数量	很少	增多	减少	很少
利润	亏损	增加	较高	减少或亏损
风险	较高	较高	减少	较低

1. 初创期

初创期是新行业起步初期，整个行业尚未成熟，亦缺乏技术和成功的经验。产品在市场上知名度很小，市场需求不大。由于生产尚未形成规模，产量较低，单位成本较高，而为了推销产品又要在产品研究、开发、宣传上做大量投入，所以初创阶段的行业盈利甚少，一部分还会出现亏损，投资风险很高。

2. 成长期

成长期是新行业的发展阶段，亦是竞争激烈、优胜劣汰的阶段。随着产品的逐渐完善及广泛宣传和推广使用，产品的市场需求开始上升，销售量迅速增大，公司利润增幅明显。在行业发展利润的驱使下，越来越多的公司挤入该行业，使市场竞争加剧。其结果造成一部分财力较小、技术薄弱、经营不善的公司在激烈的竞争中倒闭、被兼并，或退出该行业，另一部分财力雄厚及管理技术水平较高的公司则在竞争中站稳脚跟，获取到越来越高的利润。

这一阶段虽然行业竞争利润可观，但公司间破产、兼并的比例很大，因而投资风险也很高。

3. 稳定期

稳定期是行业平稳发展的阶段。在这一阶段，行业生产技术已臻完善，产品已获得市场认同，市场需求相对稳定并占有一定比例的市场份额。公司之间虽然在产品质量、性能、售后服务、价格等方面存在激烈竞争，但经过成长阶段的优胜劣汰，都已相对具有激烈抗衡的能力，从而能保持比较稳定的行业利润，投资风险相对较小。这是行业生命周期的鼎盛阶段，也是延续时间最长的阶段。

4. 衰退期

衰退期是行业生命周期的最后阶段。随着更新行业技术水平的提高、社会习惯及消费水平的改变，行业的发展受到较大的限制。这一阶段的特点是：行业生产增长速度减缓，销售日趋回落，行业利润显著减少，行业内一些公司相继瞄准新的投资方向，行业开始走向衰亡。不过行业衰亡是一个渐进的过程，期间也可能因其相关行业因素的影响，出现间断性兴旺。例如，石油价格的高涨可能带来煤炭行业的间断性兴旺。但是，这种间断性兴旺并不能挽救已经开始走向衰亡的行业。任何一个行业从初创到发展，到最后走向衰亡都是行业生命周期的一个必然规律。

四、公司分析

对公司的分析可以分为公司基本素质分析和公司财务分析两大部分。

（一）公司基本素质分析

公司经营与财务分析是基本分析中不可缺少的重要环节。证券投资特别是长期投资能否获得预期的收益，归根结底取决于公司业绩，因而公司经营状况及其财务分析就显得格外重要。本节的内容包括公司基本素质分析和公司财务分析两大部分。公司基本素质分析是对公司的管理机构、公司的规模、公司的基本特点等方面进行分析；公司财务分析则是对公司的经营水平、资金运用和公司的发展预测等方面进行分析。

1.公司概况分析

公司概况包括公司规模、历史沿革、经营范围、市场营销、市场占有、管理机构、管理水平等方面的内容。通过公司概况分析，我们能对公司有一个总括的印象，并对公司的现状与发展前景有一个初步的认识。

2.公司的历史沿革

公司的历史沿革勾勒出公司的成长历史。通过对公司历史的分析，不仅能了解到公司的实际变化过程，而且能了解到公司过去所发生的一切重大事项以及公司管理层当时应对的态度和能力。考察公司历史应与当时的经济形势、同行业的动向等外部环境相联系，既要重视公司成功的经验，又要考察公司失败的教训。任何一个公司都是从无到有、从小到大，其中有迅速崛起、一帆风顺的类型，也有坎坷曲折、历尽艰辛的类型。应针对当时的具体情况分别对待。

考察公司的历史沿革还应重视公司的发展构架。就中国的具体国情而言，公司的股份制改革过程、公司的股份构成就显得比较重要。公司的股份制改革过程说明公司本身体制的变动状况，从中能了解到公司改制前后的一些细微变化，洞察到公司的发展动力和发展前景。公司的股份构成则能表明公司的股东状况，强有力的股东结构本身就是公司发展的坚强后盾。

除以上内容以外，公司历史沿革分析还应包括公司经营目标、经营内容、生产设备、经营者、资本及其结构的变化转移情况，以及公司合并、分立、事故、灾害等情况分析。

3.公司经营管理分析

公司经营管理水平对公司的生存与发展至关重要，在总经理负责制条件下，主要经营者的经营管理水平对公司的发展几乎有着决定性的意义。因此，对公司经营管理水平的分析，首要问题就是对公司主要经营者个人基本情况的分析。

主要经营者个人情况分析包括对个人履历、个人性格特点及工作作风、个人成功与失败的经验、个人学历、知识及能力等方面的分析。这个分析还可以拓展到整个公司决策层。除此以外，公司的经营方式在公司经营管理中也有着重要地位。公司的经营方式一般分为单一经营和多种综合经营，前者的风险相对较大，这是因为，经营单一产品的公司风险集中，而多种综合经营的风险相对分散。

公司管理组织系统分析是公司经营分析中另一个重要的内容，有效的管理组织系统应具有统一的指挥，统一的目标，合理的授权，各部门相称的职、责、权，恰当的管理跨度和层次，根据市场及内部情况而采取的灵活的经营策略，与公司相适应的激励机制等方面。

4.公司产品及其前景分析

公司产品及公司所处的行业在公司概况中占有极其重要的地位，公司产品的生产技术水平、市场销售情况及销售前景不仅决定了公司发展的现状，也可依据它们对公司的将来作出大致的估计。一个公司如果具有好的产品和市场，就表明公司在一段时间内将具有较强的竞争能力。但考察一个公司不能只考察公司现有的产品及其市场，更重要的是，要考察这个公司是否具备不断开发新产品的能力。公司只有在新技术、新产品的不断开发过程中，才可能保持自身在竞争中始终处于优势地位。公司产品与公司所处行业紧密相关，因而分析公司产品及其前景应与前面的行业分析结合进行。

（二）公司财务分析

财务分析是公司分析的主要内容。公司的经营状况，最终总会通过公司的财务数据反映出来。因此，投资者必须了解和熟悉公司财务分析的主要手段。

公司财务分析分为两个方面：一方面是对财务报表的直接分析，俗称财务报表分析；另一方面是对公司主要财务指标的分析，俗称财务指标分析。

1.财务报表分析

公司财务分析是运用财务报表对公司过去的财务状况及经营成果进行评价。财务报表虽然反映过去，但了解过去并非使用人的最终目的，财务分析的真正价值在于通过分析来预测公司未来，帮助投资者进行决策。财务分析的主要依据是公司定期公布的三大财务报表。

（1）资产负债表

资产负债表是反映公司某一特定时点财务状况的静态报告。资产负债表反映的是公司资产、负债（包括股东权益）之间的平衡关系。

资产负债表由资产和权益两部分组成，每部分各项目的排列一般以流动性的高低为序。资产、负债和股东权益的关系用公式表示为：资产=负债+股东权益。

（2）利润表（利润及利润分配表）

利润表是一定时期内（通常是1年或1季内）经营成果的反映，是关于收益和损耗情况的财务报表。利润表是一个动态报告，它反映公司在一定时期的业务经营状况，直接明了地揭示公司获取利润能力的大小、潜力以及经营趋势。

利润表主要列示收入和与之相匹配的成本和费用，反映公司经营所取得的利润。有的公司公布财务资料时以利润及利润分配表代替利润表。利润及利润分配表就是在利润表的基础上再加上利润分配的内容。

（3）现金流量表

现金流量表反映公司一定期间的经营活动、投资活动、筹资活动产生现金流量的全貌。我国上市公司从1998年开始向投资者公开披露年度现金流量表。这是我国会计制度与国际会计制度接轨的标志。现金流量表所反映的是资产负债表上现金项目从期初到期末的具体变化过程，因此它为投资者分析上市公司财务报表提供了新的视角。

现金流量表主要分经营活动、投资活动和筹资活动三部分，并下设附注项目。投资者将现金流量表、附注与年报中的其他项目结合分析，可以对上市公司的经营情况有更清晰、真实的了解。

2.公司主要财务指标比较分析

汇总在财务报表上的各种财务数据，彼此都是相互联系的，这些联系通常可用数据之间的对比关系表示出来，俗称比例分析法。

（1）流动性比例

流动性一般指公司除现金外的其他资产及时兑换成现金的程度。流动性高，表示其他资产可以很快、很容易换成现金。因此，流动性实际表示公司的现金支付能力，它主要包括流动比率和速动比率两个指标。

流动比率反映流动资产偿还债务的能力，其公式为：

$$流动比率 = \frac{流动资产}{流动负债} \qquad (公式9-12)$$

流动比率大于2表示偿债能力较强，反之则较弱。一般来说流动比率越高，偿付短期债务的能力越强。但由于流动资产中某些项目，如存货、预付费用等变现能力较差，由此又引入了速动比率概念。

速动比率又称"酸性试验"比率，反映用流动程度较高的流动资产来偿还流动负债的能力，其公式为：

$$速动比率 = \frac{现金 + 短期证券 + 应收账款}{流动负债} \qquad (公式9-13)$$

速动比率大于1表示偿债能力较强，反之则较弱。

（2）资产管理比率

资产管理比率用以反映公司使用资产的效率，主要指标有存货周转率、应收账款平均收账期和资产周转率。

①存货周转率。存货周转率是用以衡量公司所保持的存货量是否适当的指标，其公式为：

$$存货周转率 = \frac{销售成本}{平均存货} \qquad (公式9-14)$$

存货周转率越高，表明公司存货管理越有效率。但应注意与同行业存货周转率进行对比，以避免出现因存货周转率过高而缺货的现象。

②应收账款平均收账期。应收账款平均收账期反映应收款尚未付清的平均天数，其公式为：

$$应收账款平均收账期 = \frac{应收账款平均余额 \times 360}{销货净额} \qquad (公式9-15)$$

该指标越小越好，表明欠款容易收回；反之，收回欠款需要较长的时间。

③资产周转率。资产周转率反映公司投入的全部资产创造收入的相对效率，其公式为：

$$资产周转率 = \frac{销货净额}{资产总值} \qquad (公式9-16)$$

计算出来的指标越高，说明公司每单位资产产生的效率越高。

（3）负债管理比率

负债管理比率用以反映公司偿付长期负债的能力，并衡量其举债经营的限度。公司负债的存在，使公司一方面产生财务杠杆效应，收益水平提高；但另一方面财务风险亦成倍增加。常用负债管理水平指标有负债比率、股东权益比率等。

①负债比率。负债比率是衡量公司总负债与总资产对比程度的指标，说明公司全部资产中负债总额所占的比重，其公式为：

$$负债比率 = \frac{负债总额}{资产总额} \qquad\qquad（公式9-17）$$

显然，负债比率越小，债权保证程度越高，公司举债融资的潜力越大，公司经营的安全性越高；反之，则债权保证程度越低，公司进一步融资将遇到困难，公司经营的安全性也越低。但是，过低的负债比率，说明公司管理者经营思路过于保守，公司缺乏经营活力。这一指标的高低应视不同行业的不同情况而定，不能一概而论。

②股东权益比率。股东权益比率反映股东投入资本占全部资本的比重。股东权益包括普通股本、优先股本和资产增值及无形资产的账面价值几个部分，其公式为：

$$股东权益比率 = \frac{股东权益总额}{全部资产总额(扣除折旧)} \qquad\qquad（公式9-18）$$

（4）盈利能力比率

盈利能力比率是反映公司盈利能力的极其重要的指标，是衡量公司生产经营成效的最直接的尺度。常用的盈利能力比率指标有毛利率、净利率、投资收益率、股本收益率、净资产收益率、价格收益比率等。

①毛利率。其表明销售收入扣除销售成本之后的利润与销售收入的比值，其公式为：

$$毛利率 = \frac{销售收入 - 销售成本}{销售收入} \qquad\qquad（公式9-19）$$

②净利率。它是扣除所有费用及所得税之后的净利润与销售收入的比值，其公式为：

$$净利率 = \frac{税后净利润}{销售收入} \qquad\qquad（公式9-20）$$

③投资收益率。它又称总资产报酬率，反映投入资本所能赚到净盈利的能力，其公式为：

$$投资收益率 = \frac{净利润}{资产总值} \qquad\qquad（公式9-21）$$

④股本收益率。它直接反映了普通股投资的账面获利能力，是投资者普遍关注的一个重要指标，其公式为：

$$股本收益率 = \frac{税后净利润 - 优先股股利}{普通股本总额} \qquad\qquad（公式9-22）$$

⑤净资产收益率。它反映了公司净资产的获利能力，是衡量公司综合盈利能力的一个极为重要的指标，其公式为：

$$净资产收益率 = \frac{净利润}{净资产总额}$$ （公式9-23）

⑥价格收益比率（市盈率或本益比）。它是股票投资中衡量股票投资价值的一个最常见的指标，其公式为：

$$价格收益比率 = \frac{每股市价}{每股收益}$$ （公式9-24）

由于价格收益比率同时反映了股票市场价格与股票每股盈利的关系，因而通过价格收益比率能帮助判断市场股票投资价值的高低。一般来说，价格收益比率越高，该股票市场价格越高，投资风险越大；反之，该股票市场价格越低，投资风险越小。但价格收益比率并非一个固定的、一成不变的关系比率，它还反映了市场人气、热点所在。

小思考9-3

现金流量表是反映公司一定期间的（　　　）产生现金流量的财务报表。
A.管理活动　　　　B.经营活动　　　　C.投资活动
D.筹资活动　　　　E.生产活动

小思考9-3
答案

第三节　证券投资技术分析

证券投资技术分析是依据过去与现在的股价统计数据，运用图表、形态、指标等分析手段，对证券价格的发展趋势进行各种有针对性的分析研究，从而作出对证券价格波动、发展趋势的预测估计。证券投资技术分析自19世纪末产生以来，经过不断的充实、完善与发展，已逐渐形成一个较为完整的体系。随着证券市场的成熟与不断壮大，技术分析越来越成为众多投资者不可缺少的一种分析工具。

一、技术分析的理论假设

技术分析是透过图表或技术指标的记录，研究市场过去及现在的行为，以推测未来价格变动趋势。因为它不在乎变动的理由，只重视过去与现在的市场行为反应，所以当某种证券的图表或指标出现以前类似的上涨讯号时，即进场买入；反之，则卖出。

技术分析之所以有它的实用性且继续存在和发展，是因为其技术指标与图形分析均有理论基础，均是建立在一定的假设基础之上的。其基本假设有：

（一）市场行为能反映一切信息

市场行为是指证券的交易价格、成交量或涨跌家数、涨跌时间长短等。对影响证券价格的因素具体是什么不必过多关心，只需关心这些因素对市场行为的影响效果即可。

（二）价格呈趋势移动

若忽略证券价格的微小变动，则证券价格的变化在一段时间内会呈现趋势变动。

一般来说，一段时间内证券价格一直是持续上涨或下跌，那么，今后一段时间内，如果不出意外，证券价格就会按这一方向继续上涨或下跌。"顺势而为"是证券市场中的一句名言，如果没有出现变势的内部和外部因素，就没有必要逆大势而为。

（三）历史会重演

证券市场的某个市场行为会给投资者留下较深刻的印象，在进行技术分析时，一旦遇到与过去某一时期相同或相似的情况，就应该与过去的结果进行比较。过去的结果是已知的，这个已知的结果应该是现在对未来作预测的参考。任何有用的东西都是经验的结晶，是经过许多场合检验而总结出来的，所以过去价格的变动方式，在未来可能不断发生，并且可利用统计分析的方法，整理出一套有效的操作原则。

二、技术分析的四大基本要素

在股票市场中，价格、成交量、时间和空间是进行分析的四大要素，正确理解这四大要素之间的相互关系是进行正确分析的基础。

价格，是指股票过去和现在的成交价。技术分析中主要依据的价格有开盘价、最高价、最低价和收盘价。

成交量，是指股票过去和现在的成交量（或成交额）。技术分析要做的工作就是利用过去和现在的成交价和成交量资料来推测市场未来的走势。价升量增、价跌量减、价升量减、价跌量增是技术分析所依据的最重要的价量关系。

时间，是指股票价格变动的时间因素和分析周期。一个已经形成的趋势在短时间内不会发生根本改变，中途出现的反方向波动，对原来趋势不会产生大的影响。一个形成了的趋势又不可能永远不变，经过一定时间又会有新的趋势出现。循环周期理论着重关心的就是时间因素，它强调了时间的重要性。分析人员进行技术分析时，还要考虑分析的时间周期，可以以日为单位，也可以以周、月、季或年为单位。比如用日K线、周K线、月K线、季K线或年K线来进行短期、中期或长期分析。

空间，是指股票价格波动的空间范围。从理论上讲，股票价格的波动是上不封顶、下不保底的。但是，市场是以趋势运行的，在某个特定的阶段中，股票价格的上涨或下跌由于受到上升趋势通道或下跌趋势通道的约束而在一定的幅度内振荡运行，空间因素考虑的就是趋势运行的幅度有多大。不言而喻，一个涨势或一个跌势会延续多大的幅度，对市场投资者的实际操作有着重要的指导意义。

三、技术分析方法的分类

在价、量历史资料基础上进行的统计、数学计算、绘制图表等是技术分析方法的主要手段。从这个意义上讲，技术分析方法是多种多样的。一般来说，可以将技术分析方法分为五类：K线类、形态类、切线类、指标类和波浪类。

K线类的研究手法是侧重若干天的K线组合情况，推测股票市场多空双方力量的对比，进而判断多空双方谁占优势，是暂时的还是决定性的。K线最初由日本人发明，K线图是进行各种技术分析的最重要的图表，许多股票投资者进行技术分析时首先接触的往往是K线图。

形态类是根据价格图表中过去一段时间走过的轨迹形态来预测股票价格未来趋势的

方法。主要的形态有头肩顶、头肩底、M头、W底等十几种。从价格轨迹的形态中，我们可以推测出股票市场处于一个什么样的大环境之中，由此对我们今后的投资给予一定的指导。

切线类是按一定方法和原则在由股票价格的数据所绘制的图表中画出一些直线，然后根据这些直线的情况推测股票价格的未来趋势，这些直线就叫切线。切线的作用主要是起支撑和压力的作用。支撑线和压力线的往后延伸位置对价格趋势起一定的制约作用。画切线的方法有很多种，主要有趋势线、通道线、黄金分割线等。

指标类要考虑市场行为的各个方面，建立一个数学模型，给出数学上的计算公式，得到一个体现股票市场的某个方面内在实质的数字，这个数字叫指标值。指标值的具体数值和相互之间的关系，直接反映股票市场所处的状态，为我们的操作行为提供指导方向。常用的指标有相对强弱指标（RSI）、随机指标（KDJ）、平滑异同移动平均线（MACD）和威廉指标（R）等。

波浪类是将股价的上下变动看成波浪的上下起伏。波浪的起伏遵循自然界的规律，股价的运动也遵循波浪起伏的规律。简单地说，上升是五浪，下跌是三浪。

四、技术分析与基本分析的综合运用

在证券投资实践中，往往有许多情况使技术分析失效。因为在个股运作中，存在着股价操纵的情况。另外，越来越多的投资者在操作使用同一技术指标时，技术分析就失灵了。技术分析还存在着对基本面信息的滞后反应的缺陷。而传统的基本分析方法，主要是对企业及企业产品、资本金、市盈率、利润等进行分析。由于我国的股市实质上并非完全市场化的证券市场，所以我们运用基本分析方法时，除了着重分析上市公司的投资（投机）价值，还要重视企业价值分析，注意符合政策导向的有可能进行资产重组的个股。

因此，基本分析和技术分析各有长处和缺陷，"基本分析选势，技术分析选时"，两者是可以互补的。我们可以用基本分析方法发现个股的投资价值及未来涨升空间，而技术分析方法则可以用来及时选择买卖时点。

小思考9-4

在股票市场中，（　　）是进行分析的四大要素，正确理解这四大要素之间的相互关系是进行正确分析的基础。

A.价格　　　　　　　　B.成交量　　　　　　　C.时间

D.投资者心理　　　　　E.空间

小思考9-4

答案

案例分析9-2　　　　　　　2019年A股收官战落幕

2019年A股收官战落幕，最终A股三大指数以小幅上涨收盘。

那么，2019年A股交易结束了，A股这一年的表现如何呢？在这里做一个年终总结。

1.A 股涨幅

A 股三大股指 2019 年的涨幅分别如下：①上证指数 2019 年全年涨幅 22.3%。最低 2 440.91 点，最高 3 288.45 点，收于 3 050 点；②深证成指上涨 44.08%。最低 7 011.33 点，最高 10 541.19 点，收于 10 430 点；③创业板指上涨 43.79%。最低 1 201.80 点，最高 1 807.95 点，收于 1 798 点。

A 股三大股指 2019 年的涨幅在全球来讲可都是名列前茅。

2.A 股 10 大题材板块

10 大题材板块，涨幅从高到低分别为：①智能音箱，涨幅 132.25%；②高送转，107.72%；③消费电子，88.71%；④白酒，82.07%；⑤电子制造，80.73%；⑥语音技术，78.61%；⑦半导体及元件，75.84%；⑧猪肉，75.47%；⑨集成电路，71.30%；⑩智能穿戴，67.40%。

3.A 股 10 大牛股

2019 年 10 大牛股，涨幅从高到低分别为：①卓胜微，涨幅 899.76%，5G、华为概念；②万集科技，482.63%，ETC 概念；③诚迈科技，475.76%，华为概念；④康龙化成，471.37%，创新药概念；⑤宝鼎科技，394.14%，重组概念；⑥韦尔股份，385.45%，芯片概念；⑦圣邦股份，379.03%，芯片概念；⑧中潜股份，374.96%，海南自贸概念；⑨北京君正，374.15%，芯片概念；⑩漫步者，358.47%，无线耳机概念。

可以看出，10 大牛股里面，有 7 个都是和科技有关的。所以说 2019 年是科技大年一点也不为过。

4.A 股 10 大高价股

A 股 10 大高价股，价格从高到低分别为：①贵州茅台，1 183 元；②长春高新，447 元；③卓胜微，410 元；④吉比特，298 元；⑤圣邦股份，252 元；⑥汇顶科技，206 元；⑦兆易创新，204 元；⑧迈瑞医疗，181 元；⑨壹网壹创，176 元；⑩乐鑫科技，167 元。

第一高价股归属贵州茅台并不令人意外，贵州茅台酒，不光酒贵，股价也是高高在上。而其余的多是科技股、医药股等。

5.融资退市情况

2019 年 A 股 IPO 家数为 203 家，A 股市场总计募集资金 9 588 亿元。融资资金前三名省份分别为北京、上海、广东。

退市家数为 18 家。这里面被强制退市的有 9 家，主动退市的有 1 家，重组退市的有 8 家，比如小天鹅 A 等。

6.2019 年 A 股 4 大事件

（1）科创板开板并实行注册制：6 月 13 日科创板正式开板，并且实行了注册制，这对 A 股市场来讲是一个前所未有的机制，对于探索 A 股制度上的改革是一个良好的开端。

（2）外资流入 A 股速度加快：6 月 21 日 A 股纳入富时罗素全球指数，11 月底 MSCI 完成年内第 3 次 A 股扩容。2019 年全年北向资金净流入 3 528.89 亿元。外资源源不断流入A股为A股提供了动力。另外6月17日沪伦通也开通了。

（3）A股制度不断完善：10月18日上市公司重大资产重组管理办法正式公布，12月13日分拆上市规定发布。不断完善的A股制度，才能更好地支持实体经济的发展。

（4）新《证券法》审议通过：12月28日，历经4年修改审定的新《证券法》获得了通过。新《证券法》明确了要全面实施注册制，并提高了违法违规的成本，加大信息披露的力度和投资者保护。在A股过去的30年历史上，每一次新《证券法》的通过都会带来一波牛市，这一次呢？

资料来源　佚名. 2019年A股收官战落幕［EB/OL］.［2020-01-02］. https://baijiahao.baidu.com/s?id=1654570987520205533&wfr=spider&for=pc.

问题：

1. 你是否认同作者对中国股市的分析？
2. 试从基本面和技术面的角度对2020年的股票市场走势进行分析。

思政专栏

人民日报：打造更健康的资本市场

近日，证监会宣布，针对部分证券投资咨询机构不当营销和违规经营问题，加大执法检查力度，整肃行业纪律，集中查处一批个案，2018年58家咨询机构或其分支机构被采取行政监管措施。下一步，针对证券投资咨询业务仍将继续保持从严监管态势，对存在违法违规行为的咨询机构，将综合运用多种手段，严厉查处追究有关机构和人员的责任。

在资本市场中，证券投资咨询并不算特别受人关注的领域，却与很多人的利益息息相关，不少投资者都曾因为虚假、不实、夸大、误导性的营销而蒙受损失。加大对这个领域的市场监管力度，既能让投资者权益得到更有效保护，也体现了对资本市场不断强化监管、正本清源的决心。

中央经济工作会议指出，资本市场在金融运行中具有牵一发而动全身的作用，要通过深化改革，打造一个规范、透明、开放、有活力、有韧性的资本市场。这一功能定位凸显了资本市场改革发展的重要性，也指明了市场未来前进的方向。"规范、透明、开放、有活力、有韧性"，这几个关键词相互关联、缺一不可，而规范、透明被放置在最前面，则表明健康度对于资本市场的重要意义。没有规范、透明，市场的活力和韧性就无从谈起，没有规范、不透明，市场的进一步开放也会受到很大影响。将规范与发展并重，让市场环境更加澄净透明，让市场运行更加井然有序，资本市场发展才能蹄疾步稳，为服务实体经济贡献更大力量。

资料来源　佚名. 打造更健康的资本市场［EB/OL］.［2019-01-28］. https://baijiahao.baidu.com/s?id=1623849355856159472&wfr=spider&for=pc.有删减.

点评：近年来，相关部门在优化交易监管、激发市场活力的同时，也牢牢把握风险底线，强化依法全面从严监管，严厉打击欺诈发行、虚假信息披露、内幕交易及市场操纵等违法违规行为，维护公平的市场交易秩序。尤其是一些肆意妄为、逃避监管、影响恶劣的机构和个人受到重罚，对违法违规行为形成了更有力的震慑。尽管成效显著，但着眼现实，资本市场监管依然任重道远。

当然，探究一些违法违规行为，其深层次原因还是市场制度不够完善。比如，一些上市公司出现的问题，大多与法人治理缺位、内控管理不足有关。要化解长期存在的难点、痛点问题，就要统筹信息披露、交易、退市、投资者适当性管理等各方面，以深化改革推动基础制度建设，扎牢篱笆，堵住漏洞。有扎实完备的制度护航，资本市场持续健康发展就能得到更有力、更坚实的支撑。

本章小结

有价证券是各种权益凭证的统称。资本证券主要包括股票、债券、证券投资基金、金融衍生工具。证券市场是股票、公司债券、政府债券等有价证券的交易场所，它根据交易种类的不同，可分为股票市场和债券市场，且二者均由各自的发行市场和流通市场构成。

证券投资的分析方法包括基本分析和技术分析方法。基本分析就是利用丰富的统计资料，运用各种各样的经济指标，采用比例、动态的分析方法从研究宏观的经济大气候开始，逐步进行中观的行业兴衰分析，进而根据微观的企业经营、盈利的现状和前景，对企业发行的股票作出接近现实的客观的评价，并尽可能预测其未来的变化，作为投资者选择的依据。这种分析方法的理论基础来源于有效资本市场假设和证券内在价值理论。基本分析主要包括宏观经济分析、行业分析以及公司分析3个方面。技术分析是依据过去与现在的股价统计数据，运用图表、形态、指标等分析手段，对证券价格的发展趋势进行各种有针对性的分析研究，从而作出对证券价格波动、发展趋势的预测估计。一般来说，可以将技术分析方法分为5类：K线类、形态类、切线类、指标类和波浪类。

思考题

1.什么是有价证券？它通常包括哪些种类？

2.股票和债券有哪些区别？

3.什么是证券投资基金？它有哪些特点？

4.什么是证券市场？它的交易程序是怎样的？

5.什么是证券投资基本分析？它的主要内容有哪些？

6.什么是证券投资技术分析？它的基本要素有哪些？

第十章

国际投资

学习目标

知识目标：了解国际投资的概念、内涵及动因，理解国际投资的管理政策，掌握国际投资的主要方式。

思政目标：深刻感悟在参与国际投资的过程中，国家是对外投资者获得良好保护的坚强后盾，只有国家繁荣昌盛，国民的利益才能更好地得到维护。理解国际投资对一国融入全球市场的重要性。

导引　　　　　　疫情下，中国仍不断扩大对外开放

一、中国对外投资总额

2020年以来，新冠肺炎疫情全球扩散给世界经济造成巨大冲击，中国经济经受住了疫情大考，彰显出强大韧性和发展潜力。中方及时有效控制疫情，全面推进复工复产，加快恢复生产生活秩序，实现二季度中国经济增长由负转正，主要指标恢复性增长，经济运行稳步复苏。

与此同时，中国持续扩大对外开放，积极推进对外经贸合作，有效提振了世界总需求，促进了国际贸易发展。2020年上半年，不少外资企业仍持续扩大在华投资，投资额1亿美元以上外资大项目达到320个。未来中国还将继续坚定不移扩大对外开放，建设好开放平台，优化营商环境，相信中国的发展会为各国企业提供更多机遇，中国与各国合作共赢的蛋糕一定会越做越大。

商务部数据显示，2020年上半年，我国境内投资者共对全球159个国家和地区进行了非金融类直接投资，投资总额515亿美元，同比下降0.7%。

二、"一带一路"沿线国家投资总额

2019年，我国企业在"一带一路"沿线对56个国家非金融类直接投资150.4亿美元，同比下降3.8%，2020年上半年我国对"一带一路"沿线国家非金融类直接投资81.2亿美元，同比增长19.4%。其中，对东盟国家投资62.3亿美元，同比增长53.1%。

三、中国对外承包工程完成额

对外承包工程方面，2020年上半年，我国对外承包工程完成营业额605.8亿美元，同比下降10.6%，新签合同额1 072亿美元，同比增长5%。

四、中国对外投资领域分析

从对外投资领域来看，2020年上半年中国企业在租赁和商务服务业、制造业、批发和零售业、采矿业、建筑业等行业进行了对外投资。其中租赁和商务服务业投资195.6亿美元，占比38%；科学研究和技术服务业投资13亿美元，占比2.5%；制造业投资81.7亿美元，占比15.9%。

资料来源　佚名. 疫情下，中国仍不断扩大对外开放［EB/OL］.［2020-08-14］. https：// www.huaon.com/channel/trend/640732.html. 有删减。

第一节　国际投资概述

19世纪上半叶已基本完成的英国工业革命使其国内形成了相对过剩的资本，由于资本天生的逐利性和当时对原材料及食品的迫切需求，英国人进行了大规模的对外投资。这是国际投资的最初萌芽。时至今日，随着科技进步、金融改革和经济全球化，国际投资迅猛发展，成为世界经济舞台上越来越引人注目的角色。

一、国际投资及其动因

（一）国际投资的概念

国际投资是指投资主体将其拥有的货币资本或产业资本通过跨国界流动和营运，以实现价值增值的经济行为。国际投资以有无经营控制权划分为国际直接投资和国际间接投资。国际直接投资是以取得或拥有国外企业的经营管理权为目的的投资；国际间接投资则是以获取资本增值或实施对外经济援助与开发为目的，不控制经营管理权的投资行为。

从投资的角度而言，国际投资与国内投资有着共性，都要讲究投入与产出，即最终目标都是追求利润最大化。但由于国际投资是跨越国界的经济活动，所以它又具有与国内投资不同的地方：

（1）投资涉及不同的主权国家。参与国际投资的国家分为两类，即投资国与东道国。投资国也叫对外投资国，是指从事对外投资活动的经济主体所在的国家。东道国即被投资国，它是与投资国相对应的，也就是吸收外国投资的国家。

（2）投资环境的差异性。投资环境由自然、政治、经济、法律、社会文化等多方面因素构成。各国的自然环境不同，政治制度有差别，经济发展水平不一致，各国政府实行的经济政策不尽相同，法律约束及社会文化方面的差异更为明显，因而国际投资比国内投资面临更为复杂的投资环境。

（3）投资中使用的货币多样化。各国使用的货币不同，投资主体在进行跨国投资时必然要将持有的本国货币兑换成东道国货币。在此情况下，汇率的变动对投资主体的投资决策及投资成果的度量会产生较大的影响。

（4）投资风险增大。复杂的投资环境、资本及收益进行货币转换时面临的外汇风险、由投资国或东道国的政局变化或国际政治局势变化带来的政治风险等，使国际投资承担更大的投资风险。因此，进行跨国投资时，应当重视对风险的分析与衡量。

（二）国际投资的内涵

国际投资的内涵包括以下三个方面：

（1）国际投资活动的主体。参与国际投资活动的主体是多元化的，包括官方和非官方机构、跨国公司、跨国金融机构及居民个人投资者，而跨国公司和跨国银行是其中的主体。在经济全球化的背景下，跨国公司在全球范围内加强市场地位、降低成本、提高效率、优化资源配置的竞争使产业投资和金融投资的国际并购、重组更加活跃。

（2）国际投资活动的资本形式。参与国际投资活动的资本形式是多样化的，它既有以实物资本形式表现的资本，如机器设备、商品等，也有以无形资产形式表现的资本，如商标、专利、管理技术、情报信息、生产诀窍等；还有以金融资产形式表现的资本，如债券、股票、衍生证券等。近年来，随着世界经济一体化、金融国际化的进一步发展，国际投资同实物经济越来越脱节，其变化大大快于实物经济的变化，出现严重的"虚拟化"，具有投机性强、流动性强、破坏性大的特点。

（3）国际投资活动的营运形式。国际投资活动的营运形式是对资本的跨国经营活动。这一点既与国际贸易相区别，也与单纯的国际信贷活动相区别。国际贸易主要是商品的国际流通与交换，实现商品的价值；国际信贷主要是货币的贷放与回收，虽然其目的也是实现资本的价值增值，但在资本的具体营运过程中，资本的所有人对其并无控制权；而国际投资活动，则是各种资本运营的结合，是在经营中实现资本的增值。

（三）国际投资的动因

国际投资的动因主要有以下几种：

（1）拓展销售市场。由于地域性贸易障碍限制，本地生产是进入市场或维持市场占有率的重要方式。许多公司从出口外销作业转移至国外生产，就是为了规避贸易限制，迅速开拓和占领海外市场。这种动因下的国际投资属于市场导向型国际投资。

（2）降低经营成本。另一项向国外扩展的主要动机，与降低成本有直接关系。这主要表现为通过利用丰富的自然矿产资源、取得较低的国外劳动力成本、贴近国外顾客的销售渠道等从而降低经营成本，提高生产效率。这种动因下的国际投资属于成本（或效率）导向型国际投资。

（3）利用国外的技术和工艺。通过与东道国的合资、合作和并购，一般更容易获得先进技术、生产工艺、新产品设计和先进的管理经验等无形资产，促进本国企业的发展，提高竞争力。这种动因下的国际投资属于技术与管理导向型国际投资。

（4）享受优惠政策。另一项国外投资的动机是，公司可取得国外政府提供补助的利益。为了吸引科技产业、就业机会及外汇，许多国家对外国公司提供特殊税负优惠、关税保护及土地使用或低于市场利率的融资等优惠政策。这种动因下的国际投资属于优惠政策导向型国际投资。

（5）分散风险。公司经营中通常面临各种风险，包括政治风险和经济风险。一方面，公司尽可能避免在政治风险较大的国家或地区投资；另一方面，也通过投资地区多样化和投资方式多样化来规避风险。这种动因下的国际投资属于分散风险导向型国际投资。

（6）推行全球战略。跨国公司推行全球战略投资行为主要是服从于长期的全局的发展战略要求，并不以某一家子公司、某一时的盈亏来作为考虑内容，其根本在于实现公司的全球战略目标和总体利益，比如，提高公司知名度、在世界范围内树立良好的公司形象等。这种动因下的国际投资属于全球导向型国际投资。

二、国际投资管理政策

在开放经济条件下，投资的输入与输出对一国经济的发展会产生巨大的影响。国际投资会引起资本、技术与发明能力、组织与管理能力在国家间的转移，促进各国经济结构的调整，改变就业形势，形成新的产品市场份额分配格局。由于各国的政治、经济、科技、资源发展战略以及工业化水平不同，各国国际投资管理政策的具体内容也存在差异。但制定政策时基本都从以下几个方面出发：

（一）投资范围

发达国家的法规相对健全，经济市场化程度高，因而对国际投资的限制较小，只有对在一些影响国家经济命脉的重要领域或对一国竞争优势形成威胁的投资才作出限制。发展中国家的经济发展水平较低，为了促进经济发展，一般鼓励外国投资流向缺乏资金、技术的部门以及有利于扩大出口、改善国际收支的部门，但同时为了防止外来势力控制本国的政治和经济，进而侵害国家主权，对许多行业作了限制外国投资进入的规定。例如，泰国禁止外商在政府主营的武器、烟草、铁路、港口、国内民航等部门投资，对农业、林业和加工行业的外资加以限制等。

（二）出资比例

出资比例影响东道国能否真正地参与管理跨国公司在当地的业务以及利益的分享。因此，多数发展中国家愿意采取的策略是东道国企业与外国企业组成合资企业。在股权占有问题上，根据行业的不同特点及作用有不同规定。对于优先发展的、需要促进的部门以及以高精尖技术为基础的企业，外国投资方可拥有多数股权；对于绝大部分产品用于出口的企业可以全部由外资组成；而那些不属于优先发展并且产品主要在国内市场销售的企业，一般都规定本国占有多数股权。发达国家一般采取开放政策，不加任何限制，只对特定企业有规定。

（三）投资期限

大多数发展中国家对外国跨国公司的投资期限均有明确规定，以图在一定时期将外资企业的股权全部或部分转为本国国民或国家所有，加强民族经济的发展，同时防止外国企业的短期行为或在本国建立永久性公司。例如，印度尼西亚法律规定，外商在印度尼西亚的投资期限原则上为30年，但增资后可予以延长期限。发达国家则很少做这方面的限制。

（四）外国投资的审批

对外国投资的进入，各国的态度不尽相同。市场容量大、投资消化能力强的发达国家对外国投资的审批一般较为宽松。例如，澳大利亚1987年7月1日起即废除外国投资需得到税务当局批准的制度，1992年宣布免审1 000万澳大利亚元的外来投资。美国则一般不采取审批制度。加拿大在20世纪80年代以后放宽对外国投资的管理，直接购买总资产500万加拿大元以上的加拿大企业或间接购买总资产在5 000万加拿大元以上的加拿大企业均不需审批，只对以新建项目形式进行的直接投资进行审批。发展中国家对外国投资项目基本都进行必要的审查，审批的主要标准通常为立足本国国情，考察该项目是否符合本国经济发展的利益，一般审查较严，手续也较复杂。随着经济全球化进程的加快，发展中国家逐渐放宽外资进入的审批限制，手续也趋于简化。

（五）利润及资本汇出

外汇政策是国际投资中最为敏感的一项政策，它涉及跨国公司、东道国、投资国三方的权益，也涉及国与国间的经济关系，还关系到国际资金流通问题。从投资国的角度来看，为调整投资环境、保护投资者利益和吸引外来投资，应当允许投资者资本及利润自由汇出。但从东道国角度看，为了国家利益和国际收支平衡的需要，应在一定程度上限制外资公司的利润和资本自由汇出，以防止外汇资金大量外流。总体来看，发展中国家制定的利润、资本汇出政策严于发达国家。

1.利润汇出政策

发达国家多数奉行自由开放政策，一般不限制利润的汇出，少数采取规定限额的办法进行干预。而发展中国家通常对利润汇出有一定的限制，其限制政策大体有三种类型：第一类原则上允许利润和资本的汇出，但都有一套具体规定。例如，印度对外国投资者的税后收入、红利、特许权使用费的汇款，原则上不作限制，但把外资企业的"本企业经费"作为征税对象，只允许税后利润汇出。第二类对利润汇出规定限额。例如，安第斯条约组织规定各成员国国内的外资企业年利润汇出不得超过投入资本的20%。第三类则采取超利润税的办法来控制利润的汇出。例如，巴西规定，当3年的平均汇出金额超过了注册资本和再投资金额的20%时，汇出利润要缴纳附加税，税率为实际汇出金额的40%～60%。

2.资本汇出政策

多数发展中国家对外来资本的汇出有较严格的政策限制，只有在符合一定的期限、限额及其他条件的情况下才允许资本汇出。例如，智利规定，外国投资企业在开业3年后，方可偿还资本。少数国家已做到资本项目下的自由兑换，允许资本自由汇出。例如，喀麦隆对外国投资者的资本往返没有予以限制。发达国家则大多对外国资本的汇回不作限制。

（六）税收

外国跨国公司在投资过程中，税收问题是其考虑的重要因素之一，因为税收直接影响跨国公司的利益。在税收问题上，主要有两个方面的问题：一是税率；二是税收优惠。

1.税率

对外国投资者来讲，税收问题的核心即是所得税税率问题。所得税税率的高低，决定外国跨国公司投资利润率的高低。发达国家主要是鼓励向海外投资，故外国在本国的投资，所得税税率一般偏高，如美国、法国所得税税率为35%。发展中国家和地区，主要是吸引外国投资，所得税税率一般偏低，如中国、巴西所得税税率为25%，至于在避税地、自由港，如中国香港、百慕大等地，有的低税，有的甚至不收税。

2.税收优惠

税收优惠是发展中国家吸引外资的重要措施，主要包括以下几个方面：

（1）确定所得税的减免期，即在一定期限内，免征外资企业的所得税，之后，再加一定期限，减征一定百分比的所得税。例如，沙特阿拉伯法律规定，在国内投资者的投资比例超过25%的情况下，外国投资者对工业和农业项目的投资给予免纳10年法人所得税的优惠；对其他项目的投资，给予免纳法人所得税的优惠。对工业部门来说免税期限从开工之日起计算，非工业部门从登记注册之日起计算。国内投资比例未满25%的合资企业，不适用上述免税规定，法人所得税税率为25%～45%。

（2）豁免或减少进口关税，以及减免其他与进口有关的专门税收。例如，智利法律规定，对按外资法设立的生产企业，如果进口的生产资料等属于智利国内不能生产的，其生产资料附加值税实行进口退税的办法。

（3）将某些收入排除在应纳税额之外。例如，马来西亚外资法规定，为鼓励外国企业或合营企业将其利润投入扩大再生产，对于扩大再生产投资的那部分利润，免征12年的所得税。

（4）免缴地方所得税。许多发展中国家对外资企业的地方所得税（如市政税），出于鼓励其在当地投资之目的，予以免征。

（5）加速折旧。这是发展中国家给予外资企业税收优惠的主要措施，因为加速折旧意味着允许外资企业每年的固定资产的折旧数额高于正常情况下的数额，而折旧费可以作为成本及费用，从企业的税前利润中减除。其结果就是减少了应纳税额的基数，提高了企业的实际利润。因此，加速折旧实际上是政府以减税的方式，对外资企业的一种财政补贴。

（七）经营管理及劳动雇佣

（1）对东道国，尤其是发展中国家东道国而言，在引进跨国公司投资从而有外国人参与本国企业经营的情况下，坚持本国对企业的经营管理决定权，是关系到防止外国经济势力控制，维护本国经济自主发展的根本问题。发展中国家重视企业的经营管理权，防止企业权限为外国跨国公司所控制，通常规定在允许外国投资者参与经营管理的条件下，坚持本国人有进行管理的决定性权限。在合营企业中，关于经营管理权有两个主要问题：一是董事会的组成及其权限；二是董事、经理及其他高级职员的任命及其权限范围。

（2）关于职工雇佣问题，一般有两种情况：一是非技术人员的一般职工的雇佣；二是技术人员、经理人员的雇佣。关于前者在名额上的限制，问题不大，因为大多数情况下都是雇用当地劳动力。对资本输入国来说，为了扩大本国劳动就业机会和范围，一般都要求尽可能雇用当地职工；对外国投资者来说，利用当地廉价劳动（特别在发展中国家），方便且经济上划算。比较重要的问题是关于在技术上、经营管理上有一定专业能力的熟练人员雇佣上的限制，发展中国家对此大多都有所规定。

发达国家对经营管理权限制不多，许多跨国公司的经营管理人员正向国际化发展。

（八）国有化及征用问题

对外国投资的国有化问题，历来为跨国公司所关注，也是影响其对外投资的重要因素之一。发展中国家对国有化问题，有以下几种类型：①未作明确规定，委之于友好、通商、航海条约或双边投资保护协定解决；②通过外资法进行保护规定；③通过政策声明，甚至在宪法中明确对国有化的态度；④采取渐次征用方式，收买外资股份。总体来看，发展中国家的国有化政策随国内政治局势的动荡和政府的更替波动较大，如印度尼西亚、马来西亚。而发达国家一般不规定国有化比率（只有少数国家规定），必要时可实行征用或改变外国投资的所有权。

小思考10-1

发展中国家为吸引外资而优惠的税种是（　　）。

A.增值税　　　　　　B.法人所得税　　　　　　C.消费税

D.地方所得税　　　　E.进口关税

小思考10-1

答案

第二节　国际直接投资

一、国际直接投资的含义

国际直接投资又称外国直接投资，按照国际货币基金组织（IMF）的划分标准，是指一国投资者将资本用于他国的生产或经营，并掌握一定经营控制权的投资行为。经营控制权是由投资者拥有的企业股份数量决定的。目前对于国际直接投资所应该拥有的最低股权比例并无统一标准。一般的国际惯例认为，持有企业10%以上股权的外国投资即成为国际直接投资，而按照国际货币基金组织的划分，只有所持股权达到25%以上时，才被列入国际直接投资。

二、国际直接投资的方式

国际直接投资从不同的角度可划分成不同的类型。从是否新投资创办企业角度，国际直接投资可分为创办新企业（也叫绿地投资）和控制外国企业股权两种形式；按子公司与母公司的生产经营方向是否一致，国际直接投资可分为横向型国际直接投资、垂直型国际直接投资和混合型国际直接投资。横向型国际直接投资即企业到国外建立生产经营方向一致的、能独立完成产品的全部生产与销售的子公司或分支机构。垂直型国际直接投资一般指企业到国外建立与国内的产品生产有关联的子公司，并在母公司与子公司之间实行专业化协作。混合型国际直接投资指企业到国外建立与国内生产和经营方向完全不同、生产不同产品的子公司。按投资者对企业参与方式的不同，又可分为独资经营、合资经营、合作经营等形式，这是国际直接投资的基本形式。

（一）国际独资企业

国际独资企业是指由某一外国投资者根据东道国的有关法律规定，在东道国境内设立的、全部资本为投资者所有的、自主经营、自负盈亏的企业。它是国际直接投资最传统的形式，跨国公司等国际投资主体早期对外投资主要采用这种形式。

1.国际独资企业的优势

第二次世界大战以后，虽然国际直接投资的形式日益多样化，但国际独资企业在发达国家和发展中国家仍得到较大发展。这取决于国际独资企业的自身优势：

（1）经营管理权集中，易于提高企业的管理效率。独资企业拥有充分的自主经营管理权，东道国一般不予干涉，同时还依法提供必要的保护和监督。由于资金全部由一个外国投资者投入，保证了投资者在经营决策过程中不受他人资本的制约，可迅速果断地处理问题。由于资金全部由外国投资者投入，利益独享，风险自担，因而企业会更追求技术进步及注重采纳先进管理方法。

（2）易于保守商业秘密，维持垄断优势。拥有先进技术是跨国公司最重要的垄断优势。独资企业作为跨国公司设立在国外的子公司受控于总公司，高级技术人员一般由总公司派出，而一般技术人员及工人则在当地选聘，从而对核心技术形成保护。此外，独资企业的销售、利润、财务状况、人事管理不用对外公布，只对企业的投资者负责，这样容易保守企业秘密。

（3）竞争性和进取性较强。面对激烈的竞争，举办独资企业遭受失败的可能性较大，这使企业更重视培养企业内部人员的团队精神及协作精神，并采取相应的激励措施，使企业人员在工作中体现自我价值，得到自我满足，从而提升企业整体的竞争力。

2.国际独资企业的弊端

国际独资企业虽然有其独特的魅力，但也有其弊端，主要是：

（1）投资风险大。作为独立出资、独自经营的企业，若缺乏对当地投资环境的了解或经营不善，则由此引起的亏损由投资者自行全部承担。

（2）经营规模有限。大多数东道国对外国直接投资者在东道国国内筹措资金的活动都有不同程度的限制。例如，巴西、肯尼亚、菲律宾完全禁止国际独资企业在国内借款，澳大利亚则不允许外国投资者通过在当地市场筹措资金来建立企业。独资企业的投资者只有一个，因而其经营规模易受到投资者自有资本的限制。

（3）受东道国的部门准入限制较大。在许多国家，独资企业可进入的行业或部门少于国际合资企业和国际合作企业。多数发展中国家对于不具有战略意义的、希望优先发展的部门，为了获得基本的、必不可少的专门技术知识或为了实现原有技术升级，一般允许外国投资进入，但以国际合资和国际合作为主。发达国家作为主要的投资国，也是吸纳投资的主要东道国，大多数的跨国公司来自发达国家，发达国家在全球具有比发展中国家更广泛的利益，因而其投资自由化程度相对较高。但出于对本国所有权的保护，在一些行业上仍限制国际独资企业进入。例如，芬兰在许多服务和自然资源工业里限制外国股权的参与，不得超过20%；韩国至今仍在烧酒制造行业、伤害保险业、损害保险业要求合营；日本则不允许外国投资者以新设立国际独资企业的方式参与房地产业的开发。

（二）国际合资企业

国际合资企业又叫股权式合营企业，是指两个或两个以上国家或地区的投资者在平等互利原则的基础上，通过东道国政府批准，在东道国境内设立的，以共同出资方式组成的经济实体。合资经营各方可直接使用现金作为出资股本，也可以采用实物和无形资产出资。实物出资包括机器设备、建筑物、原材料及土地等。主要的机器设备一般由技术先进方提供，按市场价格作价。原材料、建筑物及土地通常由东道国的合资方提供。无形资产指商标、商誉、专利及专有技术、土地使用权。专利属于公开的技术知识，受到法律保护，使用须征得持有人同意并支付相应使用费，因而可直接折合成股份出资。专有技术作为未公开的技术知识和商业秘密，虽不受法律保护，但难以获得，故此也能折算为出资。合资企业容易获得东道国政府的支持，在资金融通、物资供应、劳动管理方面享受一定的优惠待遇。

与国际独资企业相比，国际合资企业有其明显的特点，主要表现在以下4个方面：

（1）共同投资。合资企业是由合资各方共同投资设立的，其投入的资本可以是货币资金，也可以是实物、无形资产等。

（2）共同管理。根据出资比例，合资各方共同组成董事会，董事会是企业的最高权力机构，负责决定企业的重大事项，并聘请总经理和副总经理等高级管理人员。总经理管理企业的日常生产经营，对董事会负责。

（3）共担风险。合资各方共同享受企业的盈利，共同承担企业的风险，盈亏均按股份比例分摊。

（4）自主经营。合资企业是在东道国设立的具有独立法人资格的经济实体，其生产经营活动具有充分的自主权。在一些国家，政府可通过对本国合资者的干预来干涉合资企业。与独资企业相比，合资企业的经营自主权更易受到干扰。

（三）国际合作企业

国际合作企业也称契约式合营企业，是由国外企业根据东道国有关法律与东道国企业共同签订合作经营合同，在东道国境内设立的经济实体。

合作企业与合资企业都是外国投资者与东道国的投资者合作，创办企业，共同经营。两者既有共性，也有差异，其差异主要表现在以下4个方面：

（1）经营管理方式。合资企业属于股权式经营，具有法人实体，由董事会管理企业。合作企业属于契约式经营，组织形式较为灵活，可以是法人，也可以不是法人。法人式的合作经营企业拥有独立的财产权、法律上的起诉权和被起诉权，并建立董事会和联合经营的管理机构。非法人式合作经营企业对企业财产只享有使用权而无独立的财产权，合作各方仍以自身的法人资格享有对各自财产的所有权，并在法律上承担责任。合作企业的管理可由合作各方派代表组成联合管理机构，也可以委托一方或聘请第三方进行管理。

（2）出资方式。在合资经营中，要将各方出资按同一货币单位折价计股核算投资比例。在合作经营中，一般是由东道国一方提供土地、厂房、公用设施及劳动力等，外国投资者则提供资金、设备和技术，对各方出资通常不计算投资比例。

（3）利益分配。合资企业按各方的股权比例进行分配，合资方享有的收益随所持股份数量变动而变化，而合作企业按合同商定的比例进行分配，一般不再改变。

（4）合作期满后的财产归属。合资企业经营期满后按注册资本比例分配资产净值。合作企业期满后按合同规定处理，一般是外方在合作期内已收回投资，则企业全部资产不再作价，全部无偿归东道国一方所有。

小思考10-2

国际合资企业也称（　　　）。

A.契约式合营企业　　　　　　　　B.股权式合营企业

C.国际独资企业　　　　　　　　　D.国际合作企业

小思考10-2 答案

案例分析10-1

2020年，全球海外直接投资流量或将延续下滑态势，全球投资环境仍面临重大风险。

首先，新冠肺炎疫情给全球经济弱势复苏势头增添不确定性，疫情较严重国家的FDI流入可能大幅减少。在全球广泛的货币宽松环境下，本有望推动2020年全球经济增长从2019年以来最疲弱表现中弱势复苏。然而，新冠疫情的爆发及在全球的大范围快速蔓延，导致全球经济进一步放缓的风险加剧。尽管目前中国的疫情已初步得到控制，但全球的疫情状况已经威胁到全球供应链体系以及正常的贸易和投资活动。若全球整体疫情可在一季度之前得到较好控制，投资活动预计大概率缓慢反弹，但主要受影响国家的全年投资流入较难实现预期水平，使本已羸弱的全球投资现状再受打击；若全球疫情蔓延持续至第二季度或更久，全球投资规模或将触碰至近年来的低谷。

其次，美国大选衍生的贸易摩擦和地缘政治冲突不确定性将对全球投资信心造成影响。为赢得连任，特朗普政府2020年进行了与中国达成中美"第一阶段"贸易协定、出访印度并承诺加速贸易谈判进程等一系列活动，从其在贸易协定中的要求看，争取国内更多选票的目的性要大于实际解决问题的意向。大选前其他国家基本不会与特朗普政府达成更多协定，若当前贸易成果下其竞选形势仍不及预期，那么美国还存在重新挑起贸易摩擦、通过保护主义政策谋求短期竞选利益的可能。同时，美伊紧张局势仍有随时升级的可能，加上伊朗国内疫情和政局出现潜在动荡的影响，中东地缘政治形势或将进一步恶化。贸易保护主义抬头及地缘政治风险都将严重影响商业投资信心。

另外，投资政策环境恶化，不合理的限制性监管政策为全球投资蒙上阴影。目前，以美国和欧盟为首的发达经济体加强了对外国直接投资的审查和监管，以窃取技术、盗取数据、威胁国内市场公平竞争等理由，对外国投资者实行准入限制和不合理调查。在全球民族主义广泛兴起的背景下，众多发展中经济体的民族政府强制对外资企业进行审查并改革针对外资政策，外资企业往往成为政府民族主义论调的替罪羔羊。在此背景下，进行海外投资活动尤其是并购交易的投资者已趋于谨慎，此态势的延续将造成海外并购等直接投资活动进一步下滑。

最后，宏观经济下行风险加大将打击企业实体进行生产性投资的积极性，使本就下滑的绿地投资持续难有起色。尽管全球重启宽松的有利货币环境对企业扩张生产性投资活动具有提振作用，但疫情影响下被急剧放大的经济下行风险使得企业利润前景黯淡。在全球经济持续疲弱的2019年，根据UNCTAD统计，全球已宣布的绿地投资项目金额已较2018年大幅下滑22%，表明绿地投资信心本就不足，2019年全球投资规模更多依赖几笔大的并购交易提振。当前宏观经济形势的巨大不确定性可能导致绿地投资的再度下滑，持续制约全球投资的复苏前景。

资料来源　作者根据相关资料整理（截至2020年10月底）.

问题：

"后疫情"时代，国际直接投资的趋势如何？在这样的背景下，中国企业该如何应对？

第三节　国际证券投资

一、国际证券投资概述

（一）国际证券投资的概念

国际证券投资是指通过购买在国际资本市场上发行、流通、转让的有价证券，以谋求取得股息、利息或买卖该证券的价差收益的一种投资方式。它具体包括国际股票投资和国际债券投资两种方式。国际证券投资和国际信贷共同组成了国际间接投资的实质内容。

（二）国际证券投资的特点

国际证券投资是相对于国内证券投资而言的，两者虽然都是以证券为投资对象，但在具体操作与风险程度上均有较大差异。国际证券投资也不同于国际直接投资。总体而言，国际证券投资具有以下主要特点：

（1）国际证券投资涉及多种货币的运作，各国货币利率与汇率的变动直接影响投资收益，投资难度加大。

（2）与国内证券投资相比，国际证券投资可供选择的投资品种增多，获取较高收益的可能性提高，同时投资风险明显增大。随着国际证券市场的逐步发展，各类有价证券的发行种类和数量以及范围不断扩大，投资者可以从中选择经营有方、利润丰厚的外国公司或跨国公司发行的证券，提高获利机会。此外，不同国家和地区之间的投资市场又具有明显的区域性和时间性的差异，这为投资者抓住时机进行套利投机创造了机会，同时也使国际投资市场的风险程度大大提高。此外，不同国家政治风波、经济政策的变化，特别是各国利率、税率和汇率等的变动，也会使国际证券投资处于一种高度不稳定的状态。不断地加强投资者的风险意识，在国际证券投资中显得尤为重要。

（3）国际证券投资者一般不关心所投资金的流向，而只关注资金的保值与增值。债券的购买者关心的只是利息的高低和债券的流动性和安全性，很少去了解筹资者将这些资金作何用途。同样，股票的购买者虽然在名义上是企业的股东，是企业产权所有者之一，但实际上由于相距遥远，投资者不可能干预或参与企业的经营管理活动，而只是为了分享股息，或进行股票买卖获取差价收益。

（4）相对于国际直接投资来讲，国际证券投资运作方便，资金流动性强，可以随时介入或退出。国际直接投资要经过一个较长的周期才能收回，投资活动的开始和中止往往也要经过较复杂的手续和法律程序，因此，整个投资过程所需的时间较长。而国际证券投资的时间可长可短，投资者也可随时将所购买的证券转卖出去。它也是企业对国际投资资金有效调控的重要手段。

二、国际证券投资对象

（一）国际股票投资

1. 国际股票市场

国际股票市场是指国际股票发行和交易的场所，即不仅国内股票可以在此发行和交易，而且外国股票也可以在此发行和交易。例如，我国国内上市的 B 股，对于海外的购买者来说就是在进行国际股票投资。我国居民购买外商投资企业的股票，也是属于国际股票投资。国际股票市场是随着国际经济联系的加深以及国际投资的发展，在各国国内股票市场的基础上不断成熟和发展起来的。

国际股票市场从结构上可分为股票的发行市场和股票的交易市场。股票的发行市场亦叫一级市场或初级市场。通过发行市场可以使企业将公开发行的股票销售给投资者。股票的发行方式主要有两种：一是由筹资的企业自己发行，只要求投资公司或金融机构适当协助，故又称"直接发行"，适合于数额不大、规模较小的企业采用。二是通过承销商公开发行，由几家承销商牵头，组织承销集团推销新发行的股票，亦称"间接发行"，在国际股票市场上公开发行股票一般都采用后一种方式。股票的交易市场又叫二级市场或次级市场，投资者可以在此市场转让所持有的股票。

2. 国际股票的种类

（1）直接在海外上市的股票。它一般是指一国企业选择某一外国证券交易所发行上市的股票。这些上市的股票按股东享受的权益和承担的风险不同，分为普通股和优先股。在海外直接上市的企业必须符合发行地证券市场的上市标准，遵守其规章制度。

（2）存托凭证。它是由本国银行开出的外国公司股票的保管凭证。存托凭证首先由美国金融业巨子J.P.摩根创建。1927年，美国投资者看好英国百货业公司塞尔弗里奇公司的股票，由于地域的关系，这些美国投资者要投资该股票很不方便。当时的J.P.摩根就设立了一种美国存托凭证（ADR），使持有塞尔弗里奇公司股票的投资者可以把塞尔弗里奇公司股票交给摩根指定的在美国与英国都有分支机构的一家银行，再由这家银行将美国存托凭证发给各投资者。这种存托凭证可以在美国的证券市场上流通，原来持有塞尔弗里奇公司股票的投资者就不必再跑到英国抛售该股票。同时要投资塞尔弗里奇公司股票的投资者也不必再到英国股票交易所去购买塞尔弗里奇公司股票，可以在美国证券交易所购买该股票的美国存托凭证。每当塞尔弗里奇公司进行配股或者分红等事宜，发行美国存托凭证的银行在英国的分支机构都会帮助美国投资者进行配股或者分红。这样美国投资者就省去了到英国去配股及分红的麻烦。美国存托凭证出现后，各国根据情况相继推出了适合本国的存托凭证，比如全球存托凭证（GDR）、国际存托凭证（IDR）及中国存托凭证（CDR）。中国存托凭证就是在中国内地发行的代表境外或者中国香港证券市场上某一种证券的凭证。

（3）欧洲股权。它是20世纪80年代产生于欧洲的国际股票形式，是指在面值货币所属国以外的国家或国际金融市场上发行并流通的股票。与海外直接上市股票和存托凭证相比，欧洲股权投资的优势在于多国家市场同时发行，便于投资者购买股票。此外，欧洲股权采用国际市场竞价发行的方式，有助于股票真实市场价格的实现。

（二）国际债券投资

所谓国际债券，是指各种国际机构、各国政府及企业法人按照一定的程序在国际金融市场上以外国货币为面值发行的债券。它实际上就是发行者给债券购买者的借款凭证。

1.国际债券的类型及内容

（1）外国债券。它是借款者在外国证券市场上发行、以发行地所在国货币为面值的债券。它是各国国内债券的向外延伸，是各国债券市场的一个重要组成部分。它的特点是债券发行人属于一个国家或团体，而债券的面值货币和发行市场属于另一个国家。比较著名的外国债券有外国筹资者在美国发行的以美元为面值货币的扬基债券、在日本发行的以日元为面值货币的武士债券等。近年来，随着亚洲经济的快速发展，又出现了一种以非日元的亚洲国家货币为面值的龙债券。

外国债券之所以受到筹资者、投资者的欢迎，是因为它比传统的信贷方式具有更多优点，能以较短的时间在广泛的范围内筹集到数额巨大的长期资金，满足投资者的需要。此外，外国债券还能把不同的安全性、收益性、流动性结合在一起，有利于投资者相机抉择。

（2）欧洲债券。它是指借款者在本国之外的资本市场上发行的以第三国的货币（欧洲货币）为面值的国际债券。欧洲货币指的是存在某国境外的该国货币，如欧洲美元、欧洲日元等。由于这种本国货币存在于国外的现象最早产生于第二次世界大战后的欧洲，故统称为欧洲货币。它的特点是债券发行人属于一个国家，债券的发行市场则属于另一个国家，而债券面值所使用的货币属于第三国。

2.国际债券的优点

国际债券属于债权证券，而非股权证券，因此，投资国际债券有别于投资国际股票。相比之下，投资国际债券具有如下优点：

（1）本金安全，收入稳定。因为能到国际市场发行国际债券筹资的发行者都需经过严格的审查，其信用度一般都很高，到期不偿付本息的国际债券很少见，投资者肯定能按期领取利息并收回本金，是一种安全稳定的国际投资形式。

（2）流动性强，用作抵押价高。国际债券具有相当的安全性，且是在国际市场公开发行的证券，因此它具有相当的流动性。当债券的持有者急需现金时，他一般都能迅速地在国际市场上转售他所拥有的国际债券，并且一般不会遭受价值上的严重损失。因此，当债券持有者用国际债券作抵押向银行借款时，银行一般都乐于接受。其所贷金额常常比较高，有时甚至可达到债券价值的85%，可见其抵押价值是很高的。

（3）期限灵活。国际债券的种类非常多，在期限上不仅有长期债券，还有中短期债券，从几个月到几十年都有，但主要以长期为主。投资者不但可以根据其需要来选择，而且随时可以进行转化，使投资者的长短期投资能得以有效组合。

3.国际债券市场

与国际债券分为外国债券和欧洲债券相适应，国际债券市场可划分为外国债券市场和欧洲债券市场。外国债券市场主要集中在美国、日本、瑞士等国，而欧洲债券市场除了包括欧洲金融中心的债券市场外，还包括亚洲、中东等地的国际债券市场。自20世纪80年代以来，发行国际债券的筹资方式日趋流行，其发展相当迅速，而其中欧洲债券增长又远远快于外国债券的增长。欧洲债券发行的货币以美元为最多，占62.6%；其次是日元，占10.2%；再次是英镑等。在外国债券中，美元债券地位有所下降，而其他外国债券地位有所上升。

三、国际证券投资策略

（一）选择证券投资对象

正确地选择具有投资价值的证券作为证券投资的对象，是确保证券投资成功的关键。

1.宏观投资分析

在进行国际证券投资前，首先要从宏观角度对投资形势作一个基本的分析，主要应考虑以下因素：

（1）利率因素。利率的高低决定了国际间接投资流动的主要方向。例如，美国政府为了缓解国内资金短缺状况，自20世纪70年代以来，一直采取高利率政策，结果导致大量外资流入美国。而瑞士为了限制外资的大量流入，曾经对外币存款采取不付或倒收利息的做法。利率的种类较多，有短期利率和长期利率、名义利率和实际利率之分，而对国际间接投资流量和流向影响较大的是长期利率和实际利率的变化。利率实际是国家控制社会经济发展及程度的重要手段。

（2）汇率因素。汇率的变化同样对国际间接投资的影响较大。汇率是一国货币与另一国货币交换的比率，也是一国货币用另一国货币表示的价格，即汇价。汇率主要取决于外汇的供求，它是一国国际收支状况的反映。汇率的变动会直接影响资本的流入与流出。如果一国的国际收支大量顺差，则该国的经济实力就会相应增强，对外债权就会相对增加。由于外汇供过于求，汇率上升，则外国为偿付该国的债务，必然会增加对该国的货币需求。在这种情况下，如果其他条件相同，则将促使该国资本流出。反之，如果一国的国际收支长期持续逆差，该国的经济实力就会相对下降，对外债务相对增加，使外汇供应短缺，汇率下跌，为偿付对外债务必然会增加对外汇的需求，这将促使外国资本流入。同时汇率的稳定与否也会引起国际间接投资流向的变化。如果某国的货币汇率较高而又长期稳定，投机者就会将资金由汇率低、风险大的国家移入该国。

（3）经济因素。一个国家的经济发展状况是否良好，在未来是否有良好的发展前景等，都是可能对其证券市场造成重大影响的关键因素。一个国家的经济秩序是否良好，法律制度是否健全，投资环境是否符合要求等，都可能间接影响其社会经济持续正常的发展，最终会间接影响证券市场的价格波动。另外，不同国家的税率高低和通货膨胀状况等也同样会对证券市场造成影响。而且应注意到的是，有些因素对市场的影响是直接的，但可能是短期的，而有的因素对投资市场的影响虽然是间接的，但可能是长期的，甚至可能在较长一段时期内无法逆转。对国际经济形势把握和分析的失误，必然会导致国际投资的重大损失。

（4）政治因素。在各类经济因素稳定或并无重大差异时，国际政治因素的变化，往往会成为影响国际证券市场的一个重要因素。任何政治风波、政要更替和潜在战争等因素，都可能会对证券市场造成直接影响。政治风险中还包括被投资企业的财产被当地政府没收，各项资金流动被意外限制等。有利的政治信息会大大刺激证券市场的交易，无论是价位和成交量都会大大提高，但不利的政治信息则可能使证券市场一落千丈，要经过很长一段时期才能恢复。高度的政治敏感性在国际证券投资中，也是必不可少的重要因素之一。

2.微观投资分析

从微观角度来看，在具体选择投资对象的时候，应考虑如下主要因素：

（1）收益率。收益率高的证券自然能给投资者带来较高的收益，但也要承担较大的风险。投资者在追求较高收益的同时，要充分估计自己的风险承受能力。

（2）税金。要考虑是否付税，付多少税，尽可能节税、省税，以降低投资成本。股利和产权收益通常要在外国或本国课税，而不同国家和不同种类的公司所发行的证券，其税率往往会有较大的差异。

（3）手续费。投资金额越大，手续费的比率越低，用同样金额一次买卖和数次买卖的手续费也不一样。这就要求预先安排得当，减少手续费以降低投资成本。另外，不同国家和不同证券投资市场所要交纳的手续费比例也有较大差异。

（4）安全性。安全性是指投资本金能否安全返回和应得利息、股息能否及时收取。投资时要深入分析证券的价格是上涨还是趋于稳定，如果不充分估计这些因素，就会造成投资的损失，关键是要对所投资证券的公司的经营状况和发展趋势有较全面的了解，在安全的基础上强调盈利。

（5）期限。证券的期限是不同的，有短期、中期、长期和无期限之分。期限不同的证券，收益率不同，在国家证券投资中，由于国际环境的复杂性，决定了长期证券投资的风险较大，投资者投资前应认真研究，选择最恰当的投资期限。

（6）变现性。如果投资者购入证券后有可能出现急需现金的情况，那么在选择投资对象时就要特别注意该证券的变现性，应该选择那些可以立即兑换出去的证券。

综上所述，投资者在进行国际证券投资时，要根据各类证券的特性，权衡利弊得失，正确选择适合自己需要的投资对象，并根据形势的变化及时调整。

（二）正确确定投资时机

投资时机的把握，是决定证券投资成败的关键因素之一。就短期投资而言，比如，一个月以内的证券投资，投资人并不谋求将证券持有至到期以获得利息或股息收益，因此，获得差价收益是投资人的根本目的所在。这种证券投资的成败，其关键就在于如何正确把握投资时机。长期投资，虽是以谋取利息或股息为目的的，但也有个买卖时机问题，因为无论是错过良好的投资时机还是在不适宜的时候进行投资，都可能导致投资不利或完全失败。

投资时机的把握是难度很大的投资问题，谁能把握住投资时点，就等于投资成功了。投资者都应将主要精力放到对行市的预测和投资时点的把握上。证券投资一般是在行市处于低潮时购入，在行市处于高潮时卖出，赚取差价收益。但证券市场是变幻莫测的，证券行市因多种因素的影响而变动。在多数情况下，多种因素交织在一起影响证券行市，有些因素即使事先预想得到，但对行市有多大影响、什么时候发生也是难以预测的，况且有些突发因素是事先难以预料的。投资时机的把握尽管有相当大的难度，但通过不断学习和体会仍会掌握一些技巧。比如技术分析法，由于有着极强的可操作性，已被国外越来越多的投资者所采用。

（三）正确确定投资方式

投资者应根据自己的财力和投资目标等具体情况，在国际证券流通市场中正确确定不同的投资方式，并在必要时进行有效的投资组合，以期实现最大盈利。证券交易的方式有以下几种：

1.现货交易

证券买卖交易的双方在进行证券交易时，卖出方必须持有准备出售的证券，买入方必须持有交易额所需的货币资金。证券交易一旦成立就需办理交割，即一手交钱，一手交券。在国际证券交易中此方式最为普遍和快捷。

2.预约购回

预约购回的买和卖都是同一个投资者。这种交易方式是一种按事先约定条件的以买回为基础的证券买卖交易，即卖者在协议规定的日期内以预先确定的价格从买者手中买回原来卖出的证券。这种交易方式实际上对卖者来说是一种筹集短期资金的方法，对于买者则可取得资金贷出的好处，又能避免证券价格波动的风险。预约购回的交易是债权人（买方）和债务人（卖方）之间的一种资金交易，交易的证券只是一种抵押担保，卖出的收入和再买回的支出之间的差额便是借款所付的利息，也就是经营预约购回业务投资者的收益。这种投资方式在国际证券投资中已被广泛使用，其特点是收益稳定、安全性较好。

3. 期货交易

证券期货交易是买卖双方约定在将来某一时期以某一约定价格购买或出售某种证券的交易。双方成交后并不马上办理清算交割，只要建立一个期货交易合约便可。它包括商品期货、黄金期货和证券期货等。这种交易方式在国际证券投资市场中所占的比例越来越高，成为投资者避免投资风险的有效手段。

4. 期权交易

期权交易又称选择权交易。这种交易不同于一般的期货交易，它不属于实物交易，仅仅是一种权利的买卖，在国际证券投资中较多用于股票交易。证券的期权交易，给予投资者以投资选择权，是国际投资中较为流行的投资方式。

5. 股票价格指数期货交易

用股票价格进行期货交易就是利用股票指数的涨落所进行的交易，它是投资者根据股票市场价格总趋势所作出的预期判断。股票价格指数期货是代表双方同意买卖股票的市场价值，因此它是无法进行实际证券交割的合约，而是在合约到期时以现金交割。在这种形式下，投资者只要了解国民经济总的发展情况、金融市场的利率情况和该国主要行业的发展前景，就可预测价格指数的走势，从而进行此项投资。从有利的方面来讲，它可以减少在单个股票上的投资风险，但一旦预测失误将蒙受重大损失，国际证券市场上类似的例子屡屡发生。

上述几种证券投资方式并不是孤立的或只能单一运用，实际上良好的投资者往往会将上述各种方式进行有效的配合，以期达到最佳的投资效果。

（四）进行有效的组合投资

组合投资是股票投资中用来避免可分散风险最常用的方法，它在国际证券投资中更为重要。因为国际证券市场的波动和不确定性因素很多，一般投资者又不可能对其所投资公司的经营业绩和财务状况真正地全面了解，而且公司也始终处在不断地变化之中，随时随地都有各类特有风险的出现，所以若把所有资金都押在一个或少数几个公司上，一旦风险出现，就将使投资者遭受惨重损失，大型跨国企业破产倒闭的先例不胜枚举。因此，在国际证券市场投资中，应该交叉或并行地在不同的投资市场上经营，通过不同市场的配合来分散投资，有效地降低风险。俗话讲，东方不亮西方亮，经济风波和政策变动往往具有区域性特点，在国际经济和金融形势不十分明朗的情况下，采用多投资市场的有效组合，不失为一项降低和分散投资风险的良好策略。当然这还要根据投资者的投资规模、投资目的和投资期限等因素做综合的风险决策。

小思考10-3

国际证券流通市场中的交易方式有（　　）。

A.期权交易　　　　　　　B.预约购回　　　　　　C.信用交易

D.期货交易　　　　　　　E.股票价格指数期货交易

小思考10-3

答案

思政专栏

推动实施高水平对外投资的着力点

实施高水平对外投资，是我国构建更高水平开放型经济新体制的重要内容。更好地实施高水平对外投资，有利于加速国内产业结构调整、解决工业化进程中的资源能源约束，有利于更好地构建国际国内市场深度融合、安全高效、协同发展、互利共赢的全球价值链体系，亦有利于改善我国对外贸易环境，对推动经济高质量发展具有重要意义。

实施高水平对外投资，是我国构建更高水平开放型经济新体制的重要内容。"十三五"时期以来，我国对外直接投资稳步健康发展。具体表现为：综合实力明显增强，连续多年位于全球对外直接投资前列，已经形成了覆盖全球的基本格局；对外投资结构明显优化，正在由资源获取型向技术引领型转变，积极构建全球价值链，特别是现代服务业和先进制造业对外投资显著增长；对外投资主体和方式更加多元化，民营企业已经成为对外投资的重要力量；国际产能合作稳步推进，"一带一路"建设持续推进，为我国实现产业链、供应链、价值链的全球布局拓展了新空间，同时推动了沿线发展中国家的工业化、信息化进程及经济社会发展。这些成绩为我国更好地实施高水平对外投资战略打下了坚实基础。

更好地实施高水平对外投资，有利于加速国内产业结构调整、解决工业化进程中的资源能源约束问题，有利于更好地构建国际国内市场深度融合、安全高效、协同发展、互利共赢的全球价值链体系，亦有利于改善我国对外贸易环境，对推动经济高质量发展具有重要意义。展望"十四五"，我国对外开放面临的国际环境比以往更加复杂多变。一方面，世界经济长期低速增长、贸易保护主义抬头，这些都可能导致全球跨国投资继续下降、投资限制壁垒不断增多；另一方面，新一轮科技革命和产业变革方兴未艾，全球产业链、供应链、价值链深入发展，正在推动新一轮国际投资规则调整和重构。对此，应充分考虑未来一段时期世界经济发展的新环境，加强顶层设计，科学谋划、统筹布局，发挥好我国在产业、技术等方面的综合优势，积极应对风险挑战，推动形成多主体、多方式、多领域、高质量的对外投资新格局。

资料来源　王晓红. 推动实施高水平对外投资的着力点 [EB/OL]. [2020-03-17]. https://baijiahao.baidu.com/s?id=1661366486623172675&wfr=spider&for=pc.有删减。

点评："十四五"时期，我们需通过实施积极主动的对外投资政策，不断完善产业全球布局，构建内外协同发展的产业链、安全高效的供应链和利益共享的价值链体系，构建面向全球的生产、服务、金融和创新网络，有效带动国内产业结构调整，促进国际国内产业链有序衔接、市场深度融合。

本章小结

国际投资是指投资主体将其拥有的货币资本或产业资本通过跨国界流动和营运，以实现价值增值的经济行为。国际投资以有无经营控制权划分为国际直接投资和国际间接投资。国际直接投资是以取得或拥有国外企业的经营管理权为目的的投资；国际间接投资则是以获取资本增值或实施对外经济援助与开发为目的，不控制经营管理权的投资行为。国际直接投资有三种基本形式：独资经营、合资经营、合作经营，这三种形式各有不同的特点。国际证券投资和国际信贷共同构成了国际间接投资的主要内容。

国际投资的动因主要包括：拓展销售市场、降低经营成本、利用国外的技术和工艺、享受优惠政策、分散风险和推行全球战略。

在开放经济条件下，投资的输入与输出对一国经济的发展会产生巨大的影响，各国的国际投资管理政策基本都包括以下内容：投资范围、出资比例、投资期限、外国投资的审批、利润及资本汇出、税收、经营管理及劳动雇用、国有化及征用问题。

国际证券投资是指通过购买在国际资本市场上发行、流通、转让的有价证券，以谋求取得股息、利息或买卖该证券的价差收益的一种投资方式。它按证券种类划分为国际股票投资和国际债券投资。这两种国际证券投资的风险来源不同，因而应注意采取不同的投资策略。

思考题

1. 什么是国际投资？国际投资与国内投资相比有哪些不同？
2. 国际投资的动因有哪些？
3. 国际投资管理政策的内容通常包括哪些方面？
4. 国际投资包括哪些具体的投资方式？
5. 国际独资的优劣主要表现在哪些方面？
6. 与国际独资相比，国际合资有哪些特点？
7. 什么是国际证券投资？它具有哪些特点？
8. 国际证券投资的对象主要有哪些？

主要参考文献

［1］胡志坚. 中国创业风险投资发展报告2016［M］. 北京：经济管理出版社，2016.

［2］曹建元. 证券投资学［M］. 2版. 上海. 上海财经大学出版社，2016.

［3］王秀芳. 投资学［M］. 成都：西南财经大学出版社，2016.

［4］胡海峰. 风险投资学［M］. 4版. 北京：首都经济贸易大学出版社，2016.

［5］綦建红. 国际投资学教程［M］. 4版. 北京：清华大学出版社，2016.

［6］李英. 证券投资学［M］. 2版. 北京：中国人民大学出版社，2016.

［7］博迪，等. 投资学习题集［M］. 张永骥，译. 北京：机械工业出版社，2018.

［8］沙景华. 投资学［M］. 北京：中国市场出版社，2004.

［9］刘必金. 风险投资管理［M］. 武汉：武汉大学出版社，2003.

［10］万解秋，贝新政. 现代投资学原理［M］. 上海：复旦大学出版社，2003.

［11］胡玄能. 企业并购分析［M］. 北京：经济管理出版社，2002.

［12］李博. 投资学基础［M］. 北京：中国人民大学出版社，2017.

［13］斯马特，吉特曼，乔恩科. 投资学基础［M］. 刘园，译. 13版. 北京：电子工业出版社，2020.

［14］余学斌. 证券投资学［M］. 北京：科学出版社，2020.

［15］罗凯. 零基础读懂投资学［M］. 北京：中国商业出版社，2020.